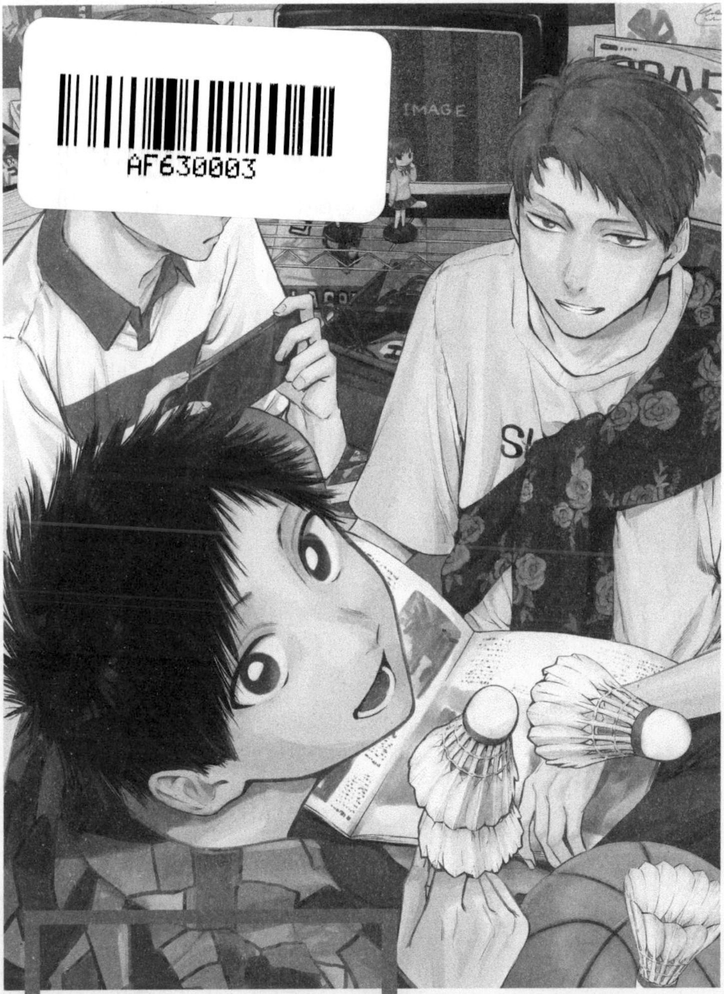

BLUE BOX

7

presented by KOUJI MIURA

Ich weiß

Blue Box

Charaktere

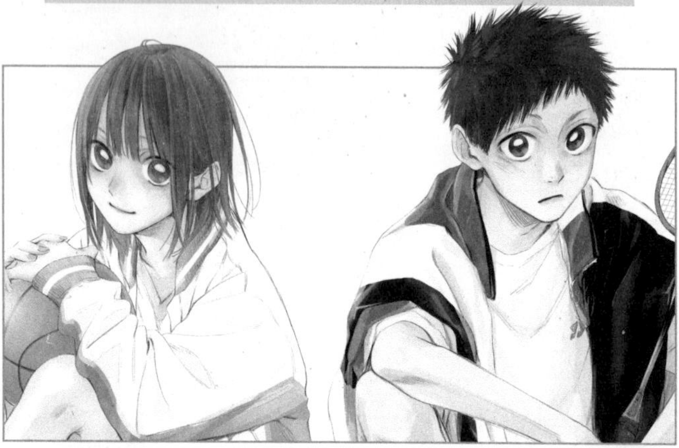

Chinatsu Kano

Ass des Mädchen-Basketballteams. Da ihr Vater ins Ausland versetzt wurde, wohnt sie zurzeit bei den Inomatas.

Taiki Inomata

Mitglied des Badminton-Clubs. Verliebt in Chinatsu.

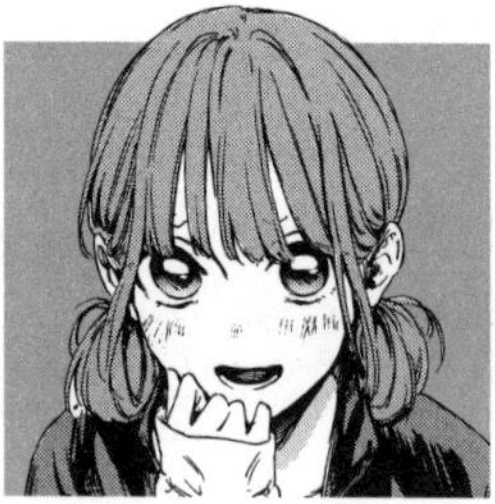

Hina Chono

Hoffnungsvoller Neuling im Rhythmische-Sportgymnastik-Club. Verliebt in Taiki.

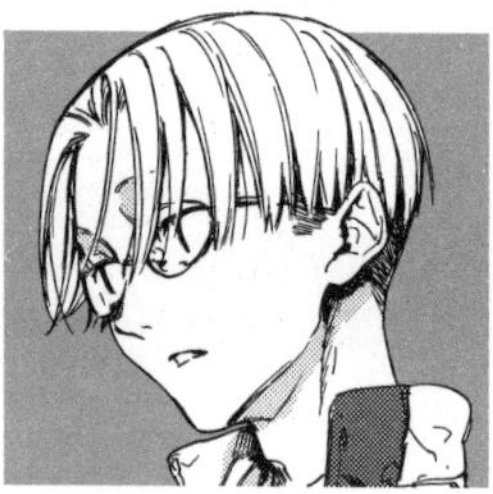

Kyo Kasahara

Taikis Freund aus dem Badminton-Club. Ruhiger und gelassener Typ, der Taiki oft mit Ratschlägen zur Seite steht.

Characters

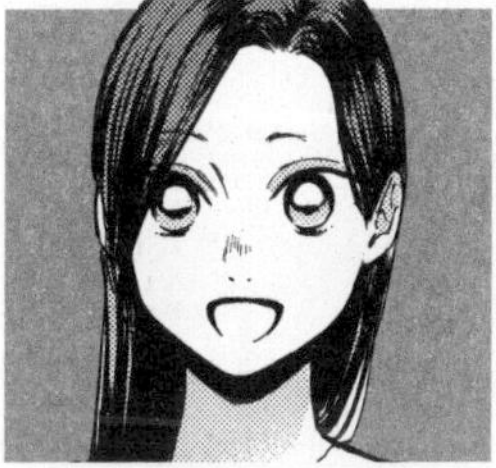

Karen Moriya

Chinatsus beste Freundin ist mit Haryu zusammen. Arbeitet im Showbusiness.

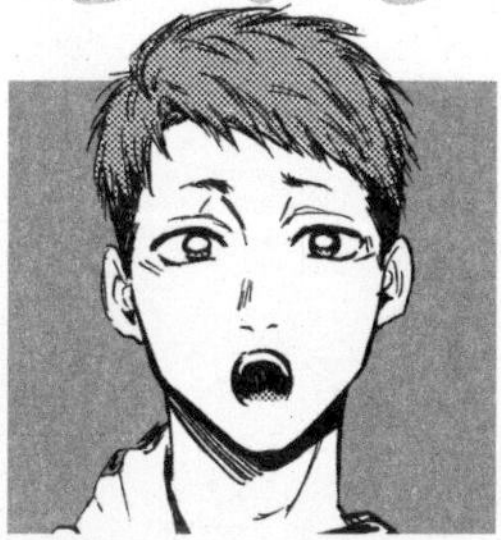

Haryu-Senpai

Senpai im Badminton-Club. Er ist manchmal ziemlich streng, hält aber große Stücke auf Taiki.

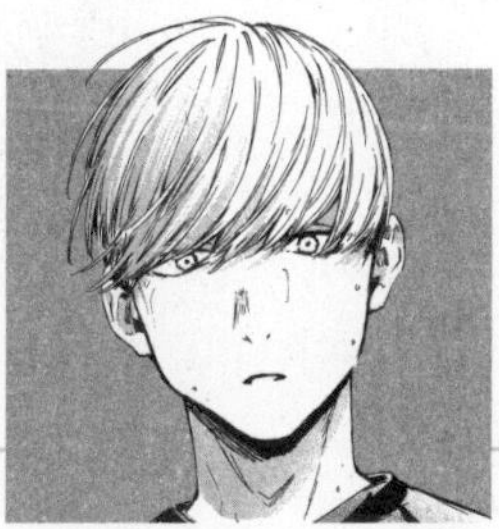

Yusa

Erstklässler im Badminton-Club der Sajikawa Oberschule. Hat Taiki in der Präfekturvorrunde geschlagen.

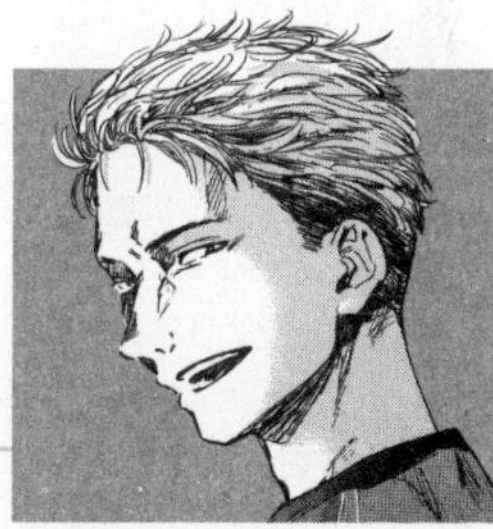

Hyodo

Mitglied des Badminton-Clubs der Sajikawa Oberschule. Hat beim Inter High schon mal gewonnen.

Was bisher geschah

Taiki Inomata ist Mitglied im Badminton-Club. Als er beim Morgentraining zufällig seine Senpai Chinatsu Kano aus dem Mädchen-Basketballteam trifft, verliebt er sich in sie. Eines Tages erfährt Taiki, dass Chinatsus Eltern ins Ausland ziehen werden. Er rennt Hals über Kopf zu ihr, doch zu seiner Erleichterung erzählt sie ihm, dass sie in Japan bleiben wird, um am Inter-High-Turnier teilnehmen zu können. Allerdings wartet noch ein Schock auf Taiki: Chinatsu soll für diese Zeit bei der Familie Inomata wohnen!! Und so beginnt das Leben unter einem Dach...

Das Inter High ist vorbei und Chinatsu, die zur Vize-Mannschaftskapitänin bestimmt wurde, steht unter Druck. Obwohl ihre Freunde mit ihr ihren Geburtstag feiern, ist sie niedergeschlagen... Auf Taikis Vorschlag hin fahren sie zusammen ans Meer und feiern am Strand eine kleine Geburtstagsparty. Sie bauen sich gegenseitig auf, was Chinatsu sehr gut tut.

Der Herbst kommt und mit ihm das zweite Halbjahr. Während die Vorbereitungen für das Schulfest schon anlaufen, wird ein Trainingsturnier gegen die Sajikawa Oberschule geplant. Taiki hat immer noch an der Niederlage bei der Präfekturvorrunde zu knabbern... Wird es ihm gelingen, über sein altes Ich hinauszuwachsen?!

Inhalt

7

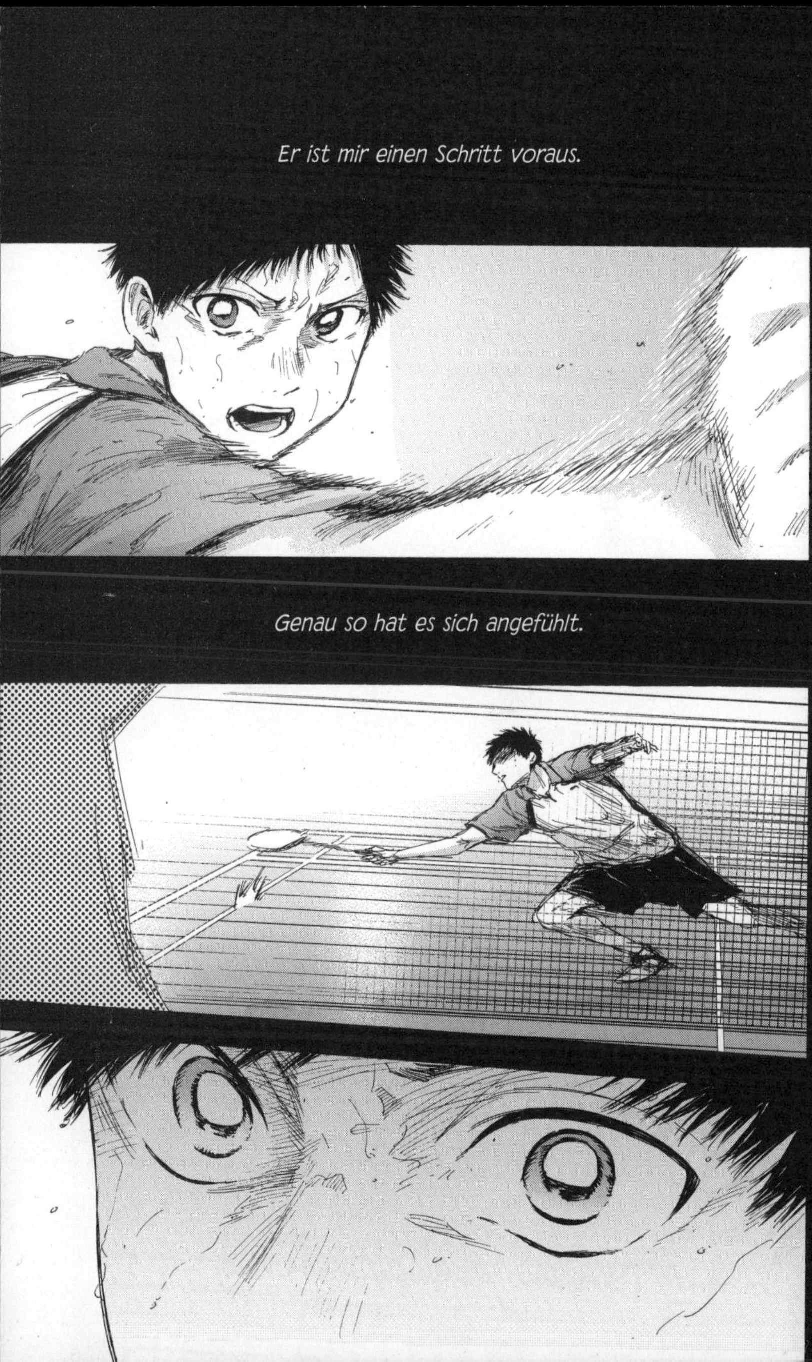
Er ist mir einen Schritt voraus.
Genau so hat es sich angefühlt.

#53 Du machst das gut!

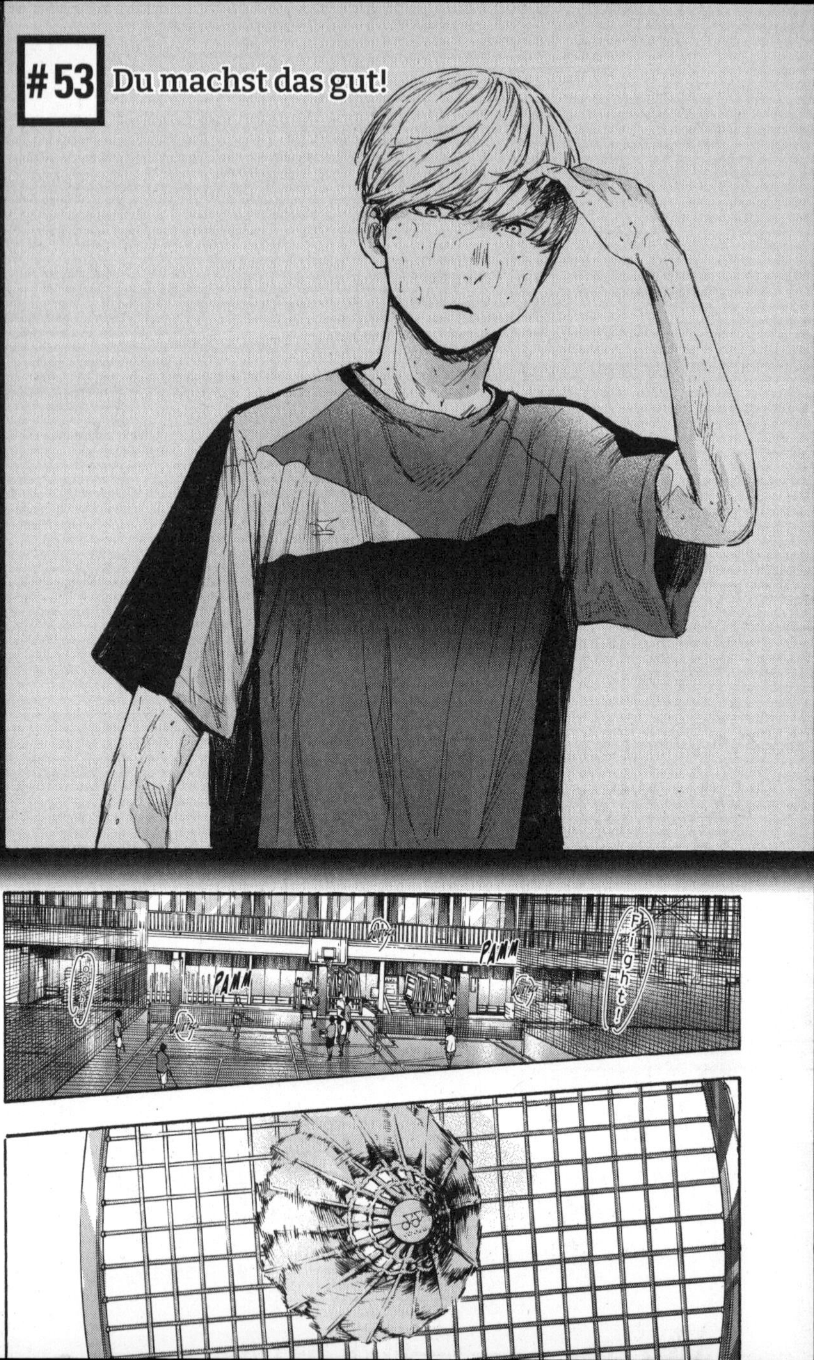

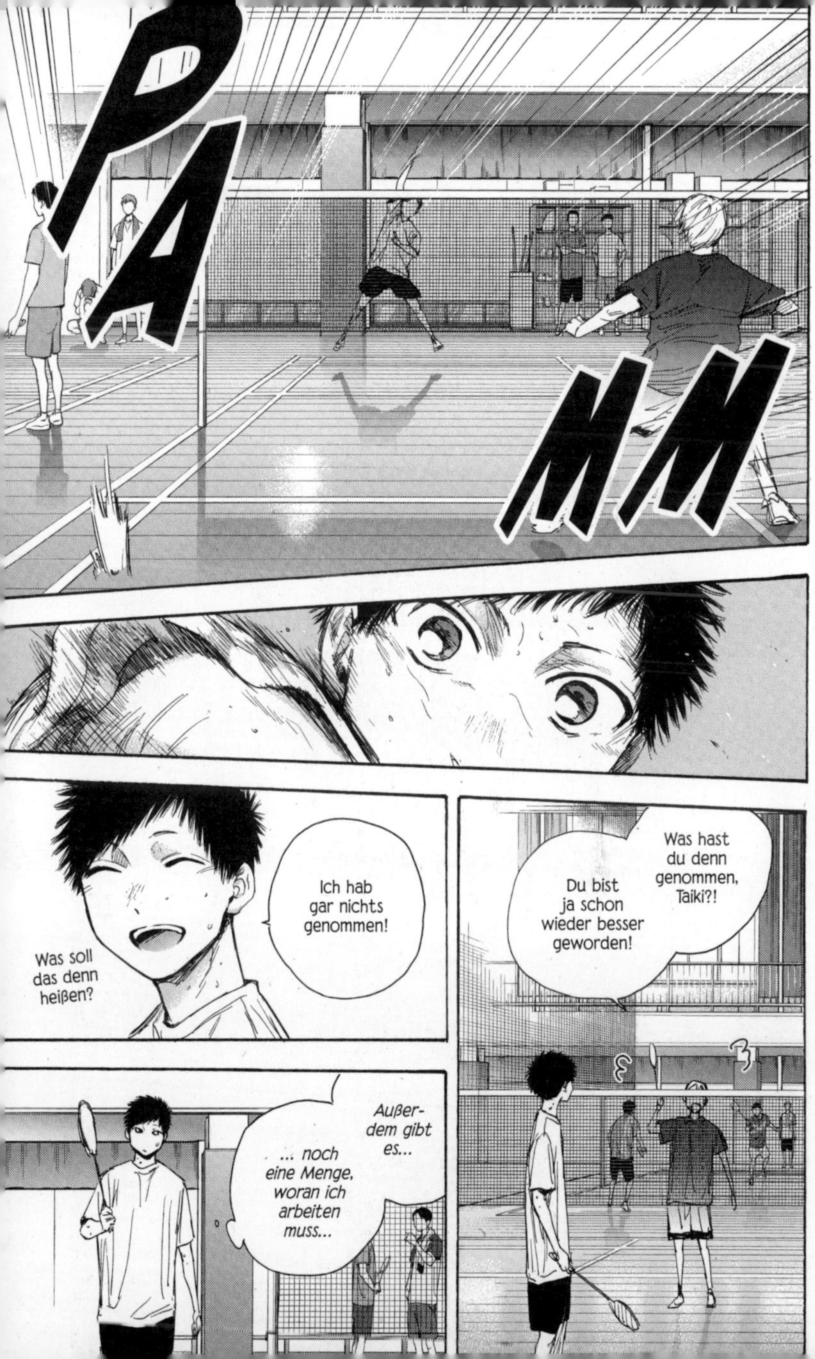
PA
MM
Was hast du denn genommen, Taiki?!
Du bist ja schon wieder besser geworden!
Ich hab gar nichts genommen!
Was soll das denn heißen?
Außer-dem gibt es...
... noch eine Menge, woran ich arbeiten muss...

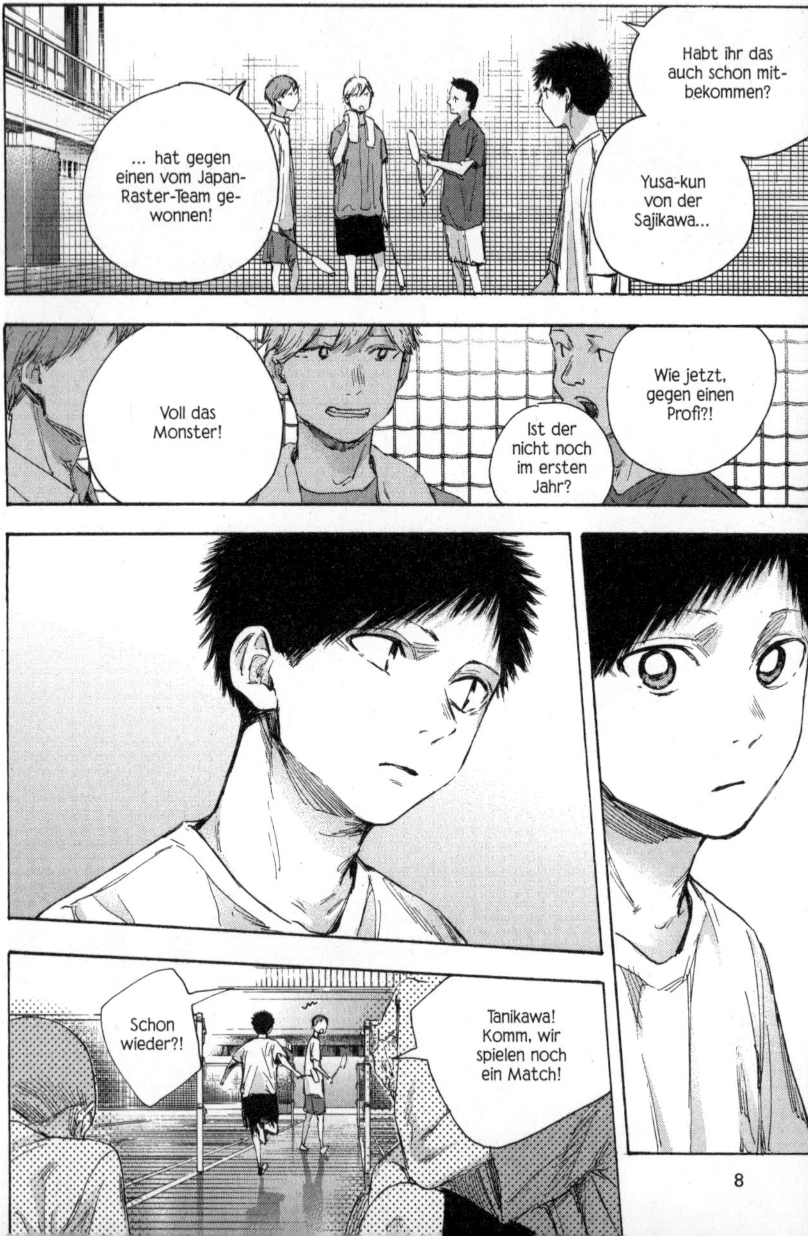
Habt ihr das auch schon mitbekommen?
Yusa-kun von der Sajikawa...
... hat gegen einen vom Japan-Raster-Team gewonnen!
Wie jetzt, gegen einen Profi?!
Ist der nicht noch im ersten Jahr?
Voll das Monster!
Tanikawa! Komm, wir spielen noch ein Match!
Schon wieder?!

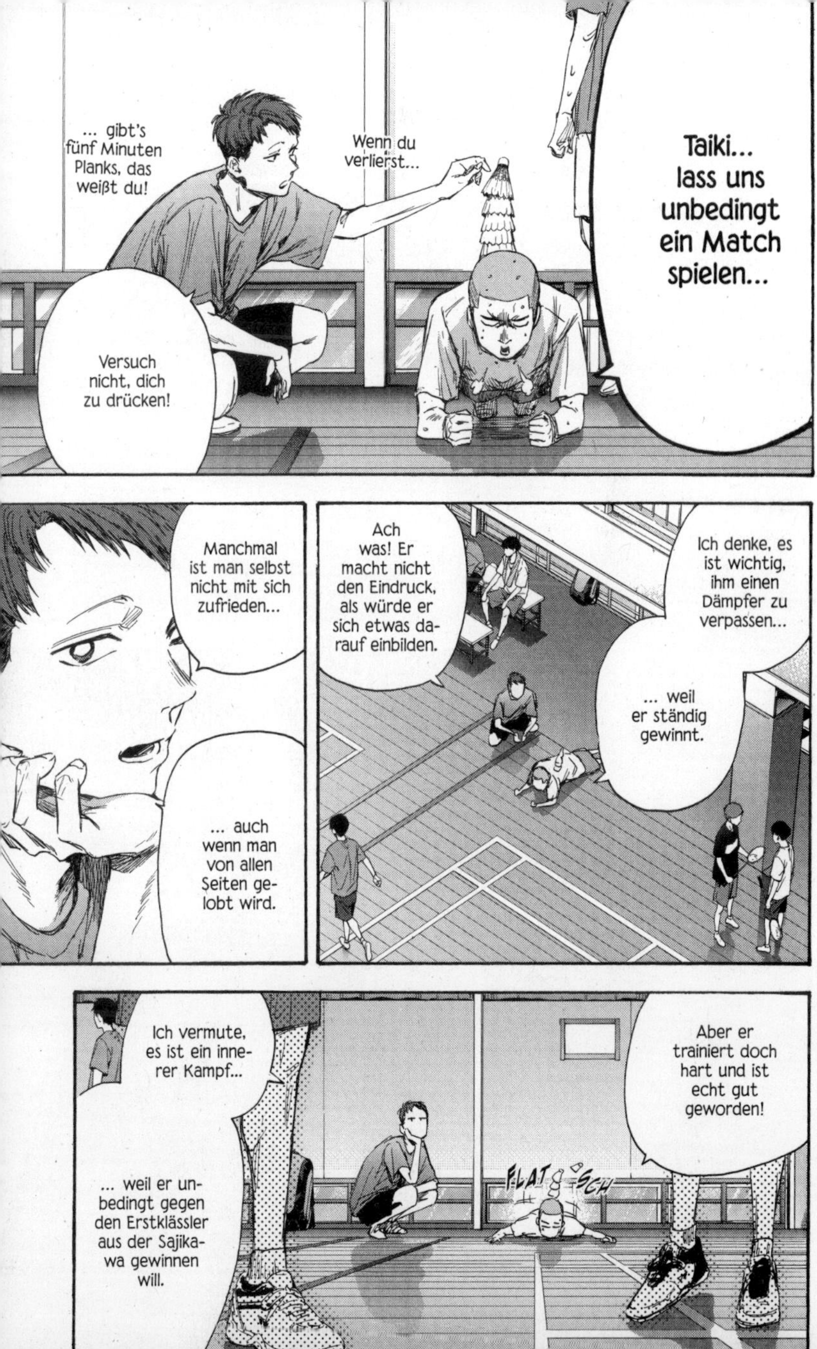
Taiki... lass uns unbedingt ein Match spielen...
Wenn du verlierst...
... gibt's fünf Minuten Planks, das weißt du!
Versuch nicht, dich zu drücken!
Ich denke, es ist wichtig, ihm einen Dämpfer zu verpassen...
... weil er ständig gewinnt.
Ach was! Er macht nicht den Eindruck, als würde er sich etwas darauf einbilden.
Manchmal ist man selbst nicht mit sich zufrieden...
... auch wenn man von allen Seiten gelobt wird.
Aber er trainiert doch hart und ist echt gut geworden!
FLATSCH
Ich vermute, es ist ein innerer Kampf...
... weil er unbedingt gegen den Erstklässler aus der Sajikawa gewinnen will.

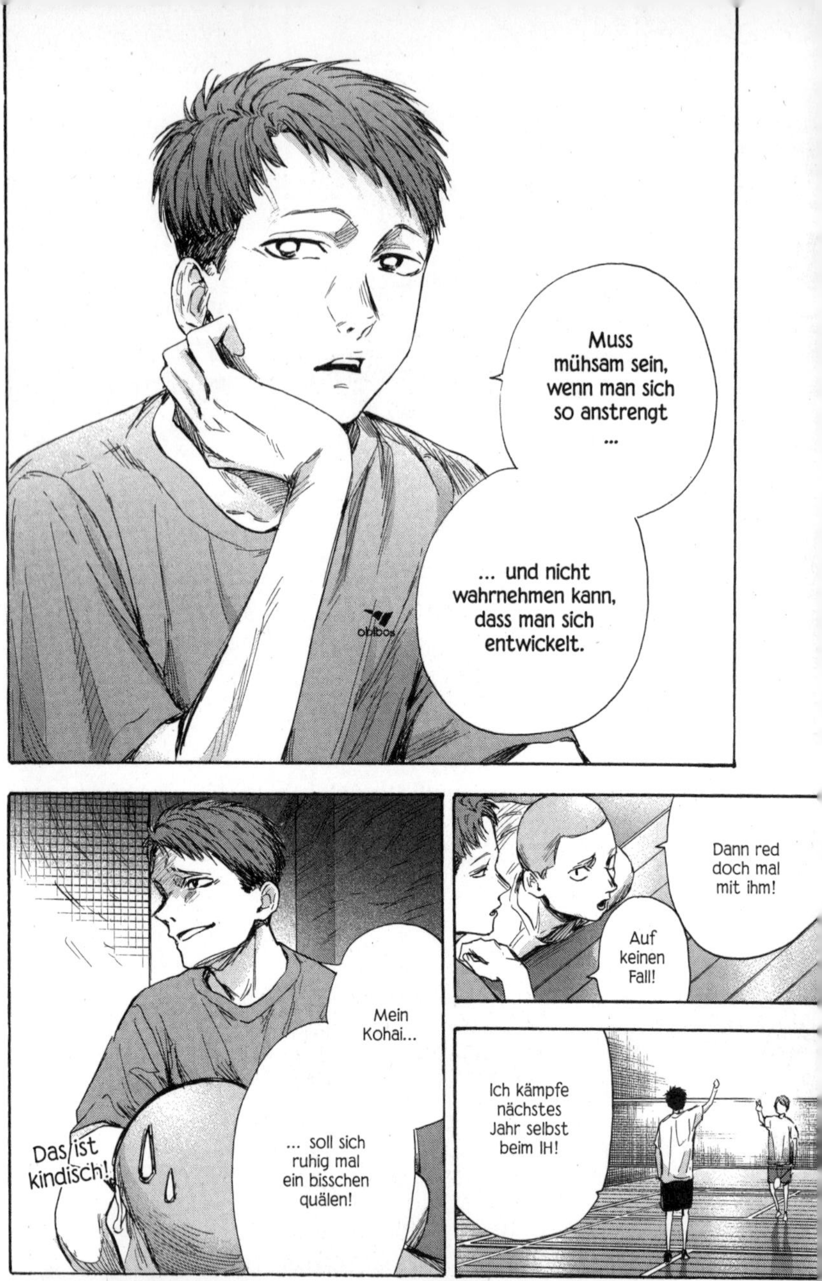
Muss mühsam sein, wenn man sich so anstrengt ...
... und nicht wahrnehmen kann, dass man sich entwickelt.
Dann red doch mal mit ihm!
Auf keinen Fall!
Ich kämpfe nächstes Jahr selbst beim IH!
Mein Kohai...
... soll sich ruhig mal ein bisschen quälen!
Das ist kindisch!

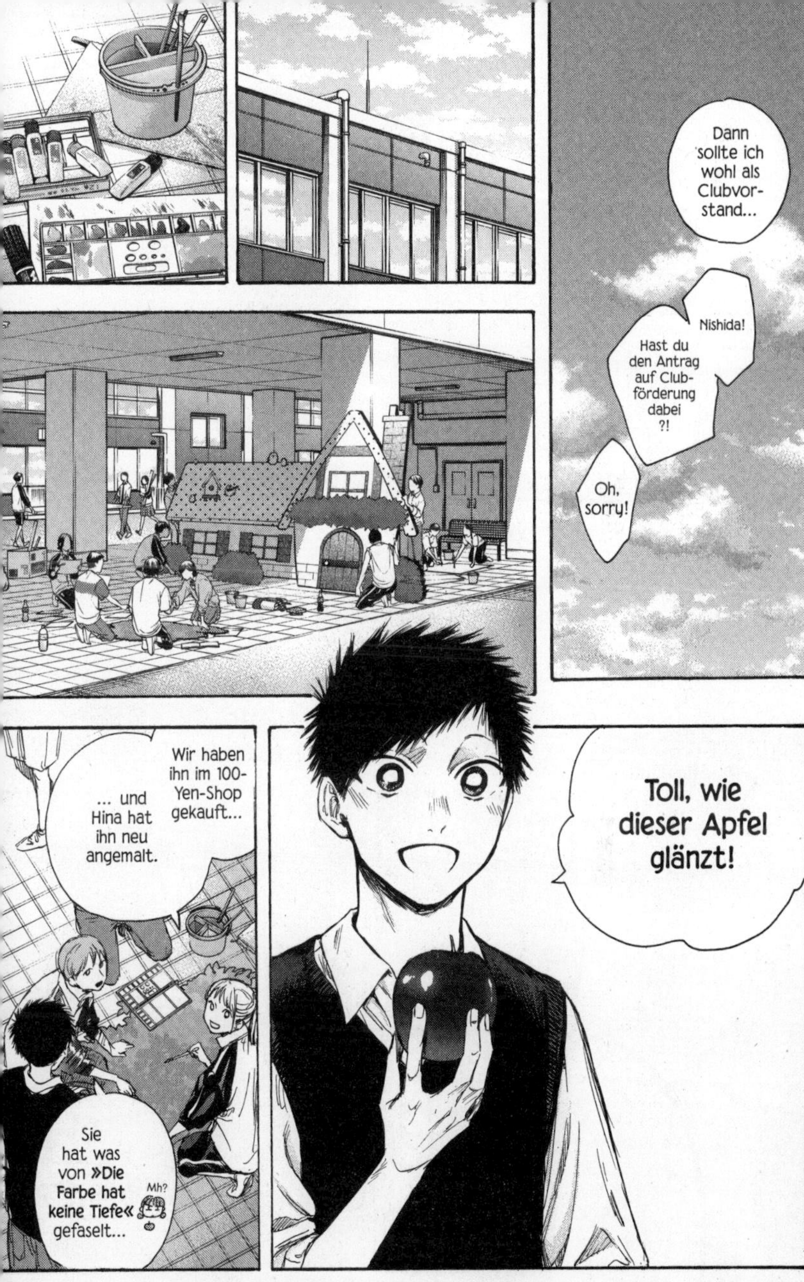
Dann sollte ich wohl als Clubvorstand...
Nishida!
Hast du den Antrag auf Clubförderung dabei ?!
Oh, sorry!
Toll, wie dieser Apfel glänzt!
Wir haben ihn im 100-Yen-Shop gekauft...
... und Hina hat ihn neu angemalt.
Sie hat was von »Die Farbe hat keine Tiefe« gefaselt...
Mh?

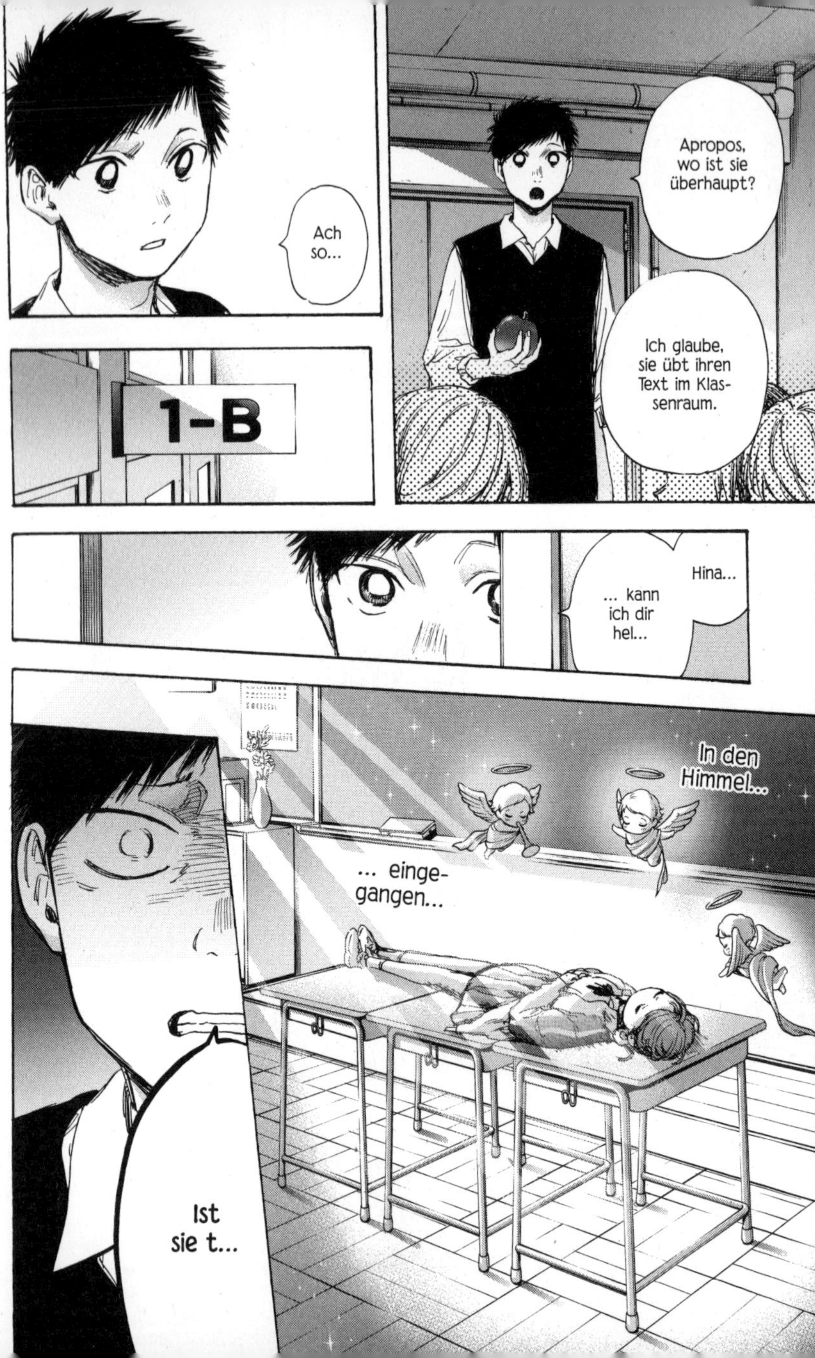
Apropos, wo ist sie überhaupt?
Ach so...
Ich glaube, sie übt ihren Text im Klassenraum.
1-B
Hina...
... kann ich dir hel...
In den Himmel...
... eingegangen...
Ist sie t...

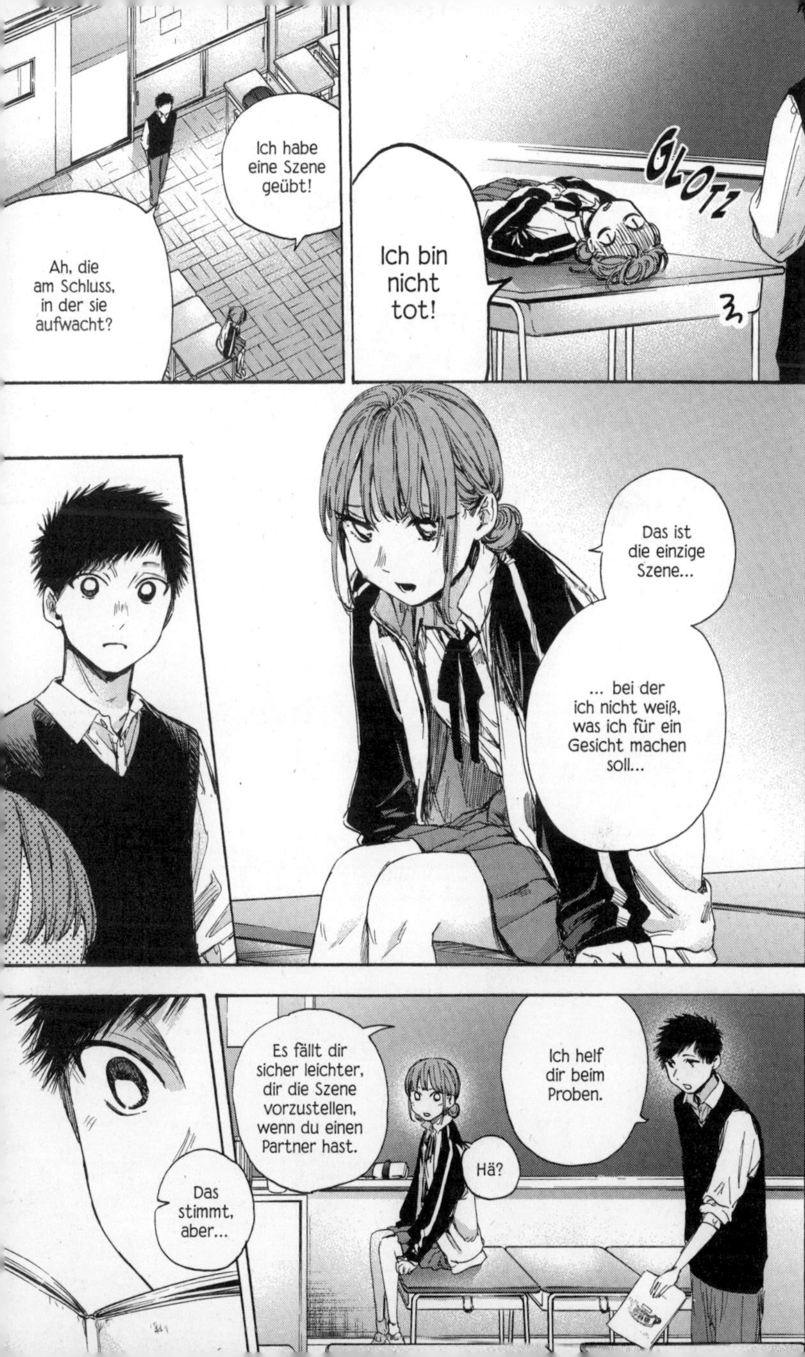

GLOTZ
Ich bin nicht tot!
Ich habe eine Szene geübt!
Ah, die am Schluss, in der sie aufwacht?
Das ist die einzige Szene...
... bei der ich nicht weiß, was ich für ein Gesicht machen soll...
Ich helf dir beim Proben.
Hä?
Es fällt dir sicher leichter, dir die Szene vorzustellen, wenn du einen Partner hast.
Das stimmt, aber...

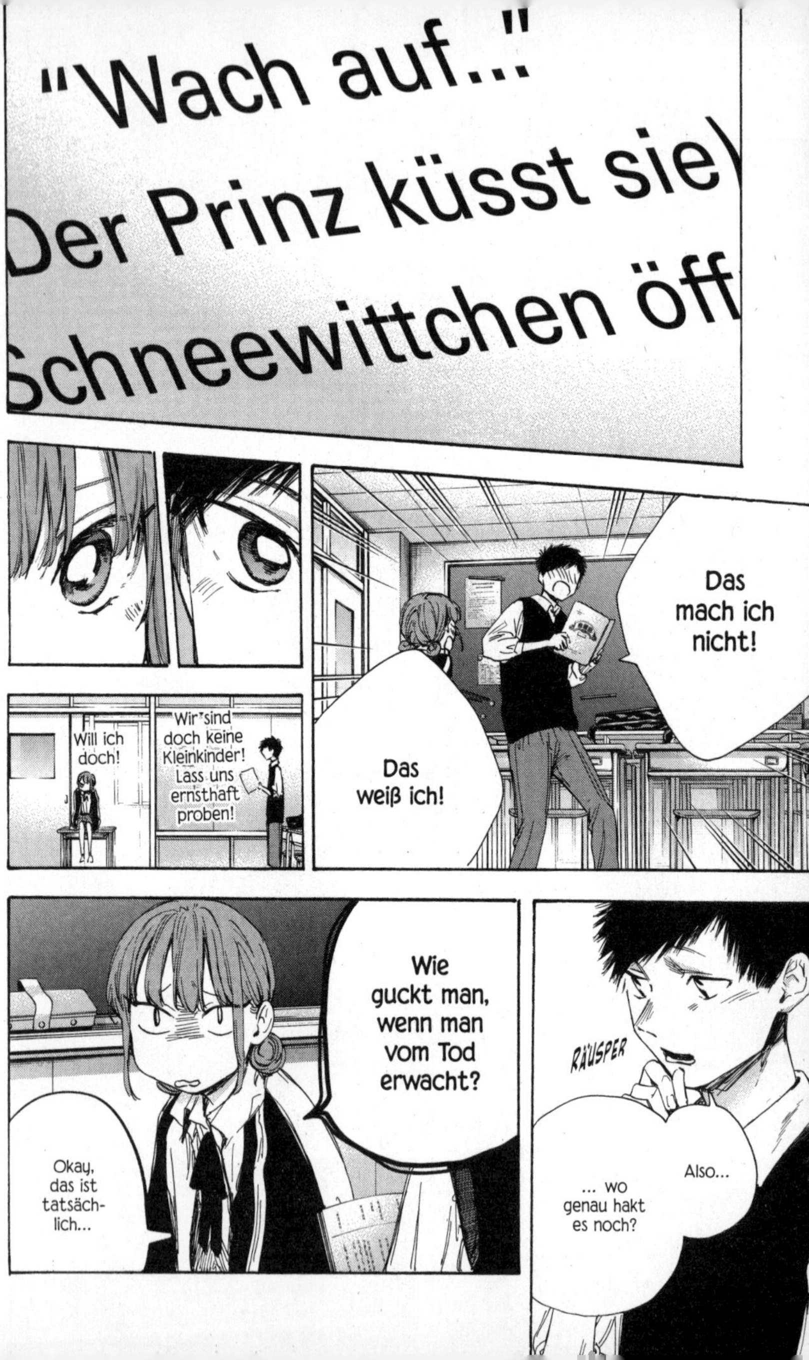
"Wach auf..."
Der Prinz küsst sie)
Schneewittchen öff
Das mach ich nicht!
Das weiß ich!
Wir sind doch keine Kleinkinder! Lass uns ernsthaft proben!
Will ich doch!
RÄUSPER
Also...
... wo genau hakt es noch?
Wie guckt man, wenn man vom Tod erwacht?
Okay, das ist tatsäch-lich...

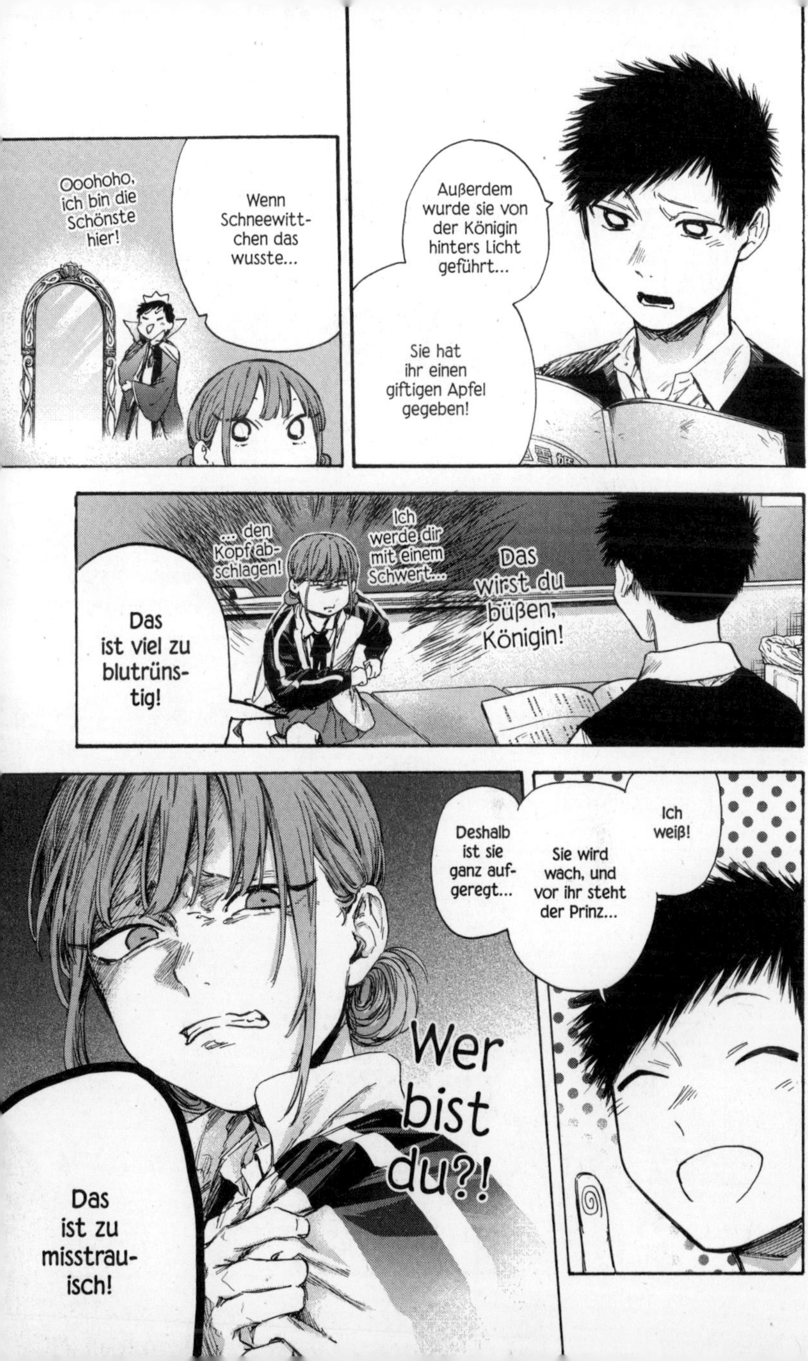

Außerdem wurde sie von der Königin hinters Licht geführt...
Sie hat ihr einen giftigen Apfel gegeben!
Wenn Schneewittchen das wusste...
Ooohoho, ich bin die Schönste hier!
Das wirst du büßen, Königin!
Ich werde dir mit einem Schwert...
... den Kopf abschlagen!
Das ist viel zu blutrünstig!
Ich weiß!
Sie wird wach, und vor ihr steht der Prinz...
Deshalb ist sie ganz aufgeregt...
Wer bist du?!
Das ist zu misstrauisch!

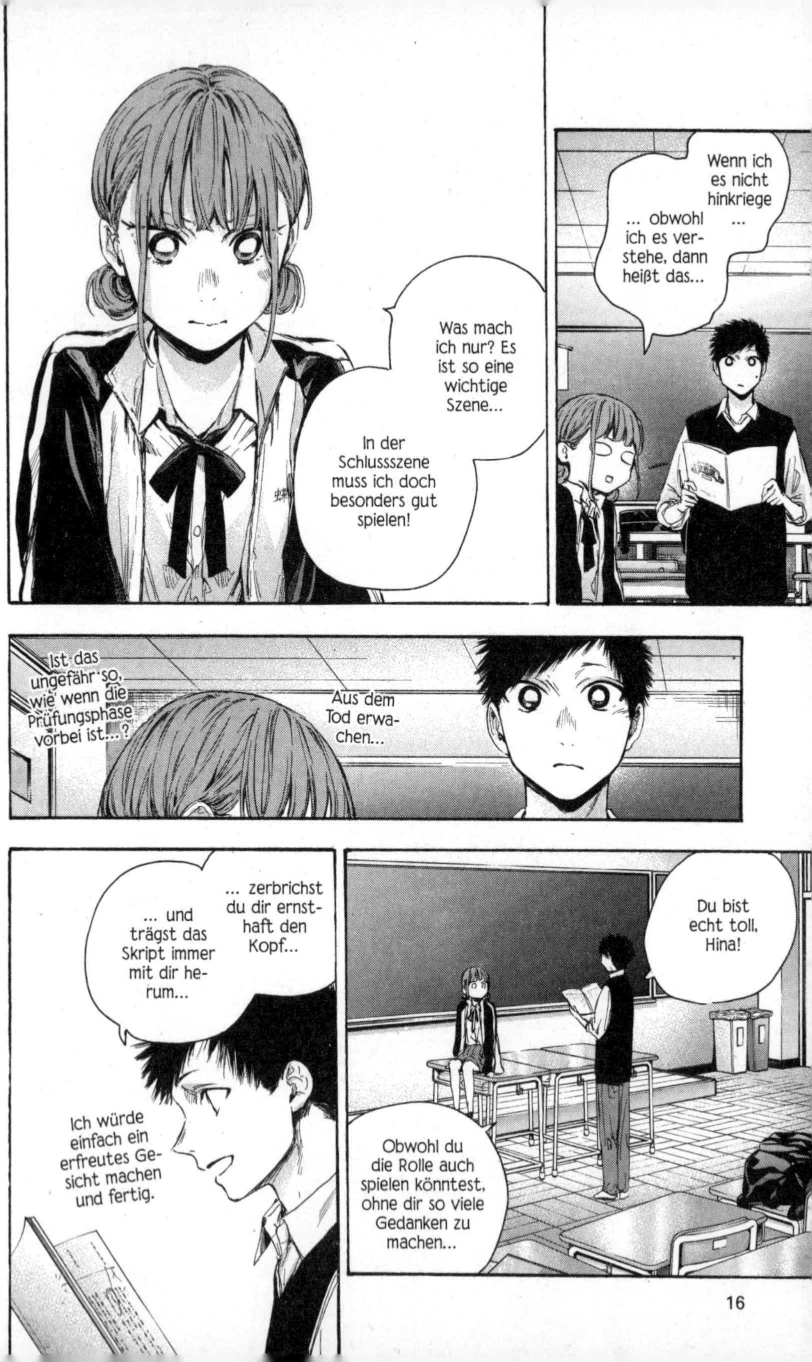

Wenn ich es nicht hinkriege ...
... obwohl ich es verstehe, dann heißt das...
Was mach ich nur? Es ist so eine wichtige Szene...
In der Schlussszene muss ich doch besonders gut spielen!
Aus dem Tod erwachen...
Ist das ungefähr so, wie wenn die Prüfungsphase vorbei ist...?
Du bist echt toll, Hina!
Obwohl du die Rolle auch spielen könntest, ohne dir so viele Gedanken zu machen...
... zerbrichst du dir ernsthaft den Kopf...
... und trägst das Skript immer mit dir herum...
Ich würde einfach ein erfreutes Gesicht machen und fertig.

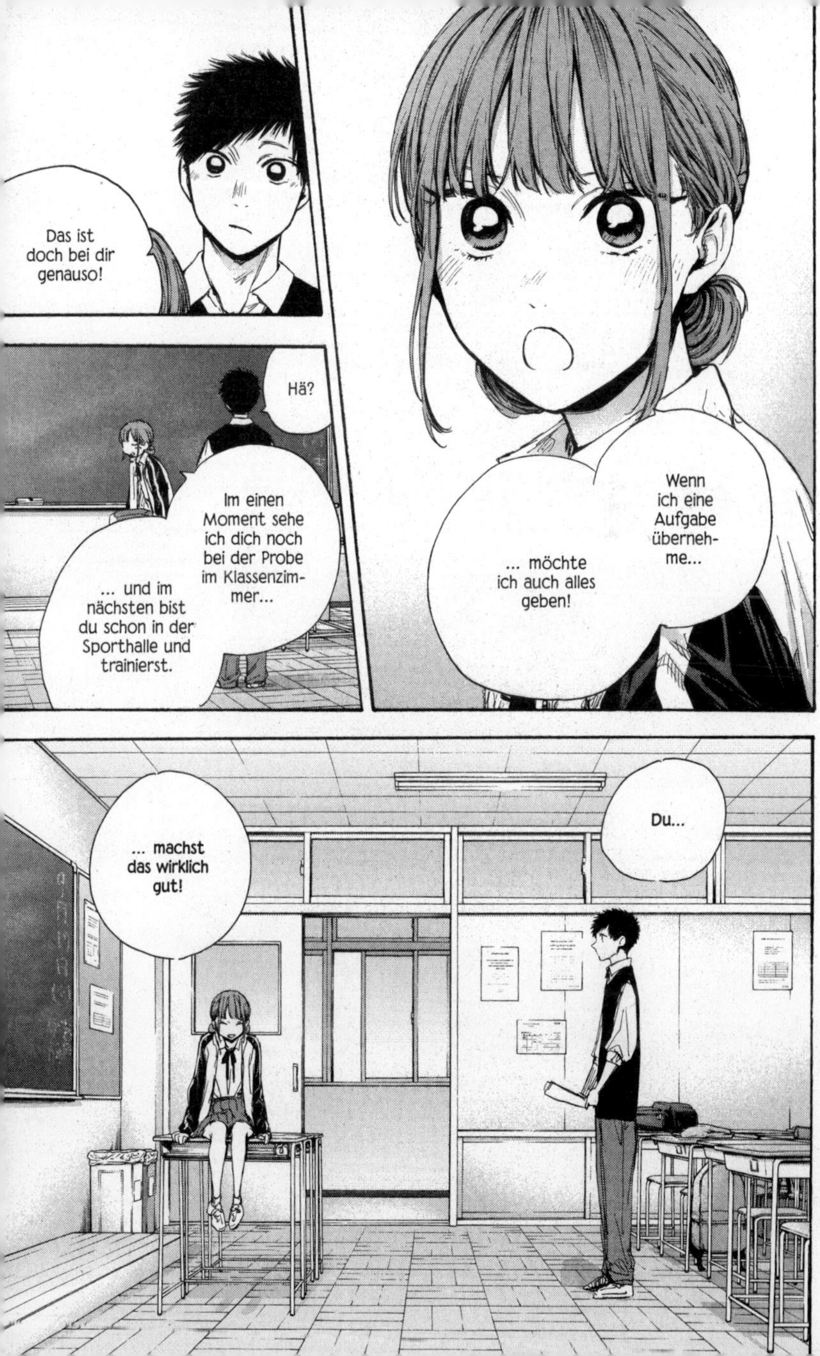
Wenn ich eine Aufgabe überneh-me...
... möchte ich auch alles geben!
Das ist doch bei dir genauso!
Hä?
Im einen Moment sehe ich dich noch bei der Probe im Klassenzim-mer...
... und im nächsten bist du schon in der Sporthalle und trainierst.
Du...
... machst das wirklich gut!

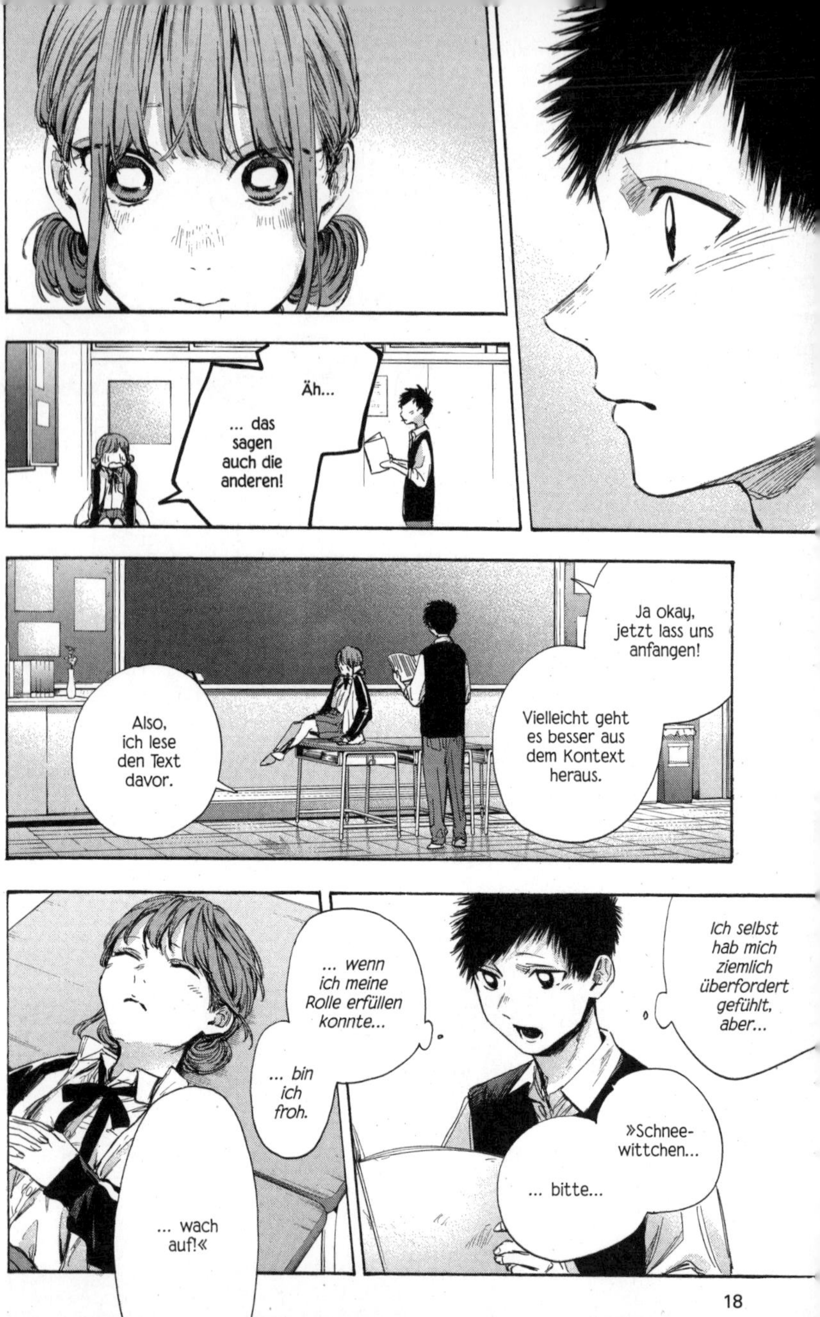
Äh...
... das sagen auch die anderen!
Ja okay, jetzt lass uns anfangen!
Vielleicht geht es besser aus dem Kontext heraus.
Also, ich lese den Text davor.
Ich selbst hab mich ziemlich überfordert gefühlt, aber...
... wenn ich meine Rolle erfüllen konnte...
... bin ich froh.
»Schnee-wittchen...
... bitte...
... wach auf!«

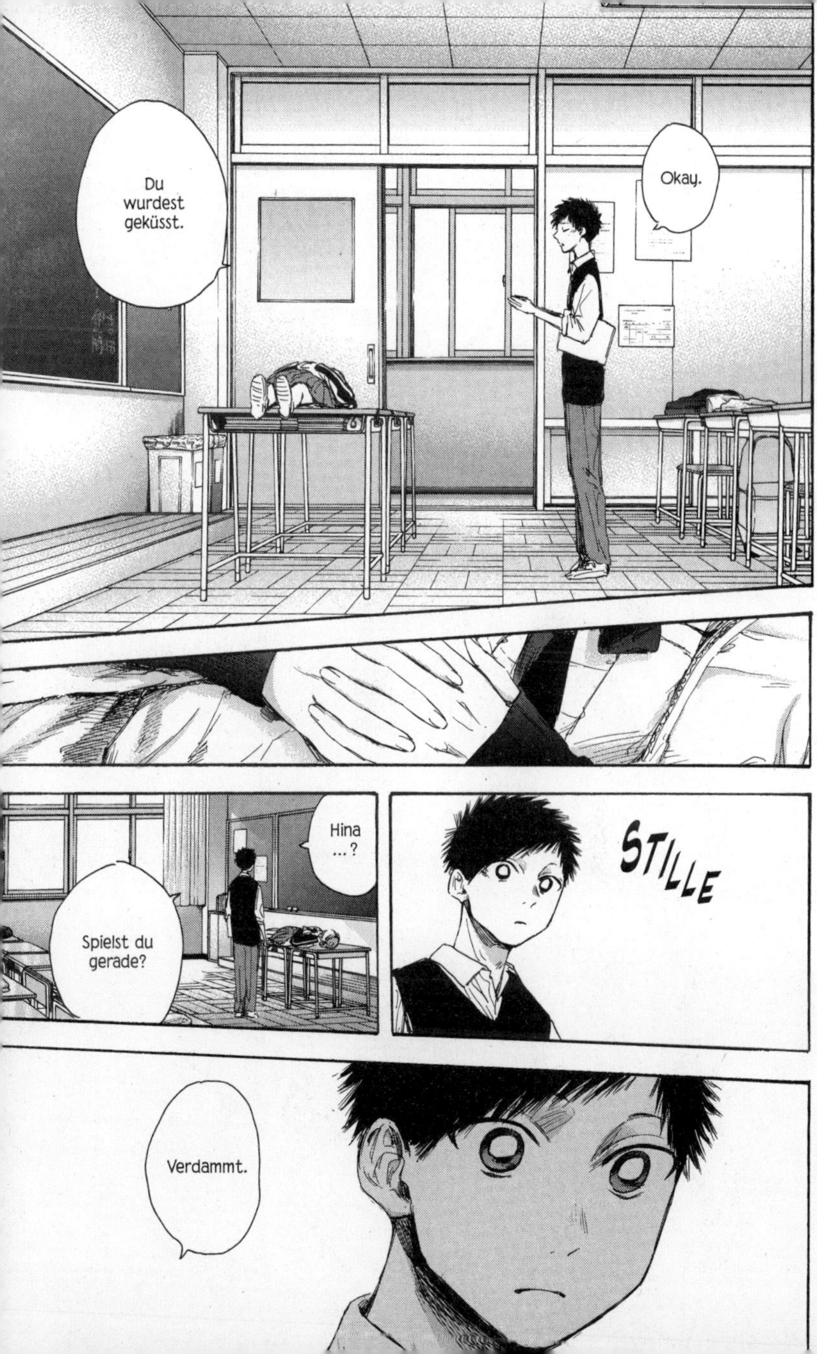
Okay.
Du wurdest geküsst.
STILLE
Hina ...?
Spielst du gerade?
Verdammt.

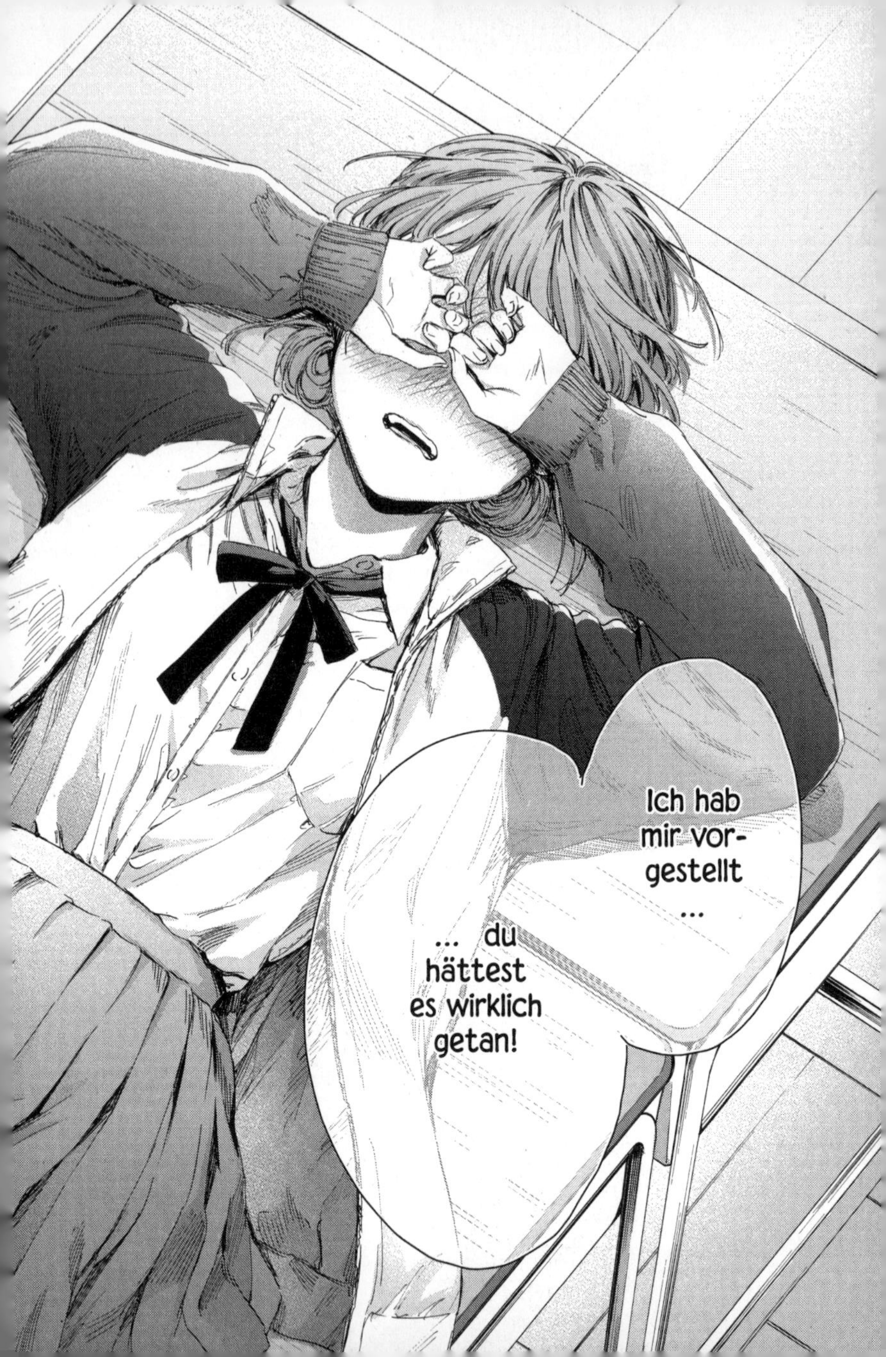
Ich hab mir vor-gestellt ...
... du hättest es wirklich getan!

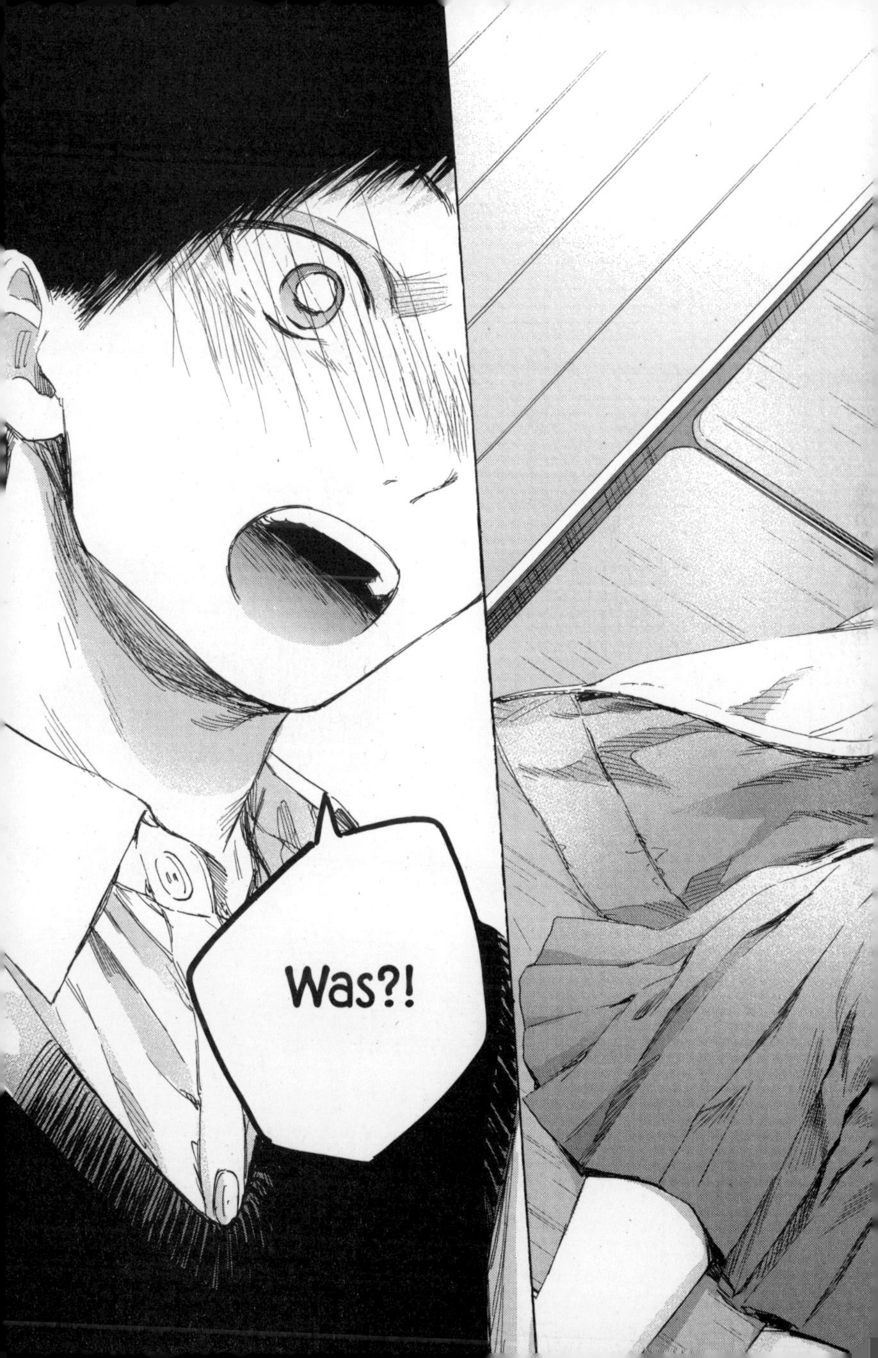
Was?!

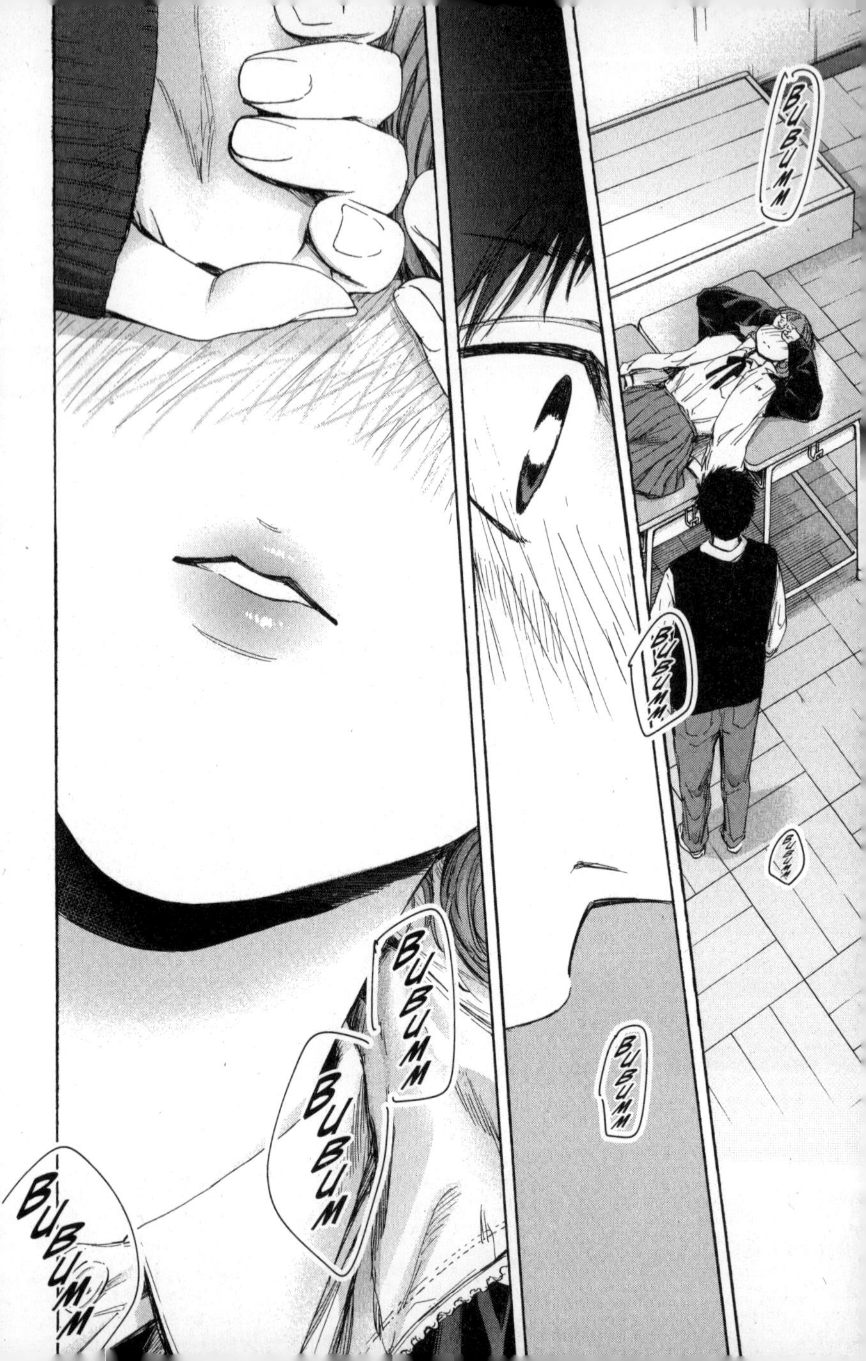
BUBUMM
BUBUMM
BUBUMM
BUBUMM
BUBUM
BUBUMM

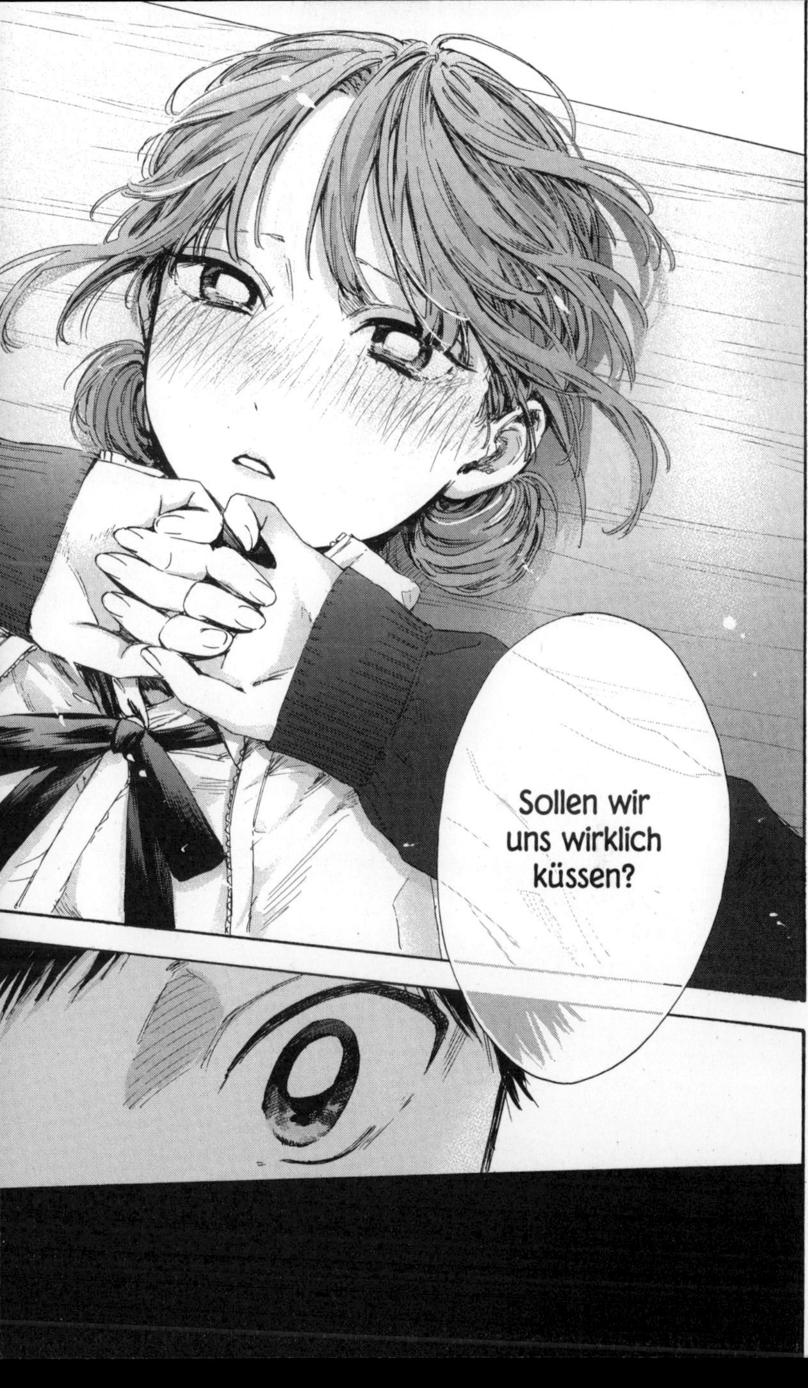
Sollen wir uns wirklich küssen?

Blue Box

#54 Flüssigkeitszufuhr

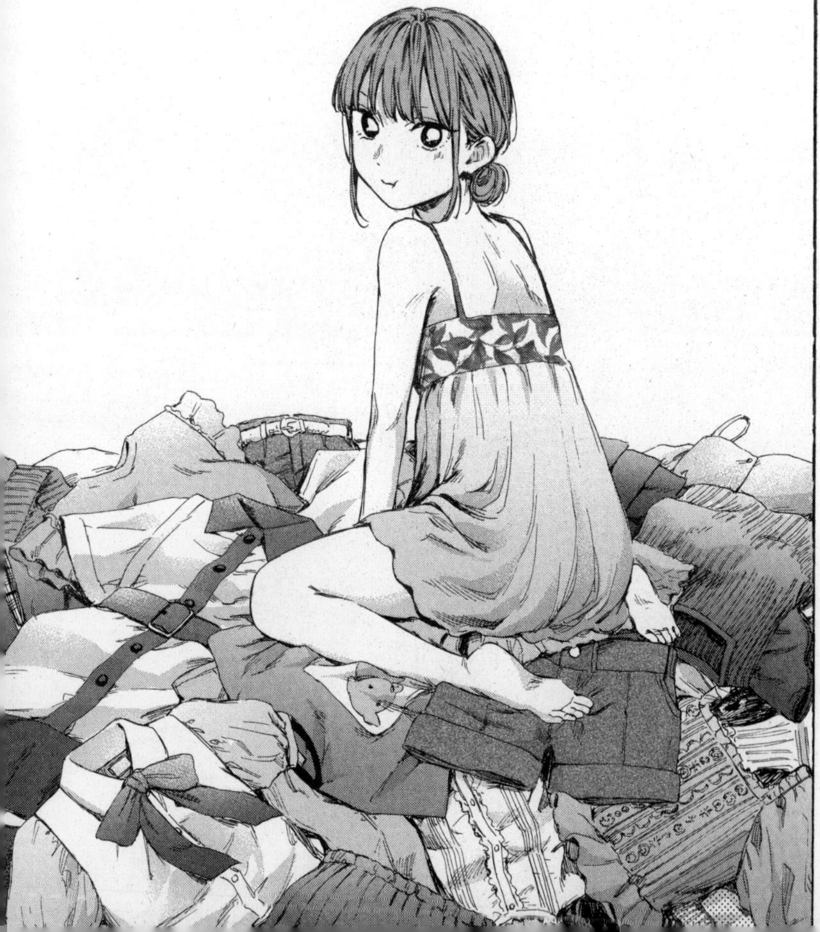

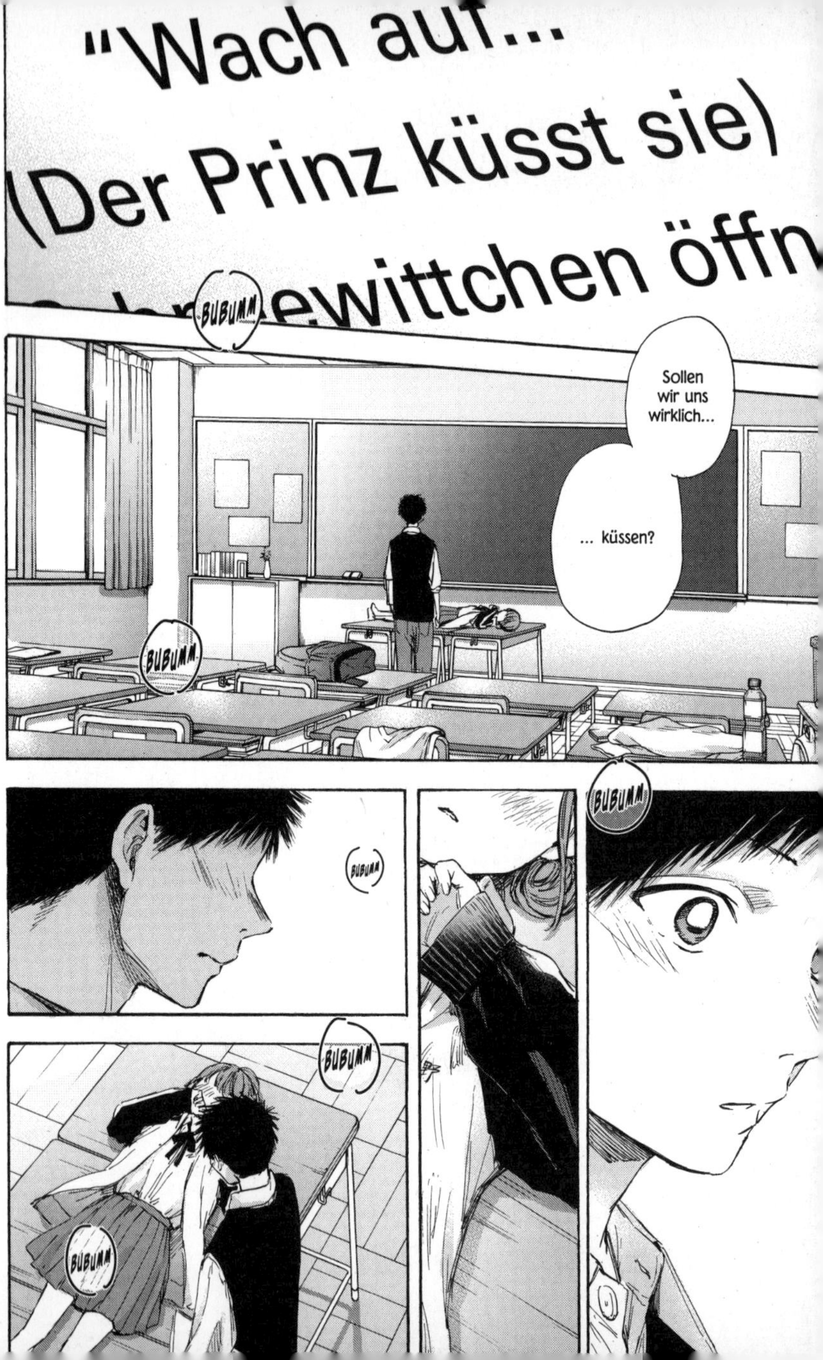
"Wach auf...
(Der Prinz küsst sie)
ewittchen öffn
BUBUMM
Sollen wir uns wirklich...
... küssen?
BUBUMM
BUBUMM
BUBUMM
BUBUMM
BUBUMM

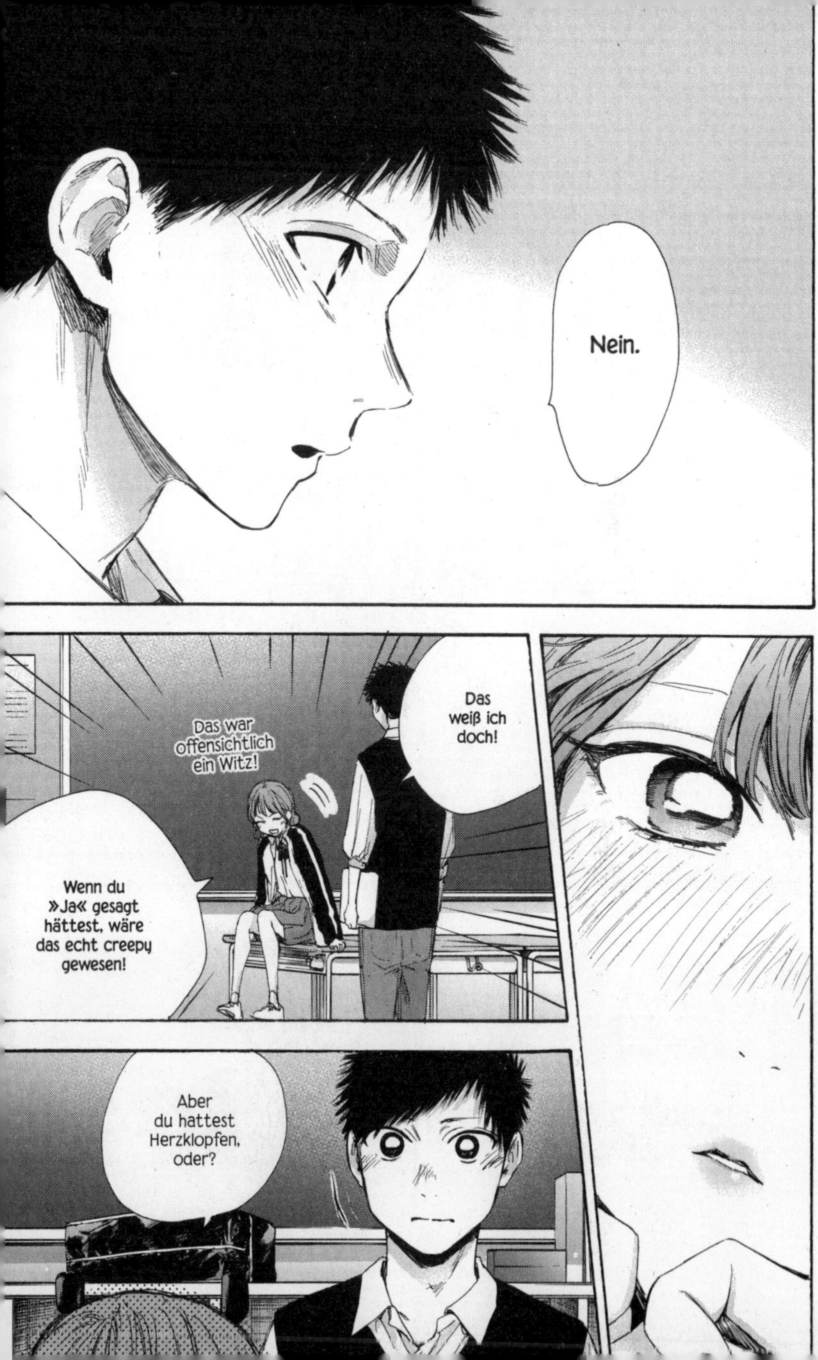
Nein.
Das weiß ich doch!
Das war offensichtlich ein Witz!
Wenn du »Ja« gesagt hättest, wäre das echt creepy gewesen!
Aber du hattest Herzklopfen, oder?

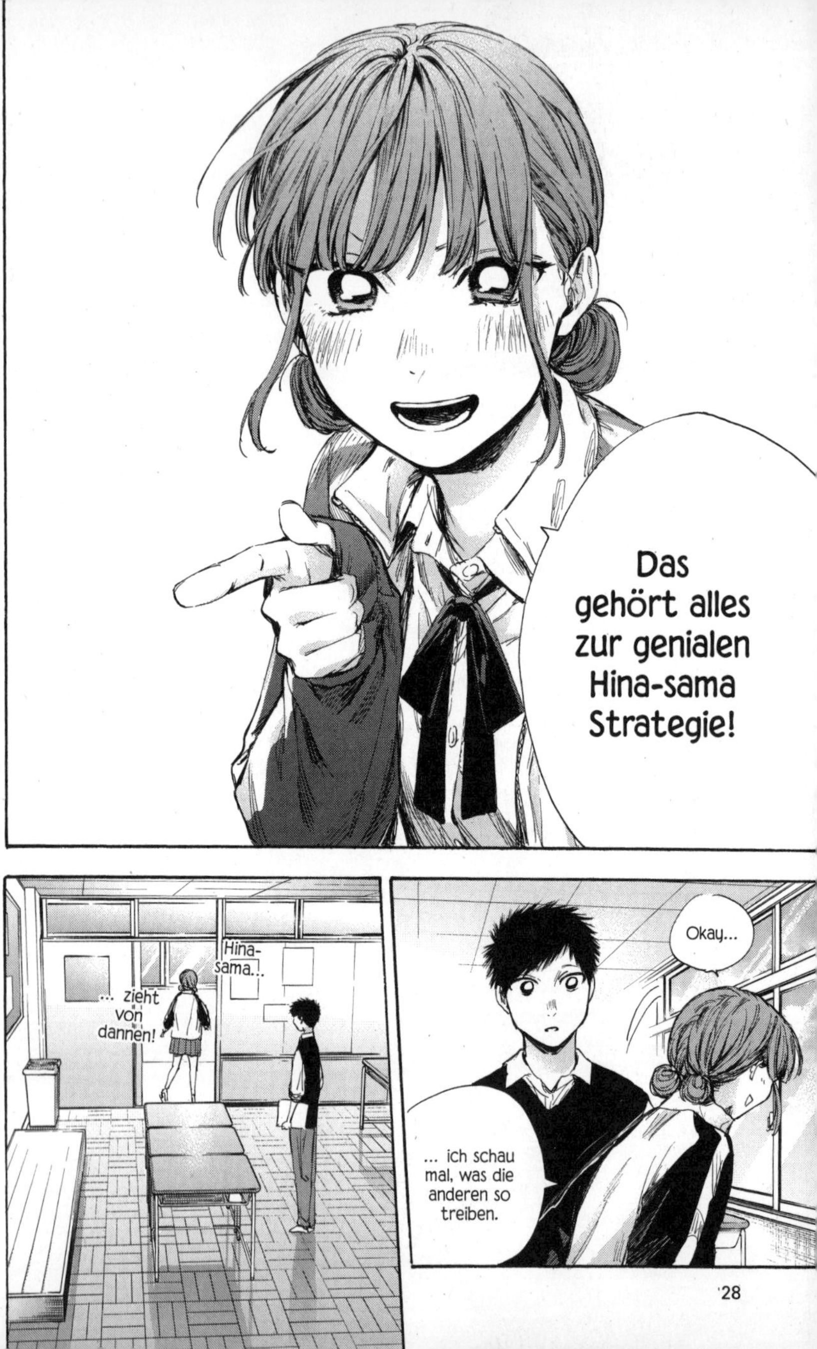
Das gehört alles zur genialen Hina-sama Strategie!
Okay...
... ich schau mal, was die anderen so treiben.
Hina-sama...
... zieht von dannen!

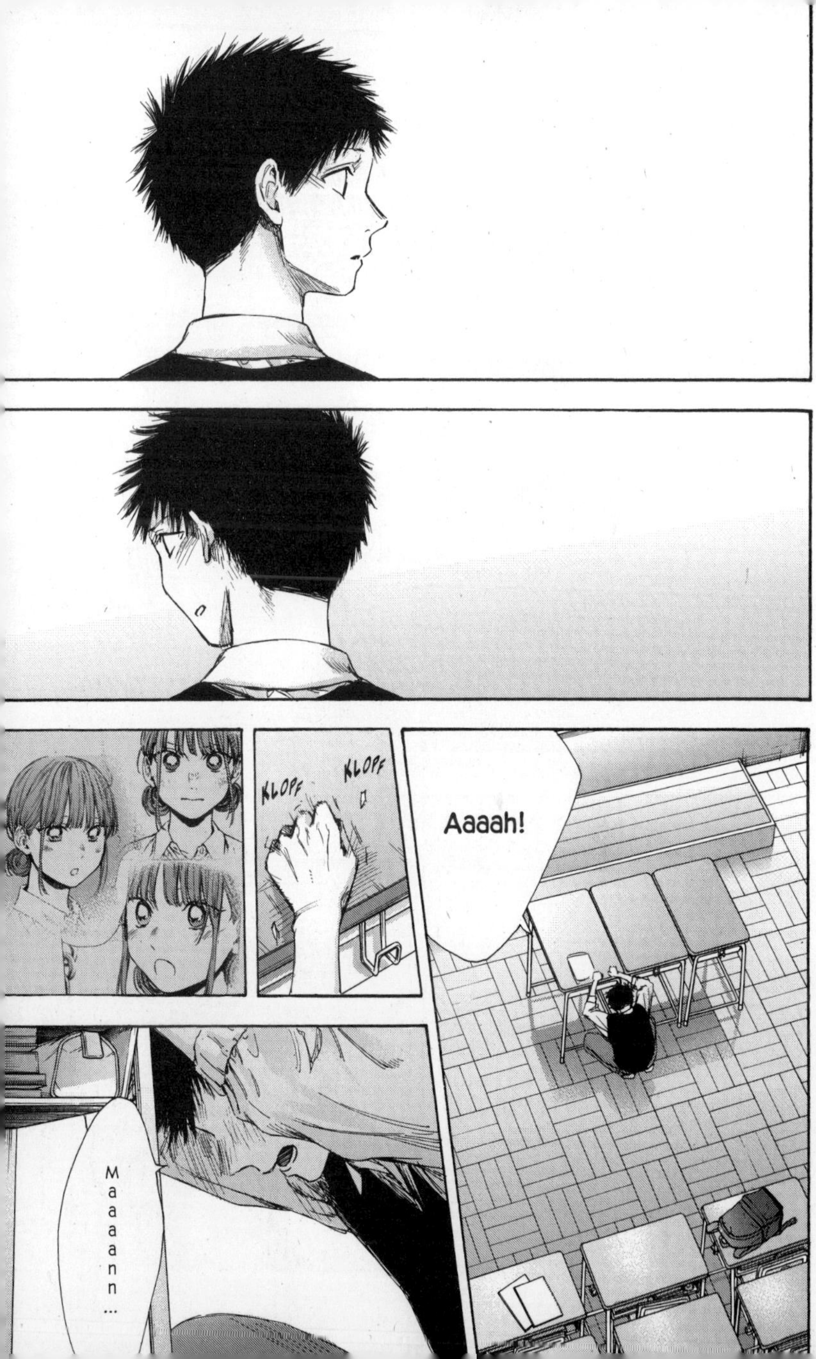
KLOPF
KLOPF
Aaaah!
Maaaann ...

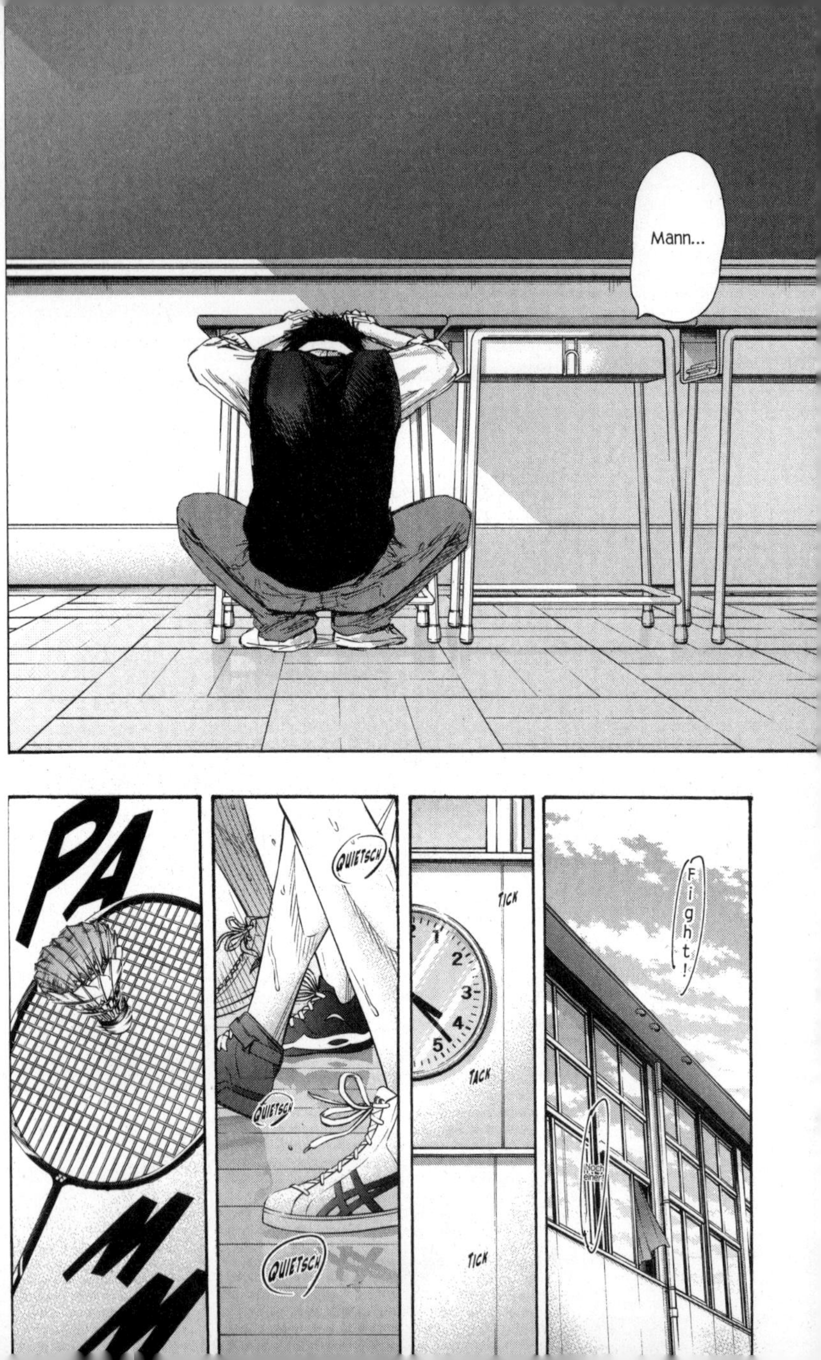
Mann...
Fight!
Noch einer!
TICK
TACK
TICK
QUIETSCH
QUIETSCH
QUIETSCH
PAMM

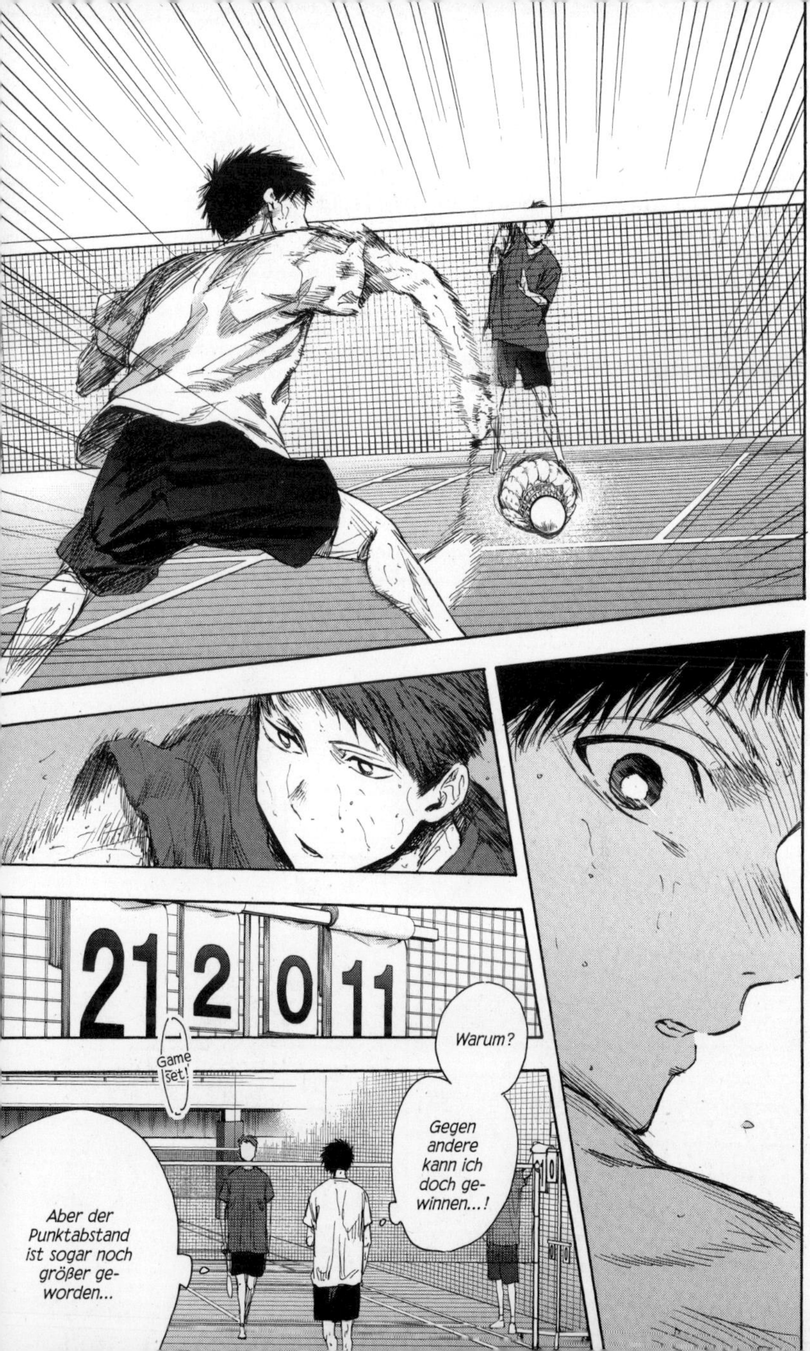
Warum?
Gegen andere kann ich doch ge- winnen...!
21 2 0 11
Game set!
Aber der Punktabstand ist sogar noch größer ge- worden...

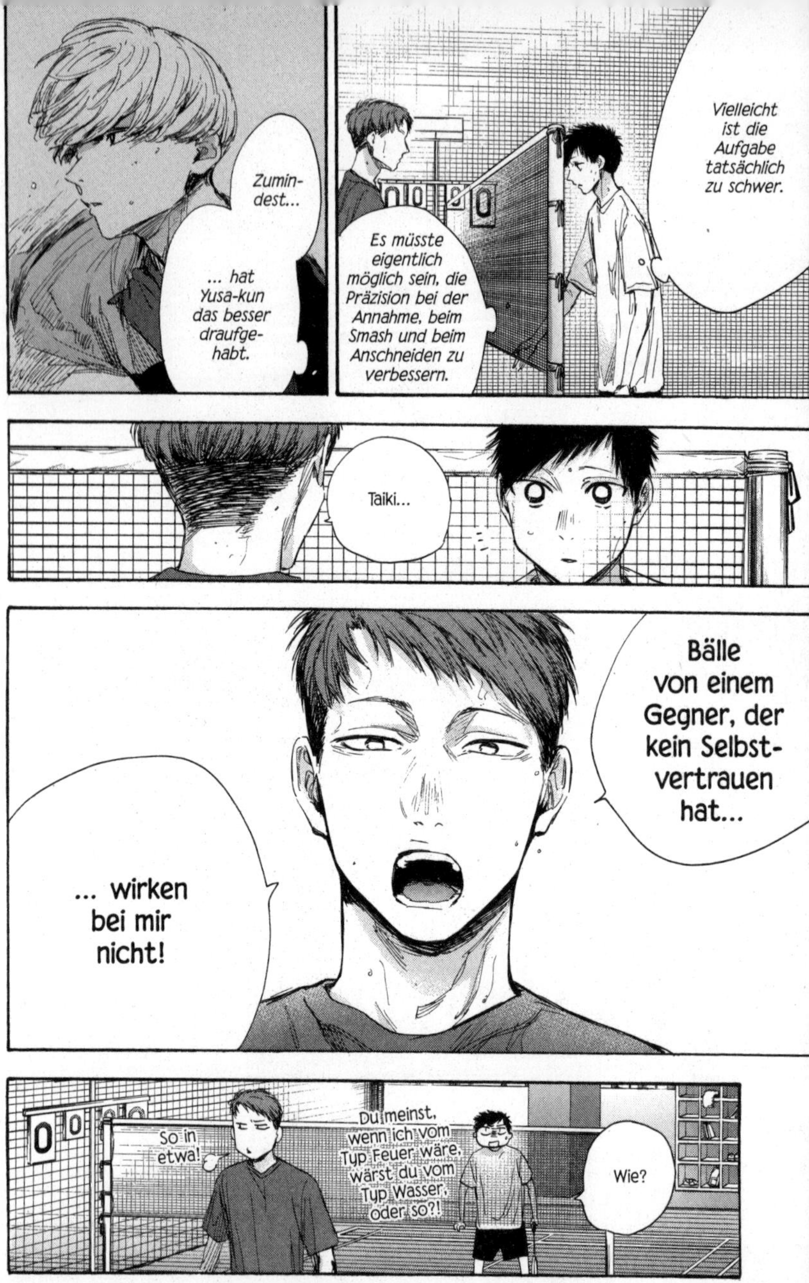
Vielleicht ist die Aufgabe tatsächlich zu schwer.
Es müsste eigentlich möglich sein, die Präzision bei der Annahme, beim Smash und beim Anschneiden zu verbessern.
Zumindest...
... hat Yusa-kun das besser draufgehabt.
Taiki...
Bälle von einem Gegner, der kein Selbstvertrauen hat...
... wirken bei mir nicht!
Wie?
Du meinst, wenn ich vom Typ Feuer wäre, wärst du vom Typ Wasser, oder so?!
So in etwa!

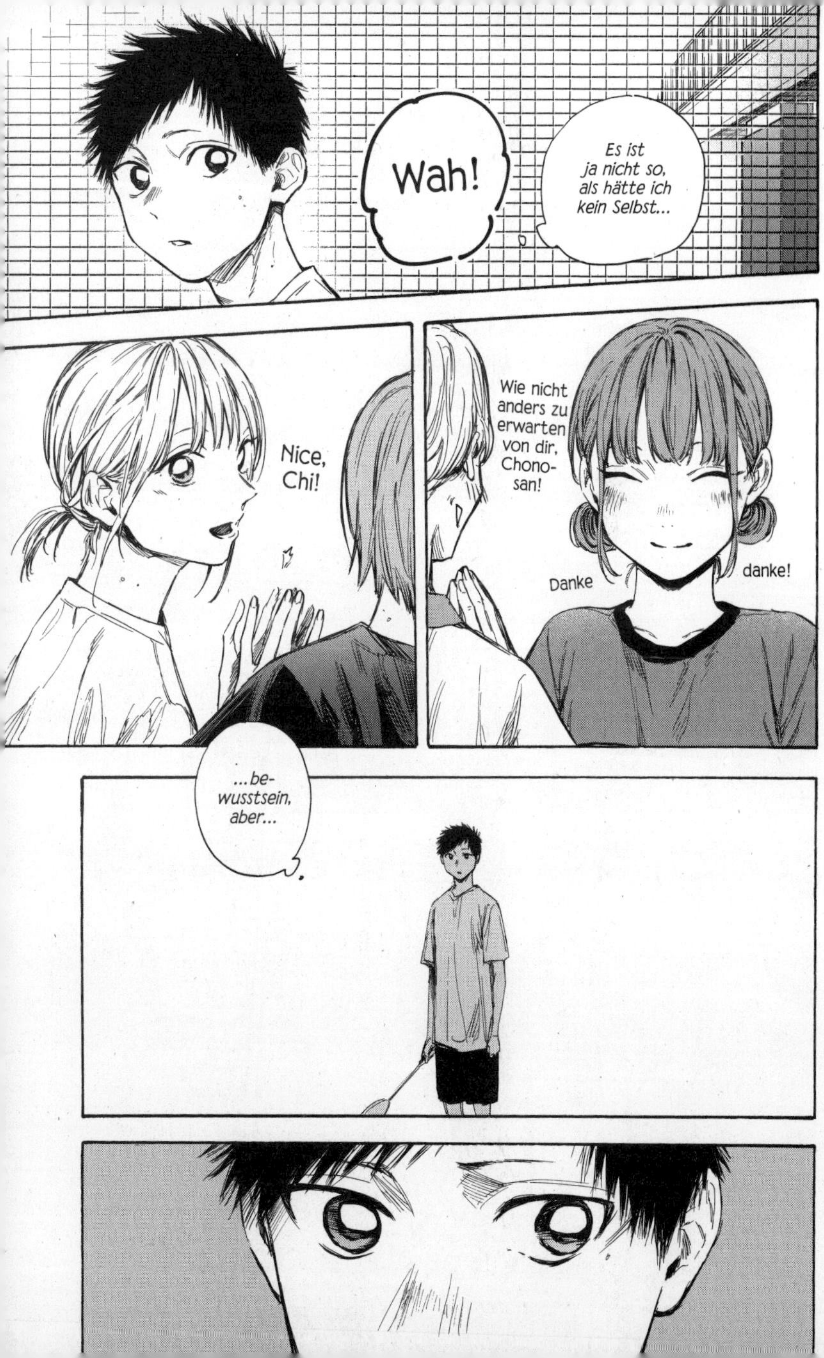
Es ist ja nicht so, als hätte ich kein Selbst...
Wah!
Wie nicht anders zu erwarten von dir, Chono-san!
Danke
danke!
Nice, Chi!
...be-wusstsein, aber...

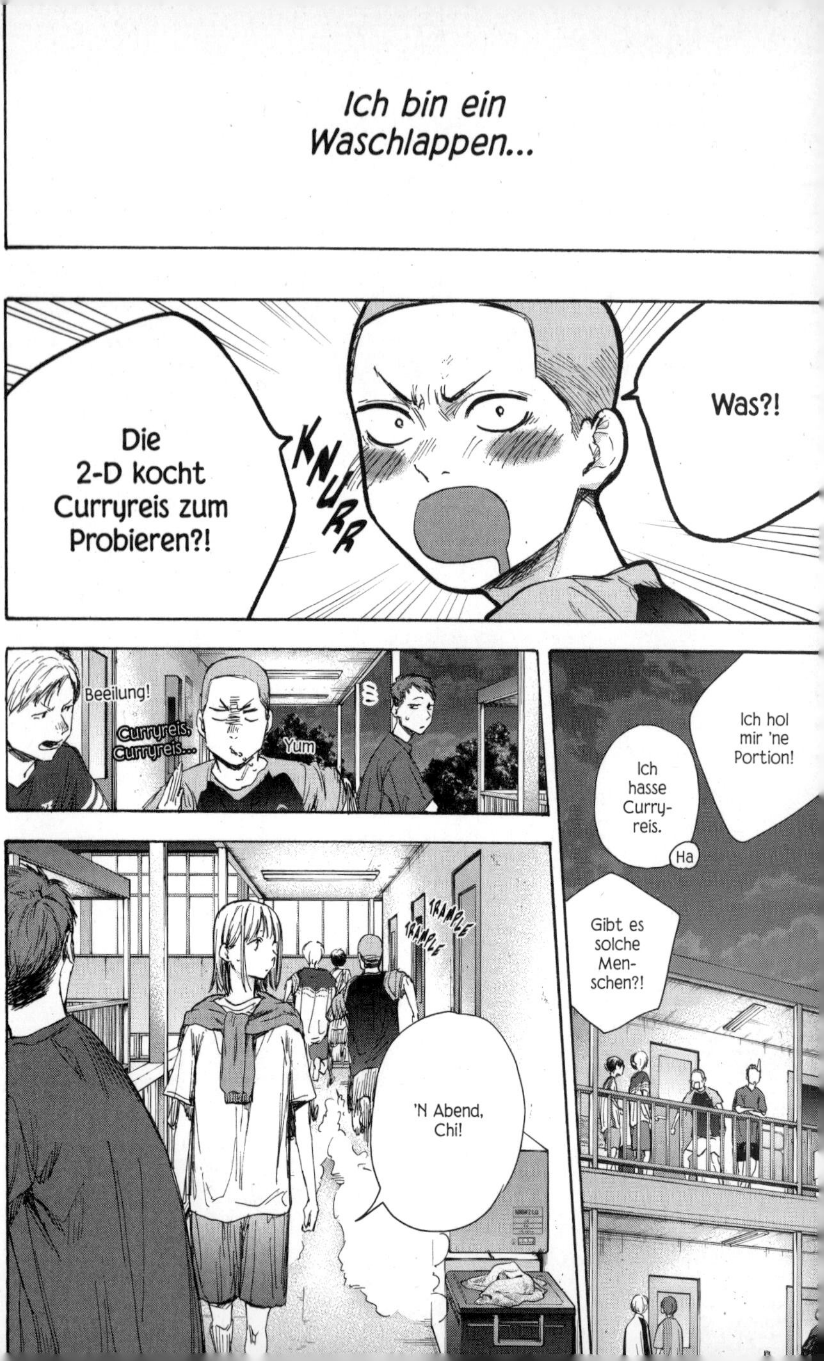
Ich bin ein Waschlappen...
Was?!
Die 2-D kocht Curryreis zum Probieren?!
KNURR
Ich hol mir 'ne Portion!
Ich hasse Curryreis.
Ha
Beeilung!
Curryreis, Curryreis...
Yum
Gibt es solche Menschen?!
TRAMPLE TRAMPLE
'N Abend, Chi!

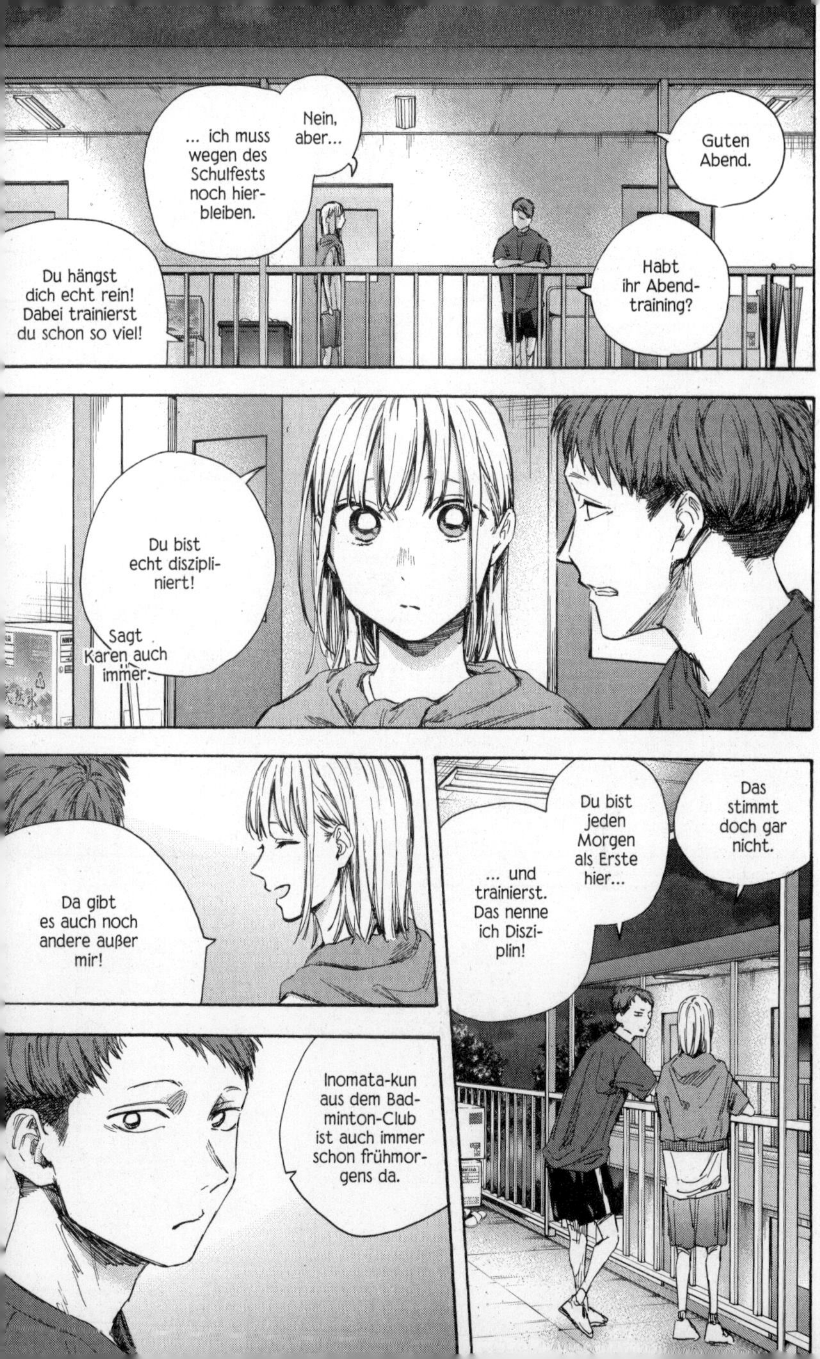
Guten Abend.
Habt ihr Abendtraining?
Nein, aber...
... ich muss wegen des Schulfests noch hierbleiben.
Du hängst dich echt rein! Dabei trainierst du schon so viel!
Du bist echt diszipliniert!
Sagt Karen auch immer.
Das stimmt doch gar nicht.
Du bist jeden Morgen als Erste hier...
... und trainierst. Das nenne ich Disziplin!
Da gibt es auch noch andere außer mir!
Inomata-kun aus dem Badminton-Club ist auch immer schon frühmorgens da.

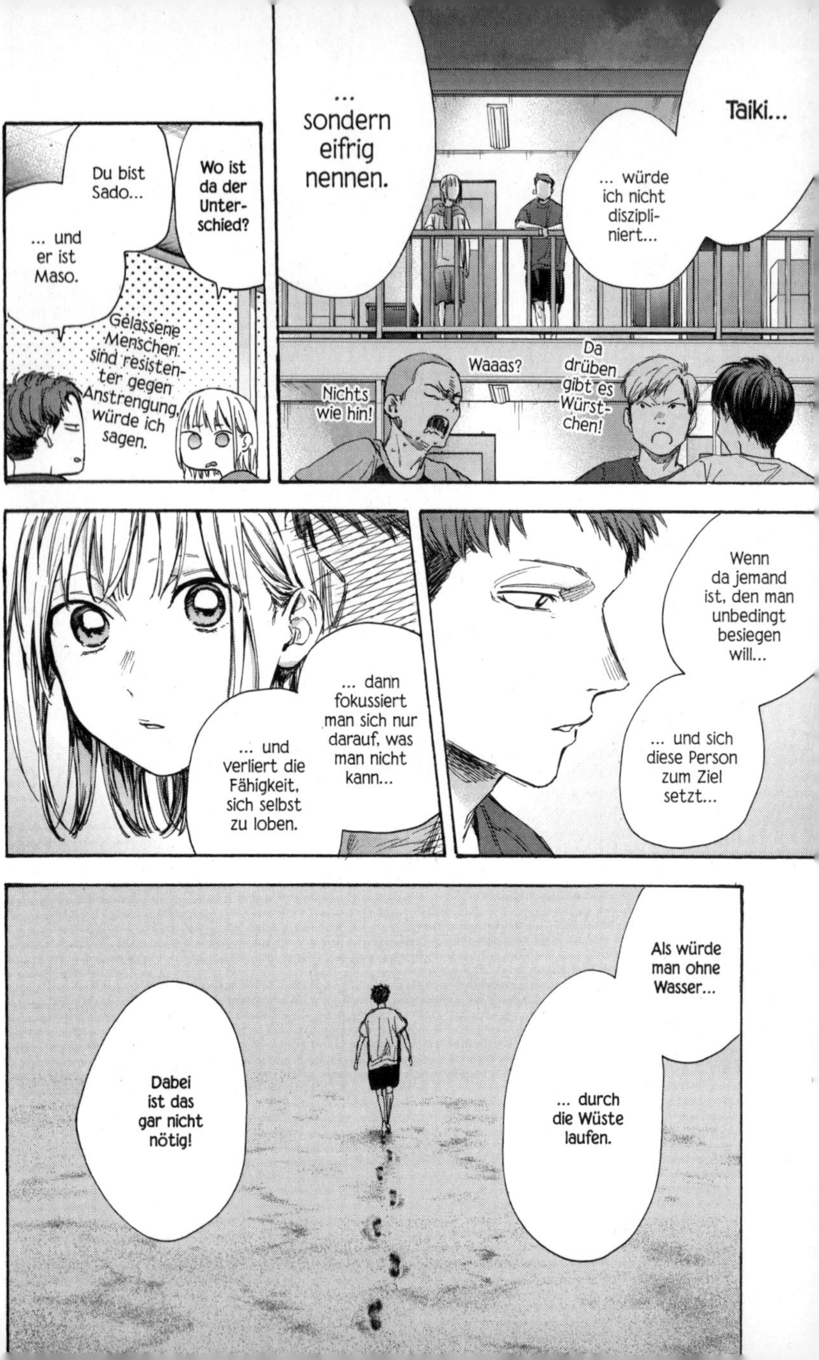
Taiki...
... würde ich nicht diszipliniert...
... sondern eifrig nennen.
Da drüben gibt es Würstchen!
Waaas?
Nichts wie hin!
Wo ist da der Unterschied?
Du bist Sado...
... und er ist Maso.
Gelassene Menschen sind resistenter gegen Anstrengung, würde ich sagen.
Wenn da jemand ist, den man unbedingt besiegen will...
... und sich diese Person zum Ziel setzt...
... dann fokussiert man sich nur darauf, was man nicht kann...
... und verliert die Fähigkeit, sich selbst zu loben.
Als würde man ohne Wasser...
... durch die Wüste laufen.
Dabei ist das gar nicht nötig!

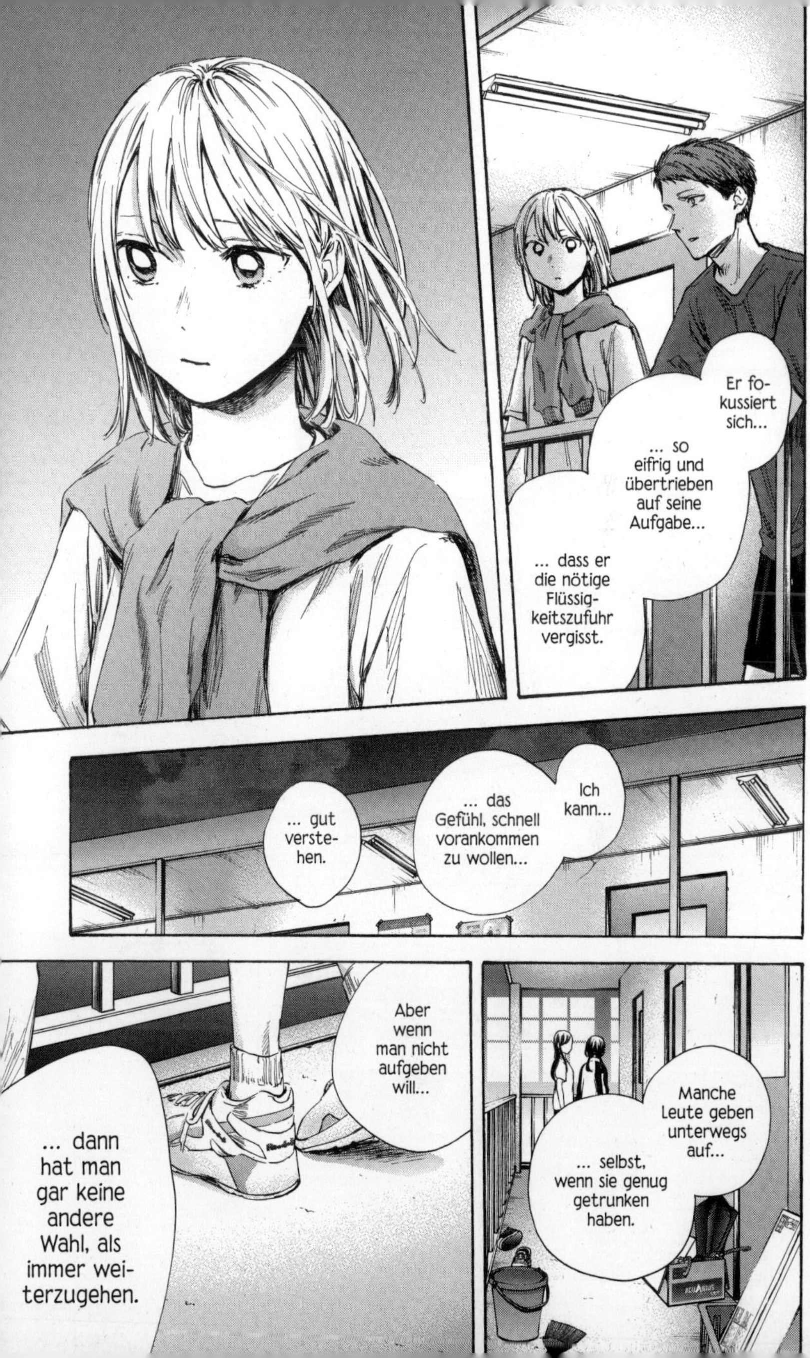

Er fokussiert sich...
... so eifrig und übertrieben auf seine Aufgabe...
... dass er die nötige Flüssigkeitszufuhr vergisst.
Ich kann...
... das Gefühl, schnell vorankommen zu wollen...
... gut verstehen.
Manche Leute geben unterwegs auf...
... selbst, wenn sie genug getrunken haben.
Aber wenn man nicht aufgeben will...
... dann hat man gar keine andere Wahl, als immer weiterzugehen.

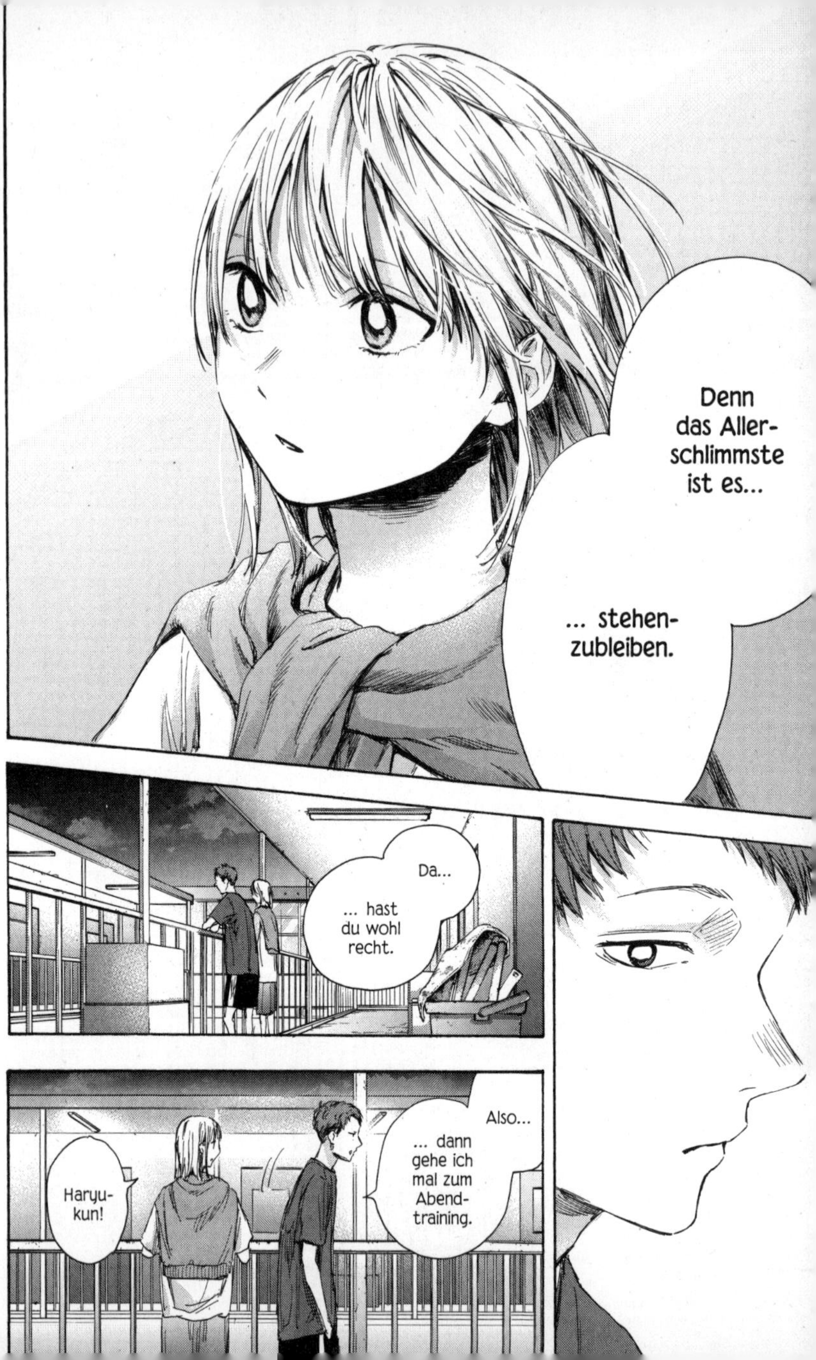
Denn das Allerschlimmste ist es...
... stehenzubleiben.
Da...
... hast du wohl recht.
Also...
... dann gehe ich mal zum Abendtraining.
Haryu-kun!

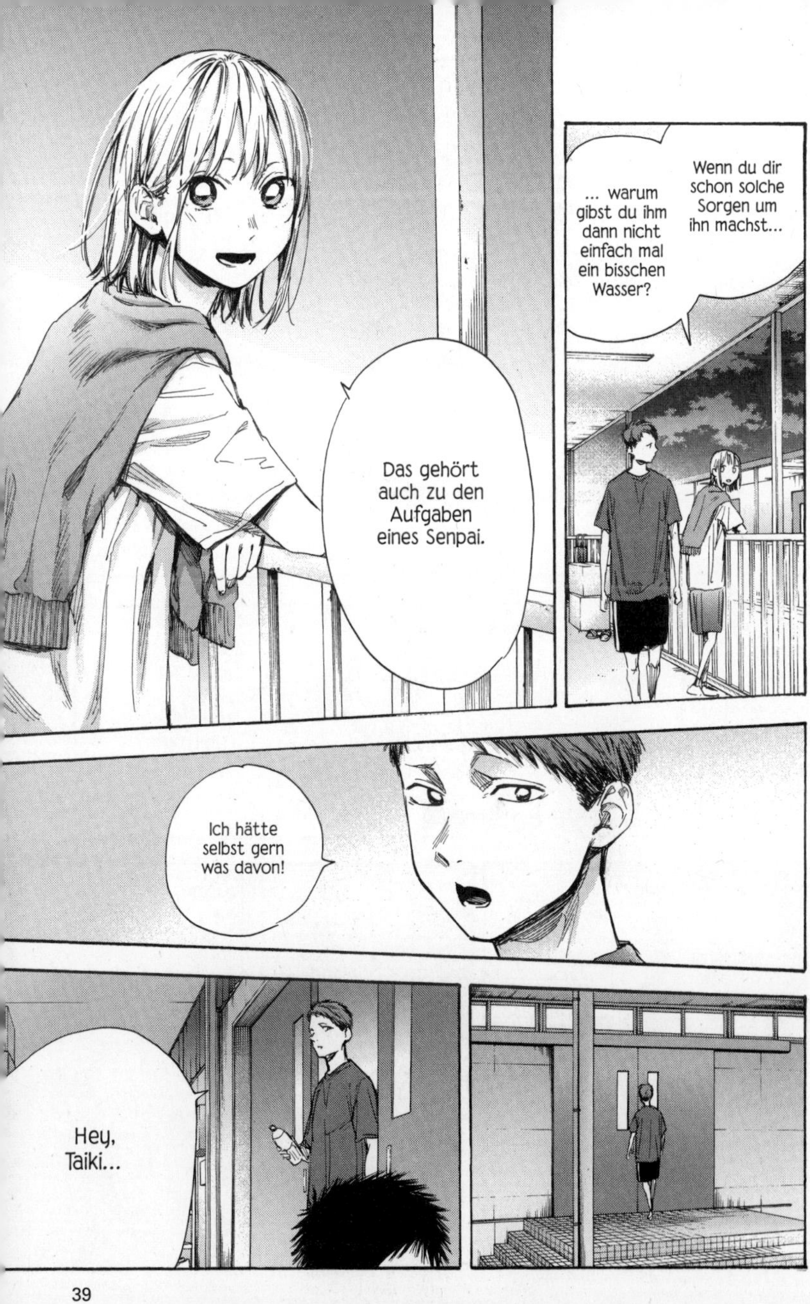
Wenn du dir schon solche Sorgen um ihn machst...
... warum gibst du ihm dann nicht einfach mal ein bisschen Wasser?
Das gehört auch zu den Aufgaben eines Senpai.
Ich hätte selbst gern was davon!
Hey, Taiki...

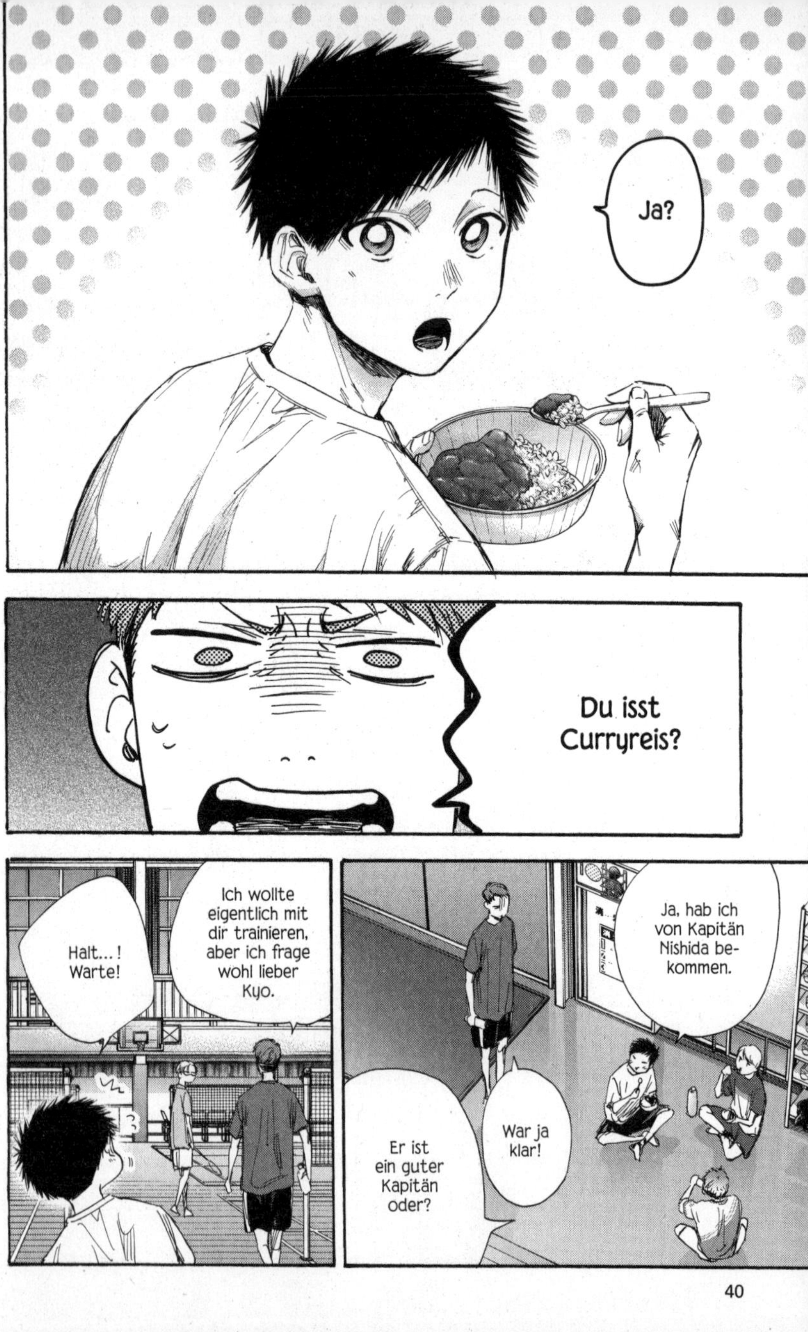
Ja?
Du isst Curryreis?
Ja, hab ich von Kapitän Nishida be-kommen.
War ja klar!
Er ist ein guter Kapitän oder?
Ich wollte eigentlich mit dir trainieren, aber ich frage wohl lieber Kyo.
Halt...! Warte!

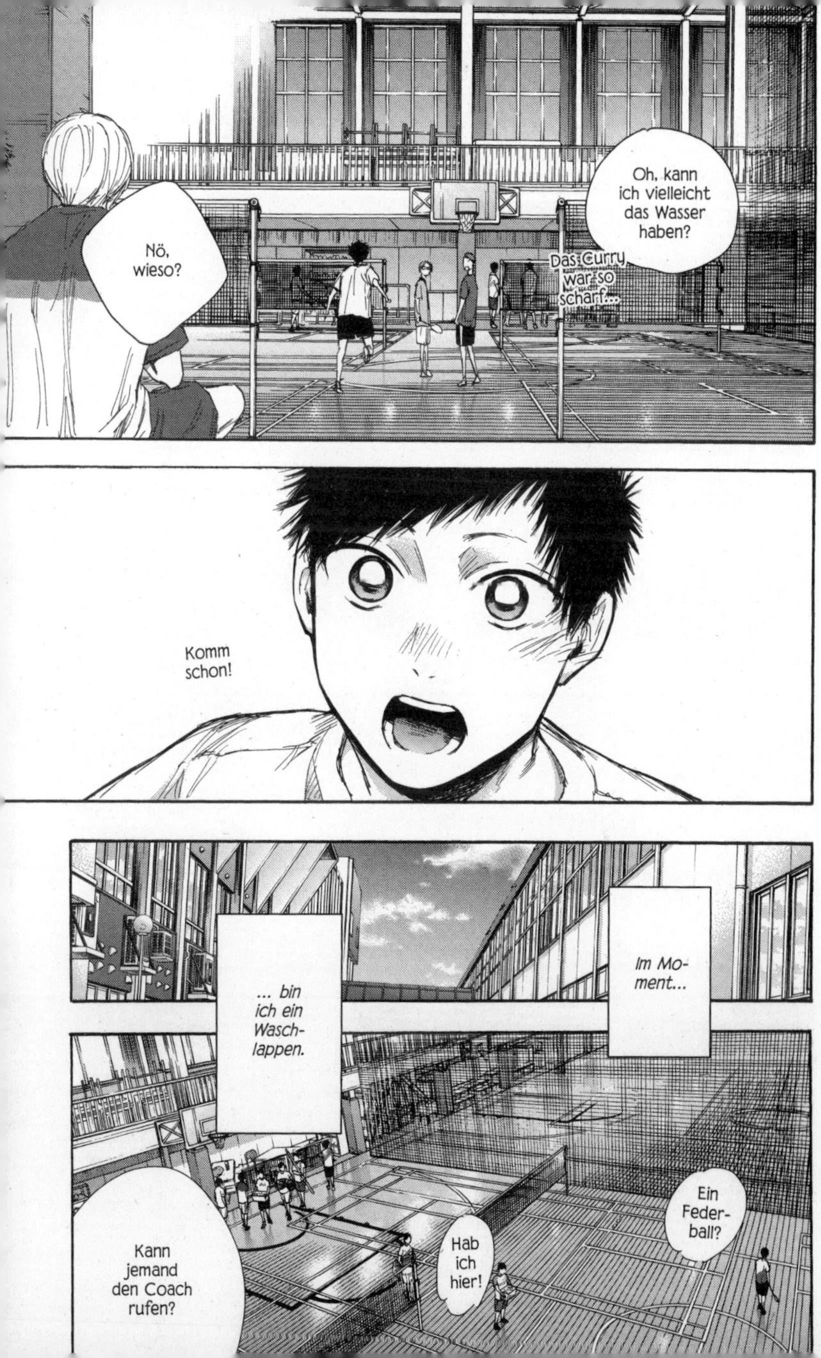
Oh, kann ich vielleicht das Wasser haben?
Das Curry war so scharf...
Nö, wieso?
Komm schon!
Im Moment...
... bin ich ein Waschlappen.
Ein Federball?
Hab ich hier!
Kann jemand den Coach rufen?

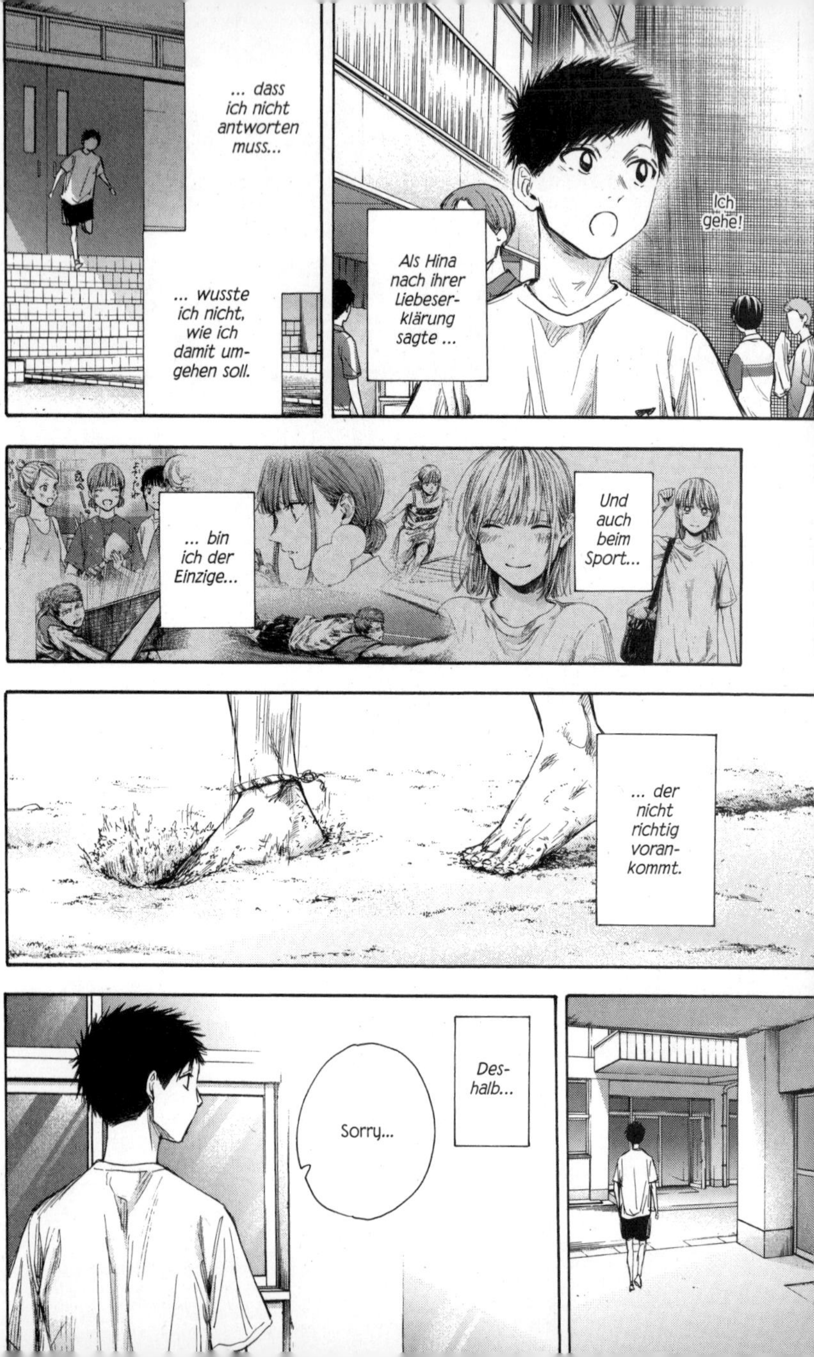

Als Hina nach ihrer Liebeser-klärung sagte ...
Ich gehe!
... dass ich nicht antworten muss...
... wusste ich nicht, wie ich damit um-gehen soll.
Und auch beim Sport...
... bin ich der Einzige...
... der nicht richtig voran-kommt.
Des-halb...
Sorry...

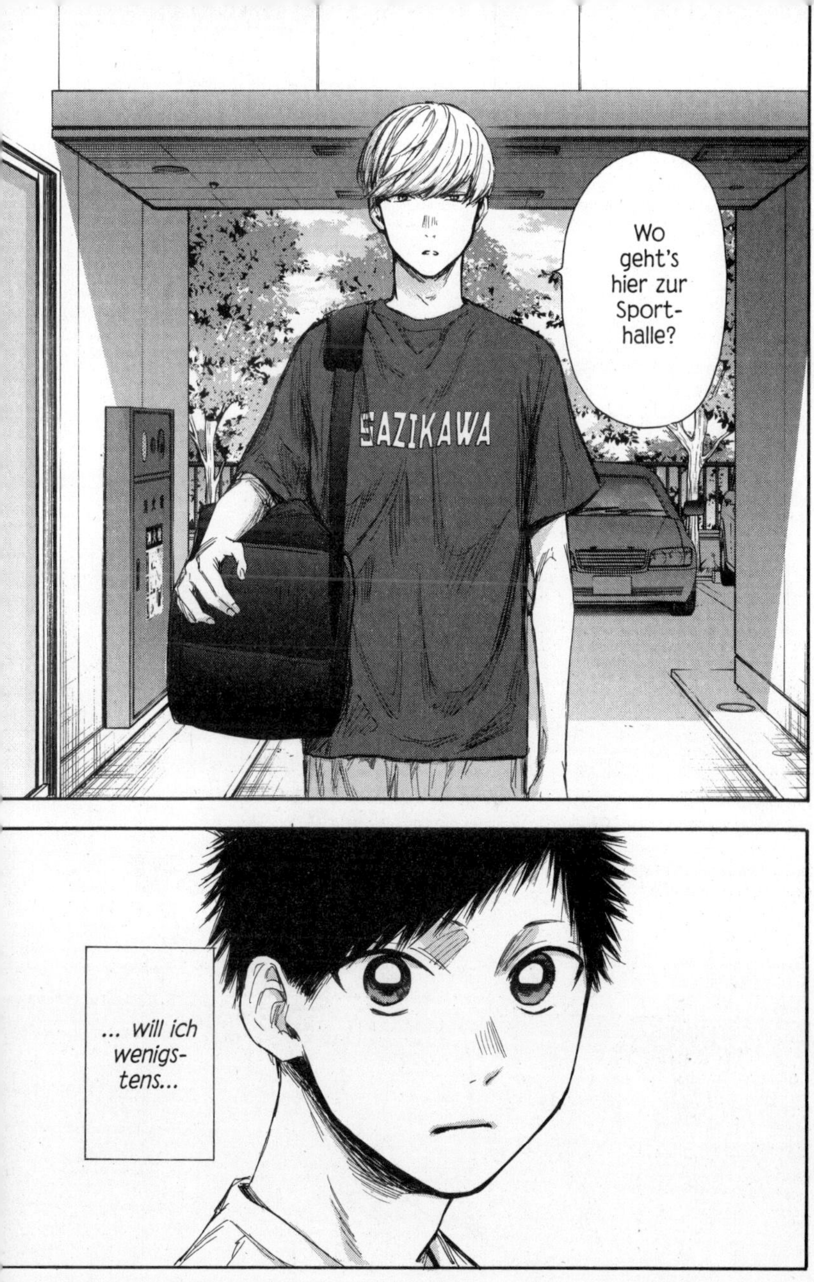
Wo geht's hier zur Sport-halle?
SAZIKAWA
... will ich wenigs-tens...

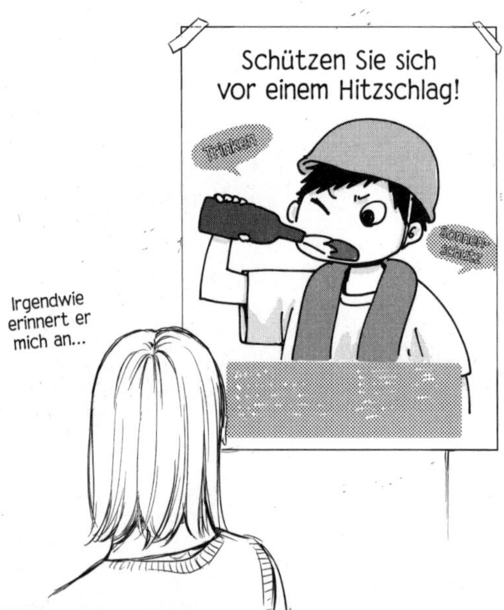
Schützen Sie sich
vor einem Hitzschlag!
Trinken
Sonnen-
schutz
Irgendwie
erinnert er
mich an...

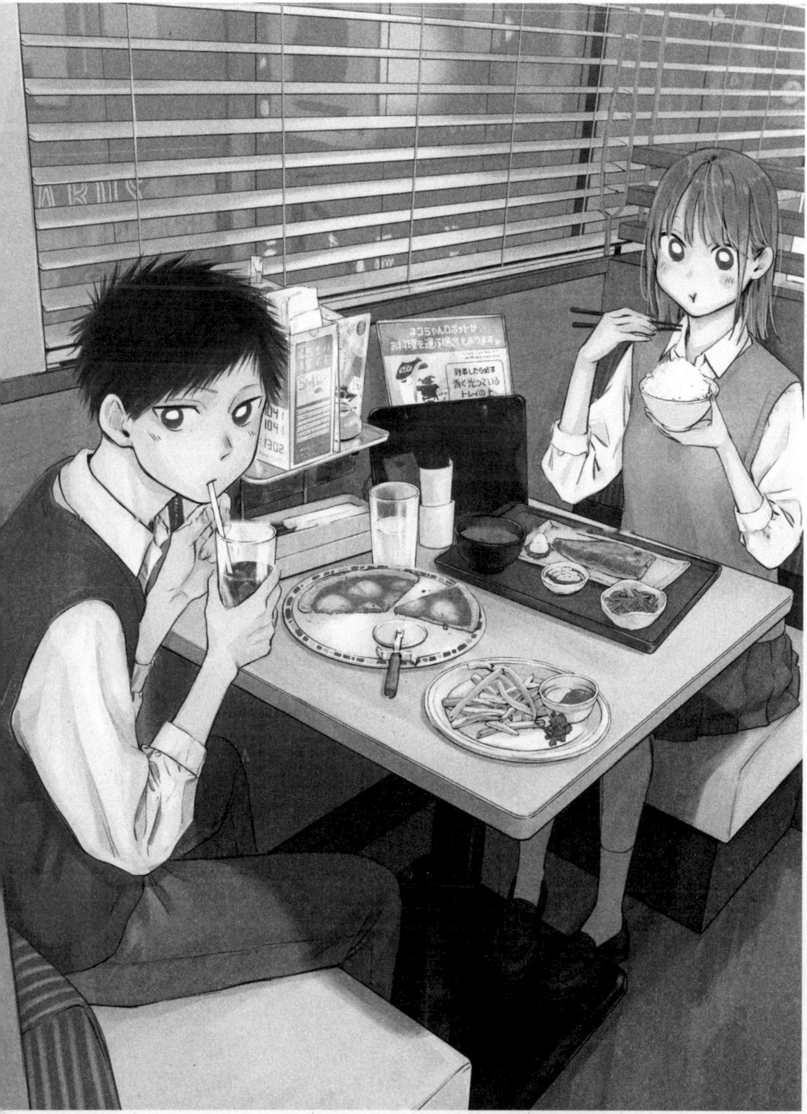

#55 Inomata-kun

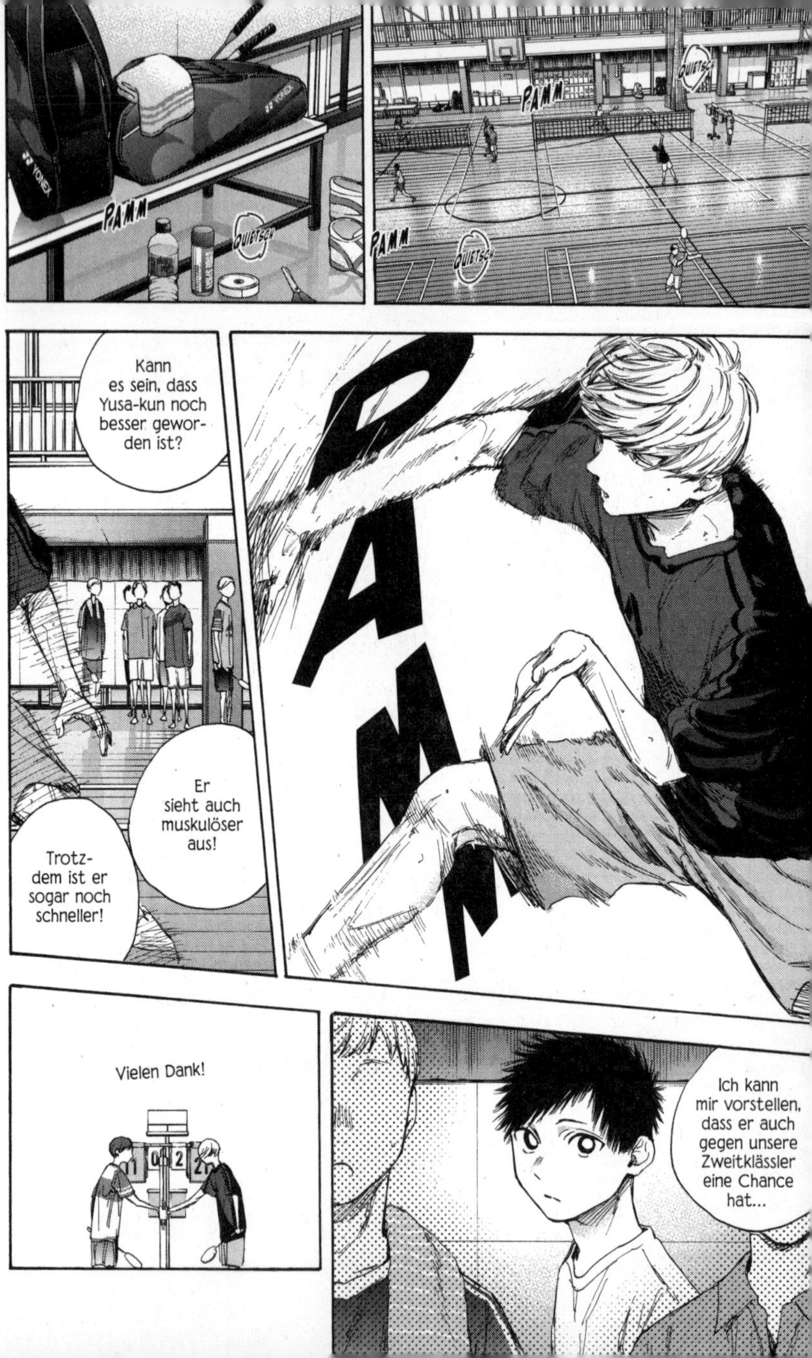
QUIETSCH
PAMM
PAMM
QUIETSCH
PAMM
QUIETSCH
PAMM
Kann es sein, dass Yusa-kun noch besser geworden ist?
Er sieht auch muskulöser aus!
Trotzdem ist er sogar noch schneller!
Ich kann mir vorstellen, dass er auch gegen unsere Zweitklässler eine Chance hat...
Vielen Dank!

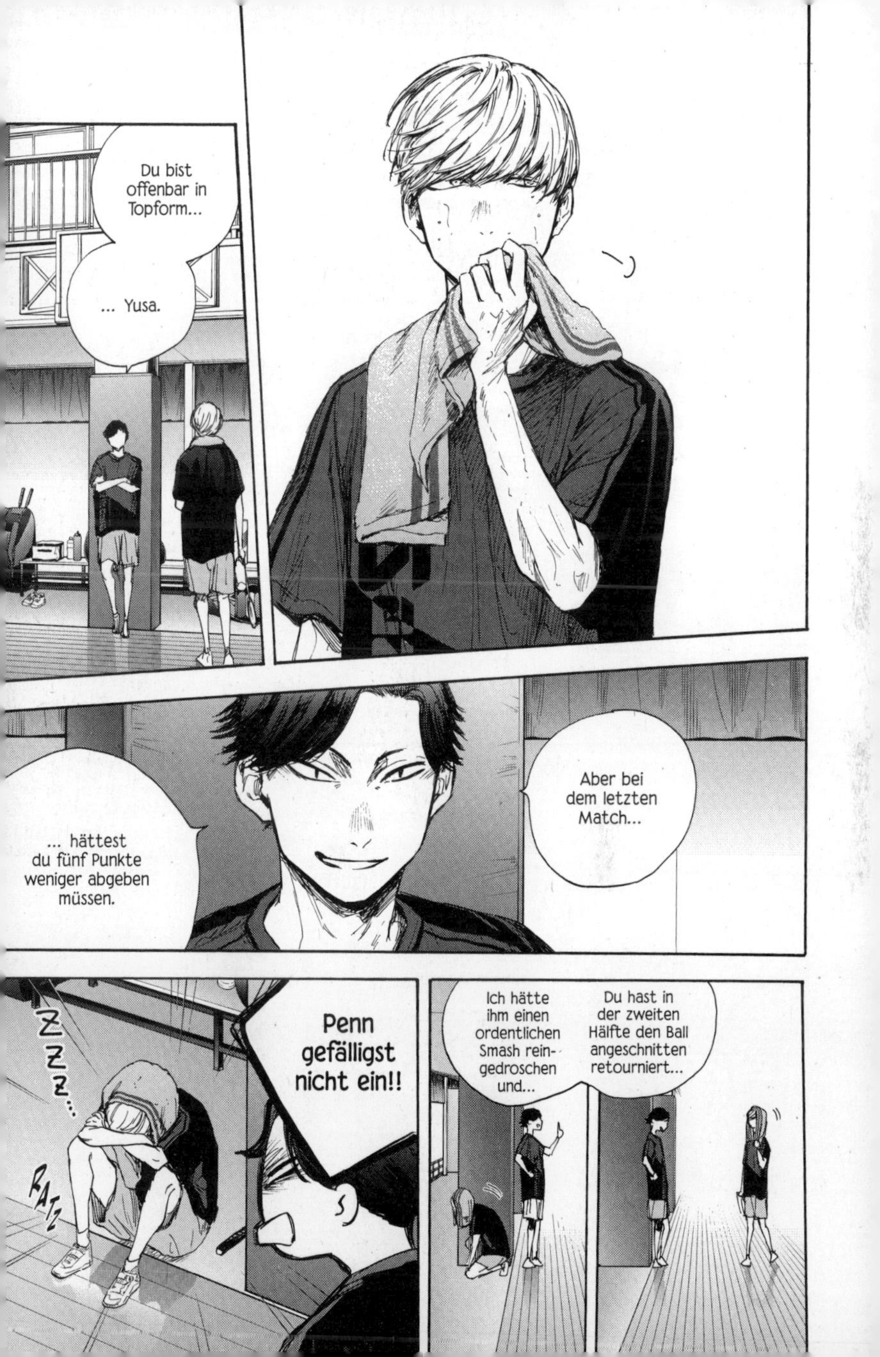
Du bist offenbar in Topform...
... Yusa.
Aber bei dem letzten Match...
... hättest du fünf Punkte weniger abgeben müssen.
Du hast in der zweiten Hälfte den Ball angeschnitten retourniert...
Ich hätte ihm einen ordentlichen Smash rein-gedroschen und...
Penn gefälligst nicht ein!!
Z Z Z...
RATZ

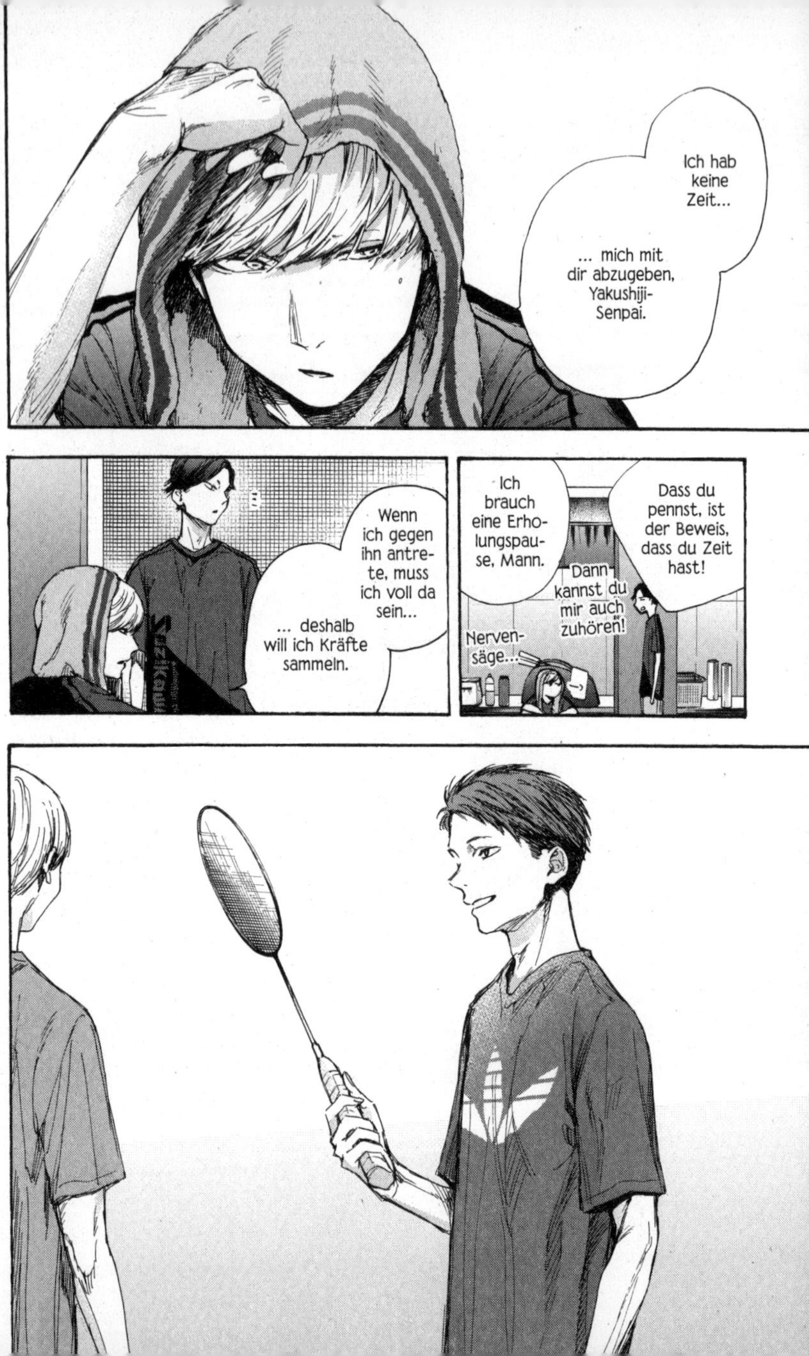
Ich hab keine Zeit...
... mich mit dir abzugeben, Yakushiji-Senpai.
Dass du pennst, ist der Beweis, dass du Zeit hast!
Dann kannst du mir auch zuhören!
Ich brauch eine Erholungspause, Mann.
Nervensäge...
Wenn ich gegen ihn antrete, muss ich voll da sein...
... deshalb will ich Kräfte sammeln.

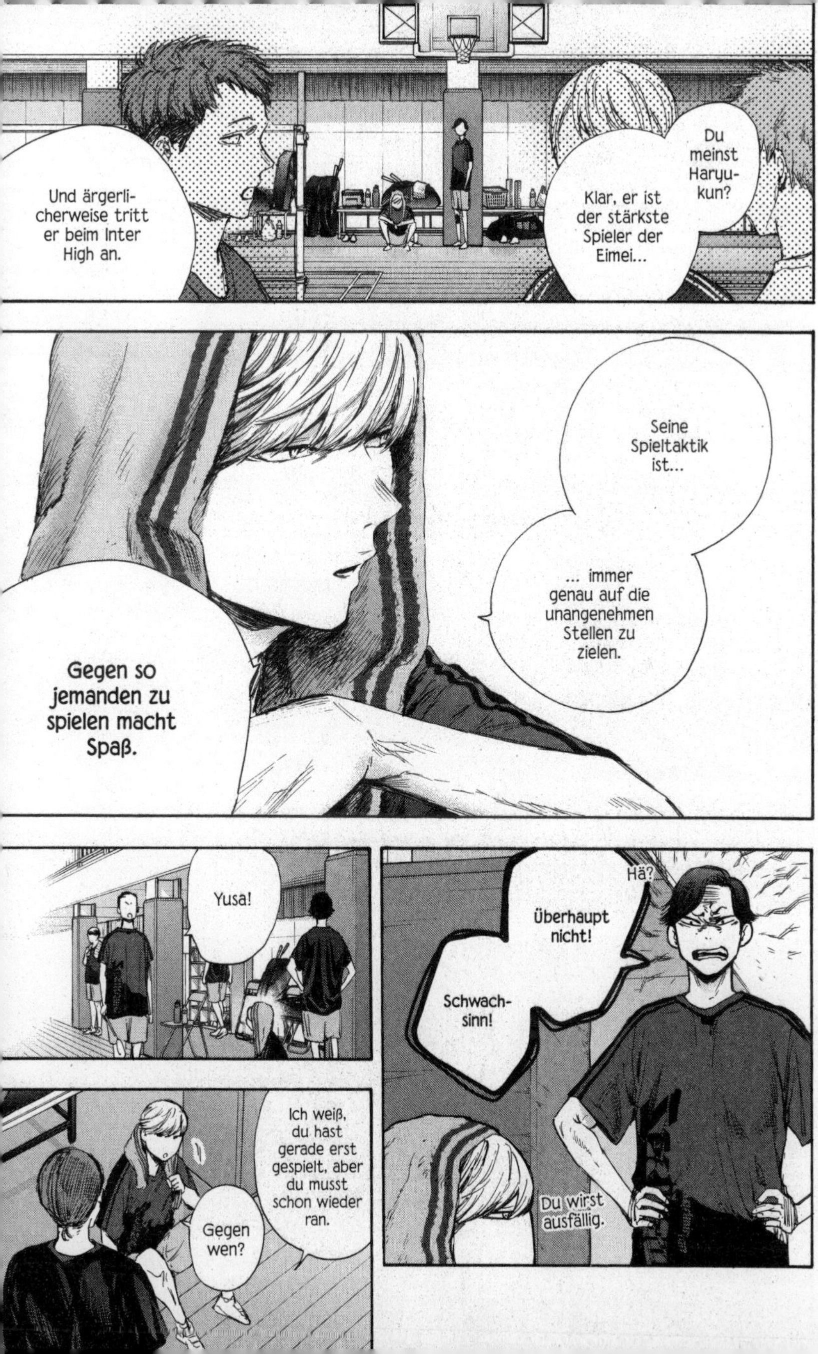
Du meinst Haryu-kun?
Klar, er ist der stärkste Spieler der Eimei...
Und ärgerlicherweise tritt er beim Inter High an.
Seine Spieltaktik ist...
... immer genau auf die unangenehmen Stellen zu zielen.
Gegen so jemanden zu spielen macht Spaß.
Hä?
Überhaupt nicht!
Schwachsinn!
Du wirst ausfällig.
Yusa!
Ich weiß, du hast gerade erst gespielt, aber du musst schon wieder ran.
Gegen wen?

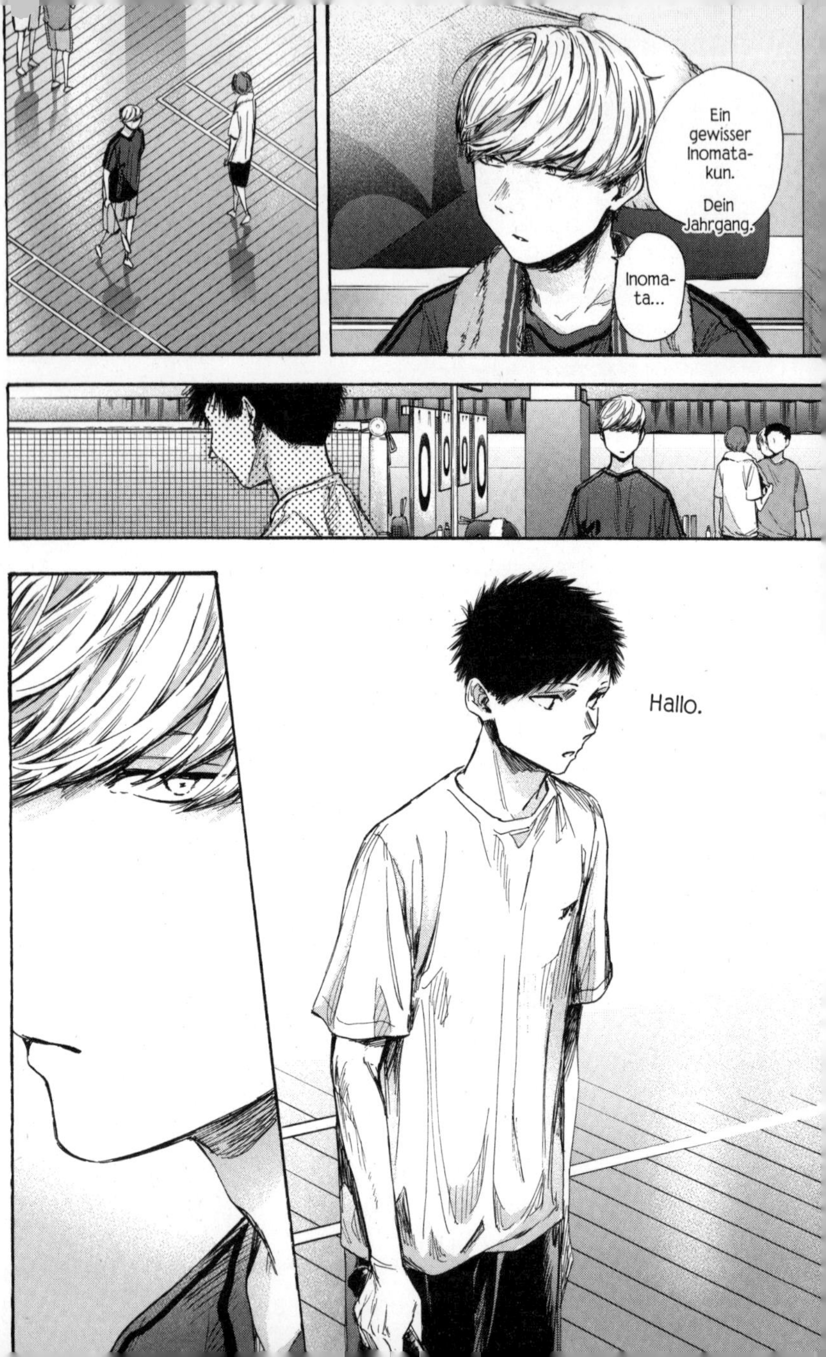
Ein gewisser Inomata-kun.
Dein Jahrgang.
Inomata...
Hallo.

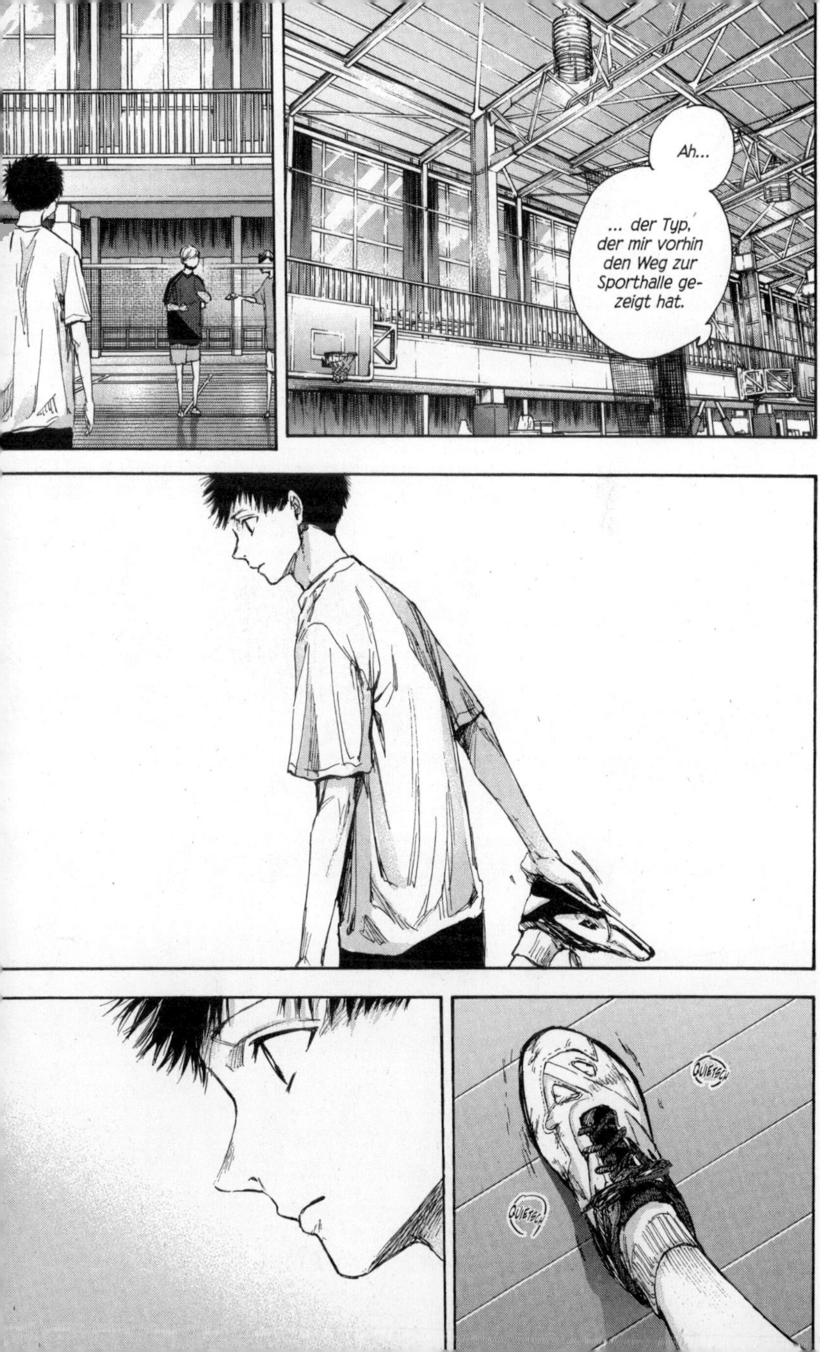
Ah...
... der Typ, der mir vorhin den Weg zur Sporthalle gezeigt hat.
QUIETSCH
QUIETSCH

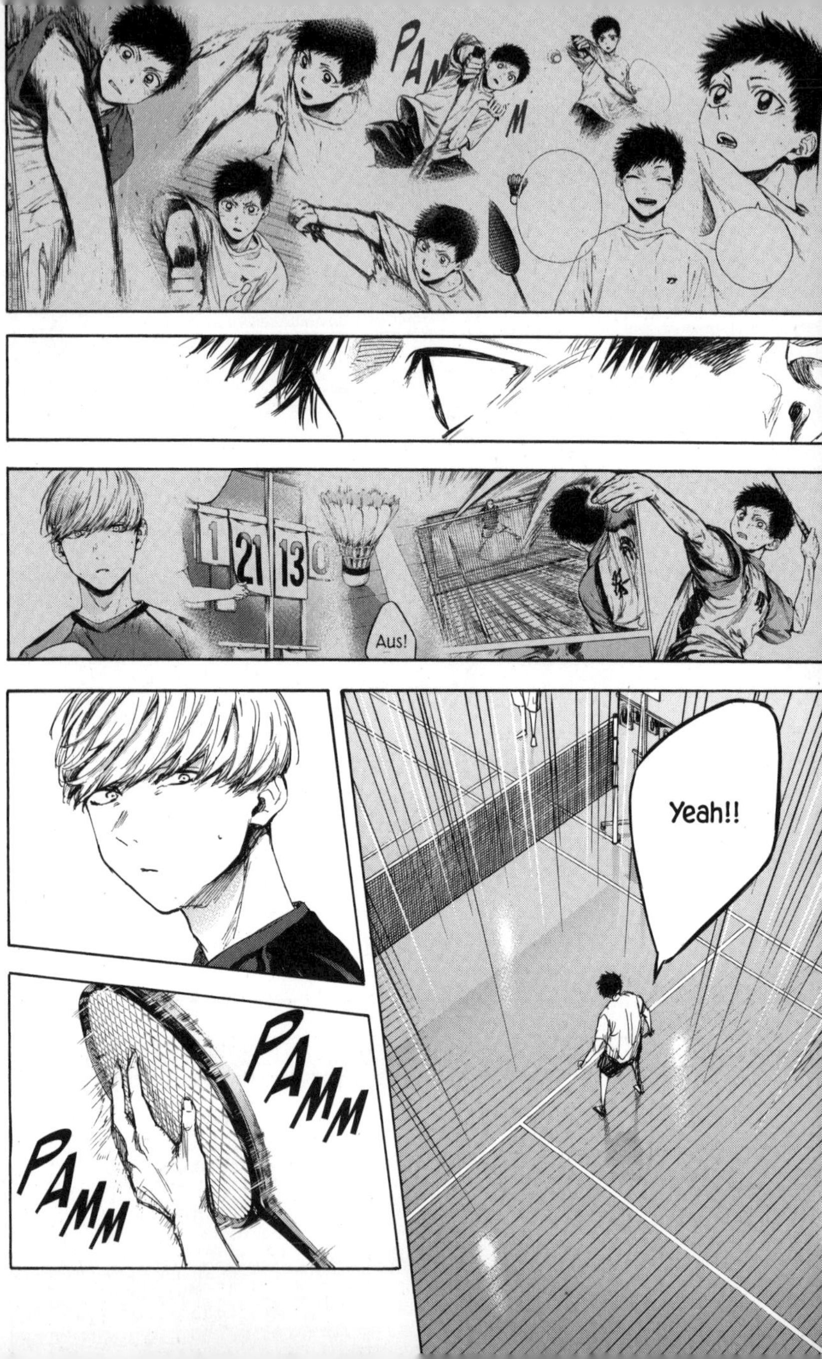
PAMM
1 21 13 0
Aus!
Yeah!!
PAMM
PAMM

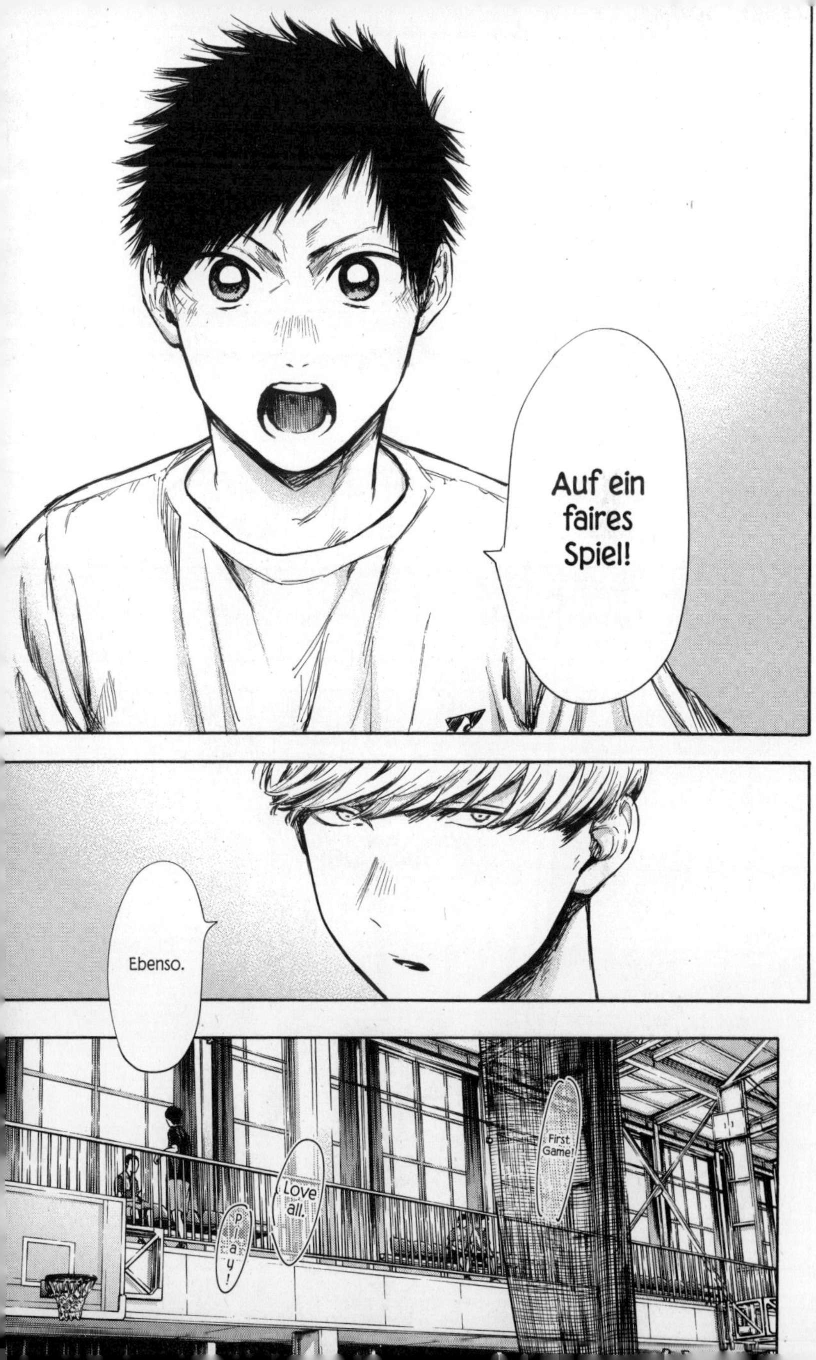
Auf ein faires Spiel!
Ebenso.
First Game!
Love all.
Play!

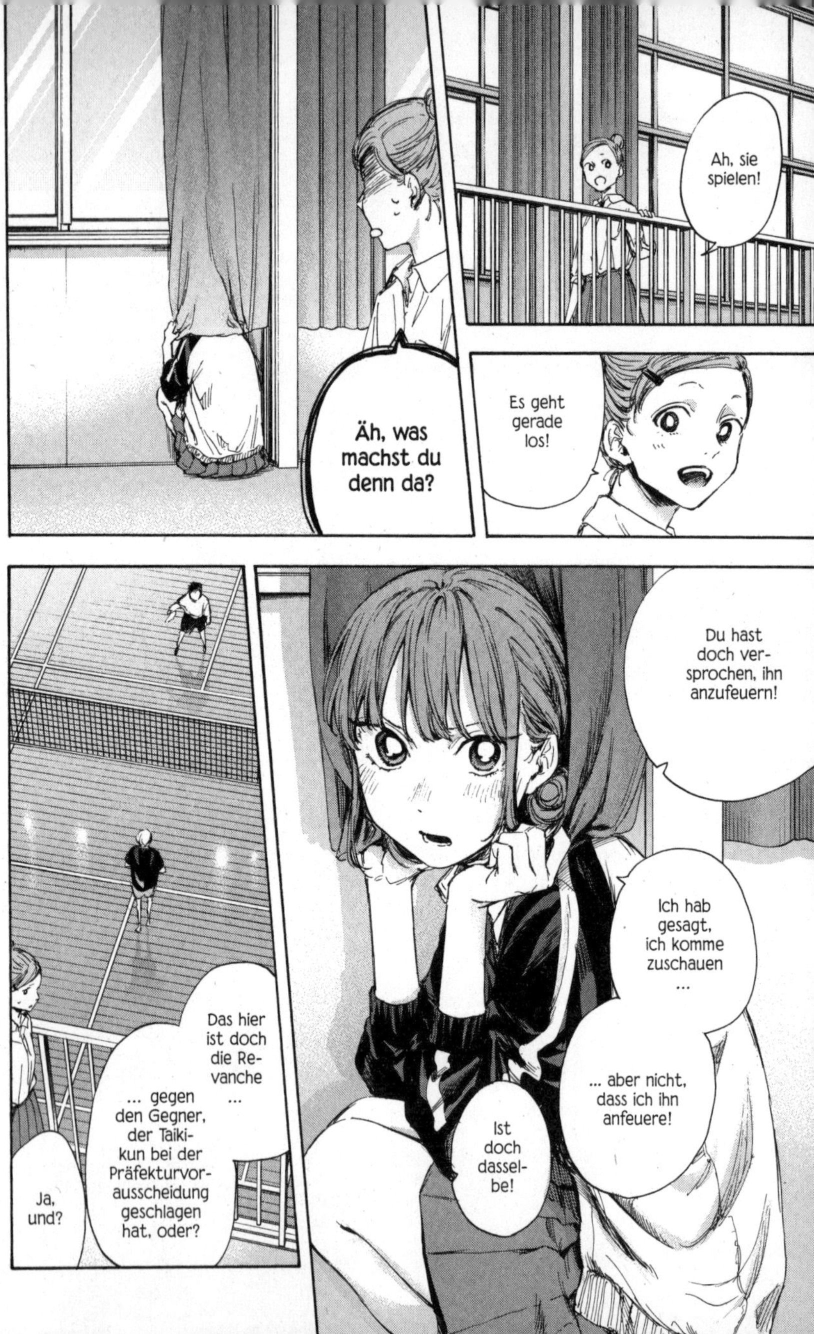

Ah, sie spielen!
Es geht gerade los!
Äh, was machst du denn da?
Du hast doch versprochen, ihn anzufeuern!
Ich hab gesagt, ich komme zuschauen …
… aber nicht, dass ich ihn anfeuere!
Ist doch dasselbe!
Das hier ist doch die Revanche …
… gegen den Gegner, der Taiki-kun bei der Präfekturvorausscheidung geschlagen hat, oder?
Ja, und?

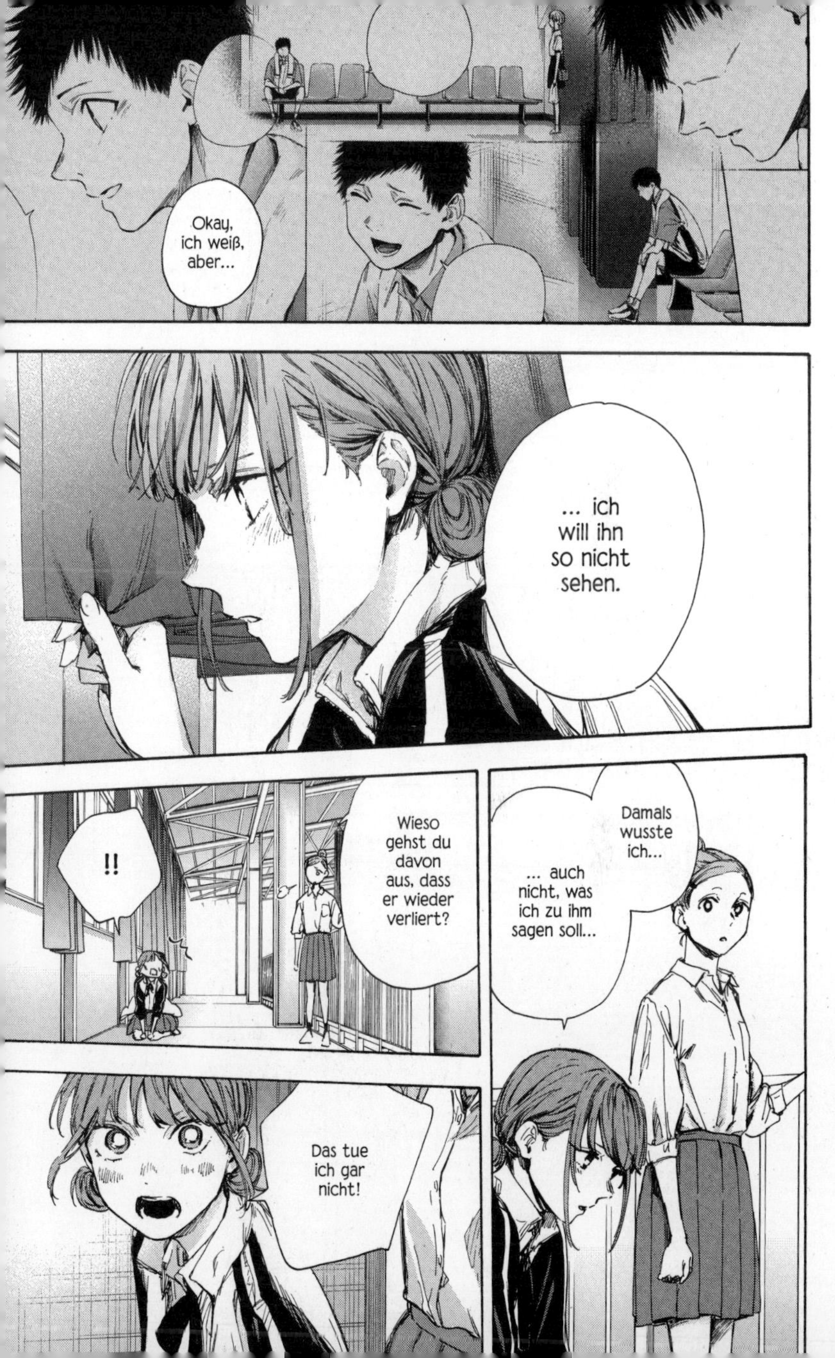
Okay, ich weiß, aber...
... ich will ihn so nicht sehen.
Damals wusste ich...
... auch nicht, was ich zu ihm sagen soll...
Wieso gehst du davon aus, dass er wieder verliert?
!!
Das tue ich gar nicht!

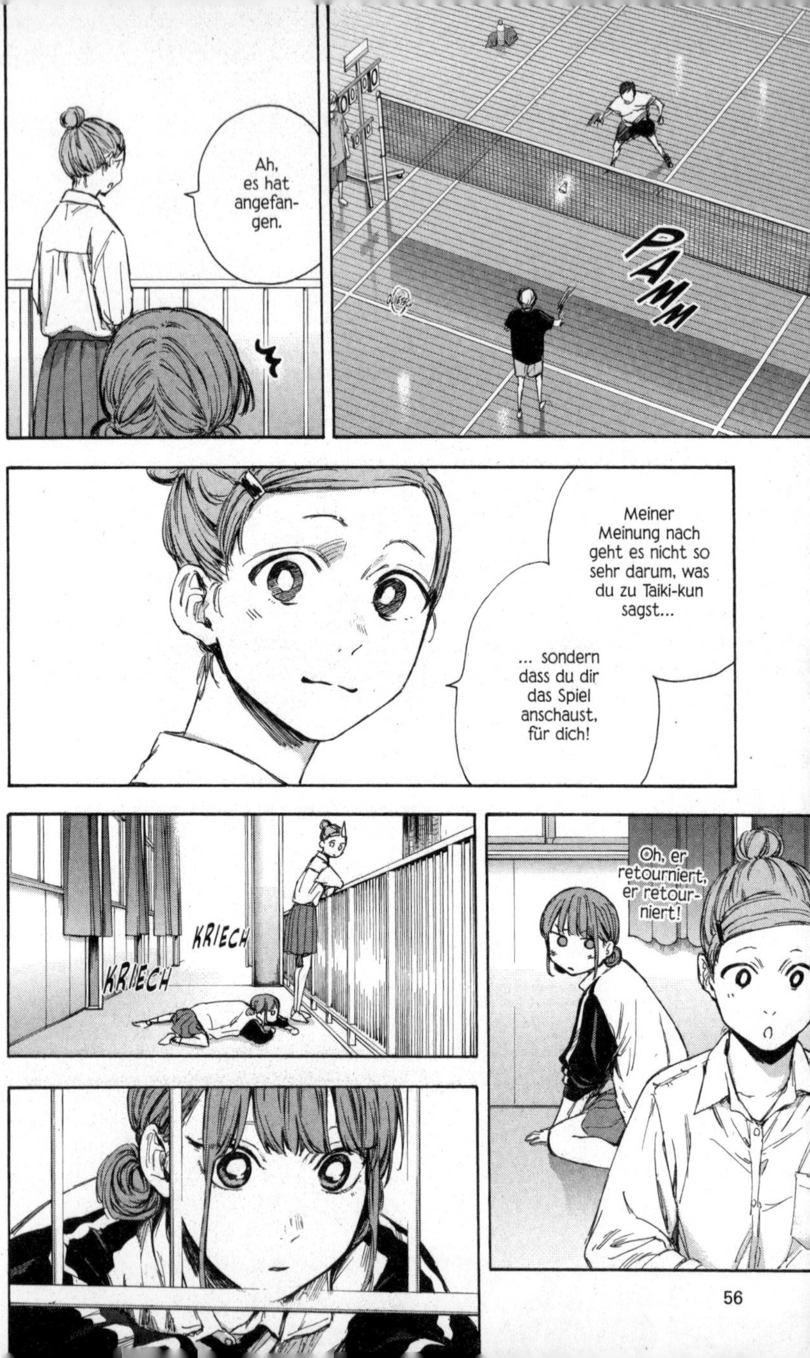
PAMM
QUIETSCH
Ah, es hat angefangen.
Meiner Meinung nach geht es nicht so sehr darum, was du zu Taiki-kun sagst...
... sondern dass du dir das Spiel anschaust, für dich!
Oh, er retourniert, er retourniert!
KRIECH
KRIECH

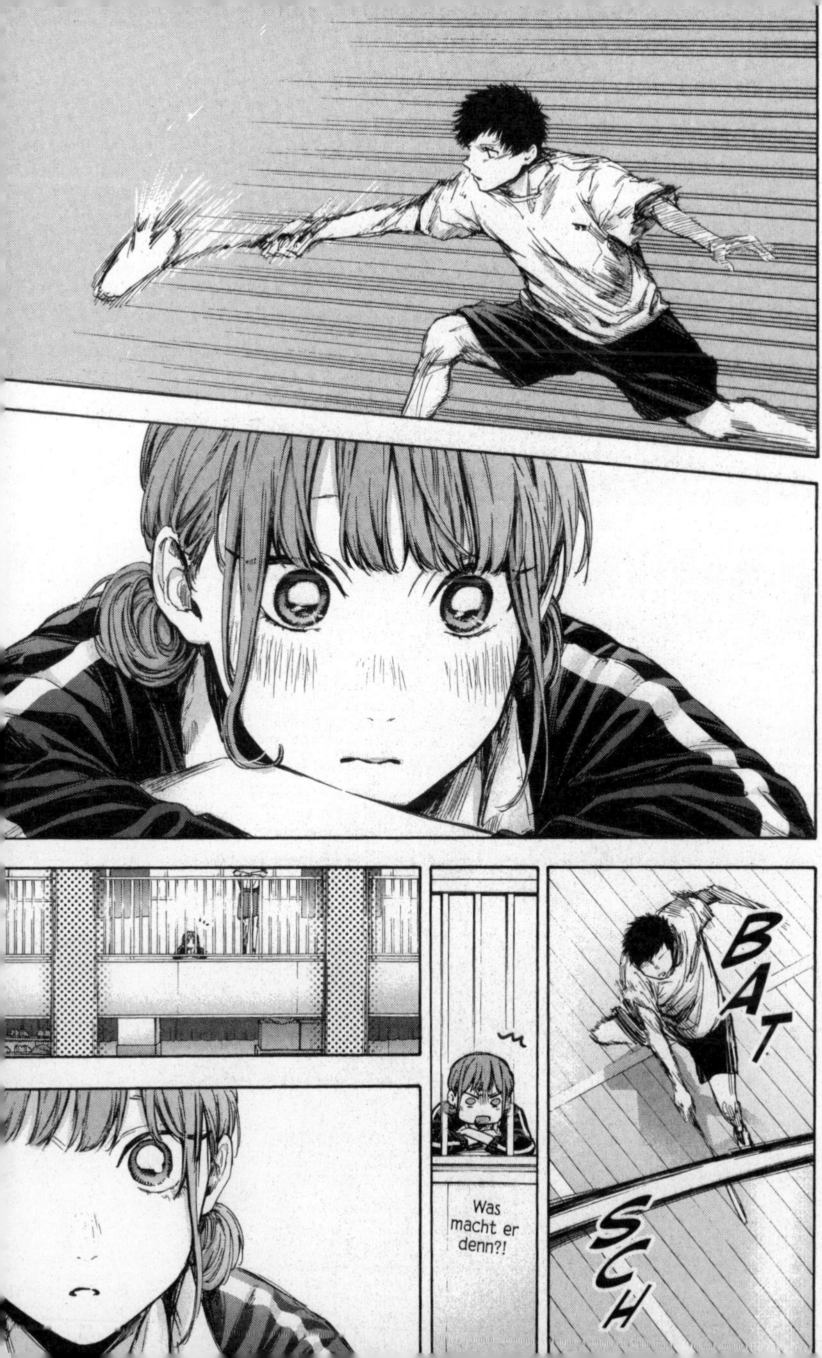
BAT
Was macht er denn?!
SCH

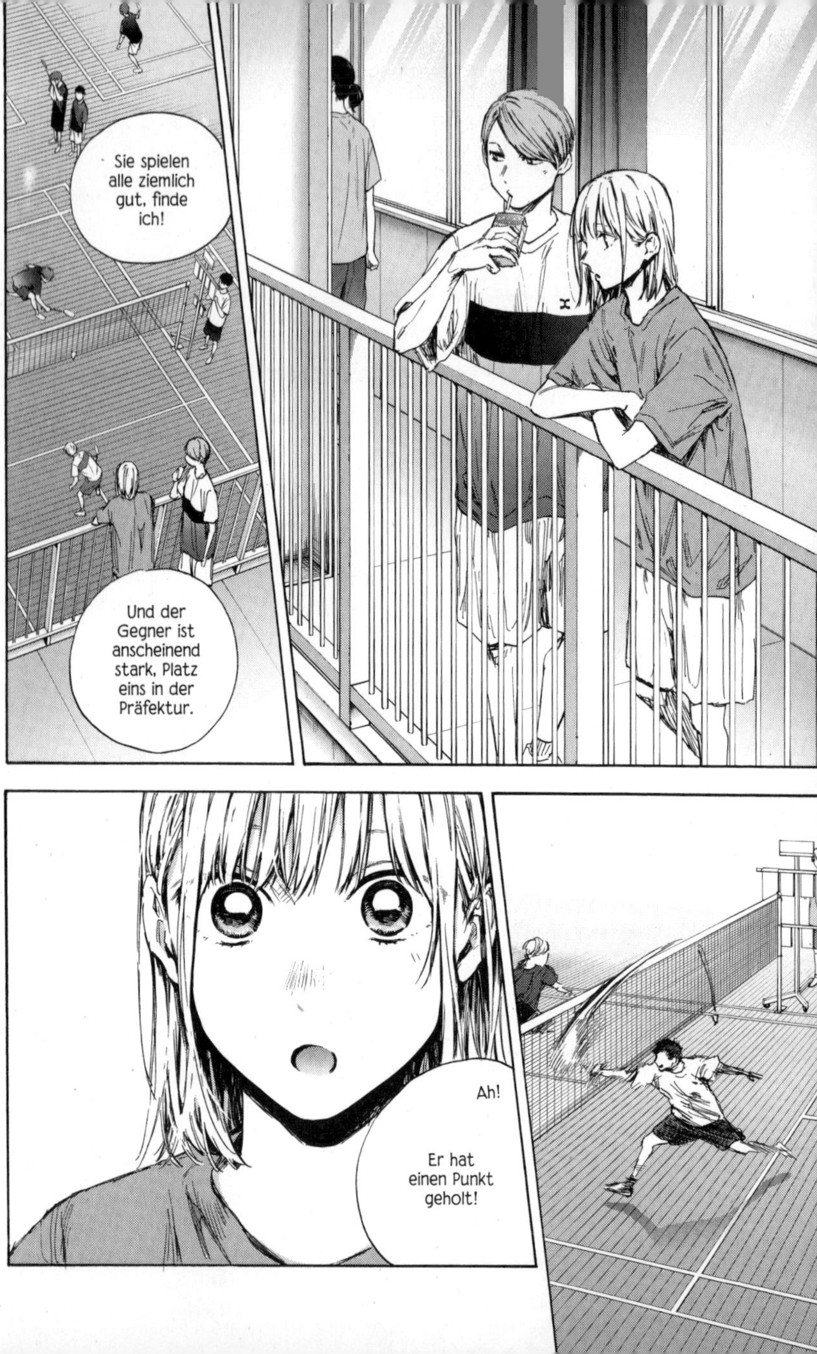
Sie spielen alle ziemlich gut, finde ich!
Und der Gegner ist anscheinend stark, Platz eins in der Präfektur.
Ah!
Er hat einen Punkt geholt!

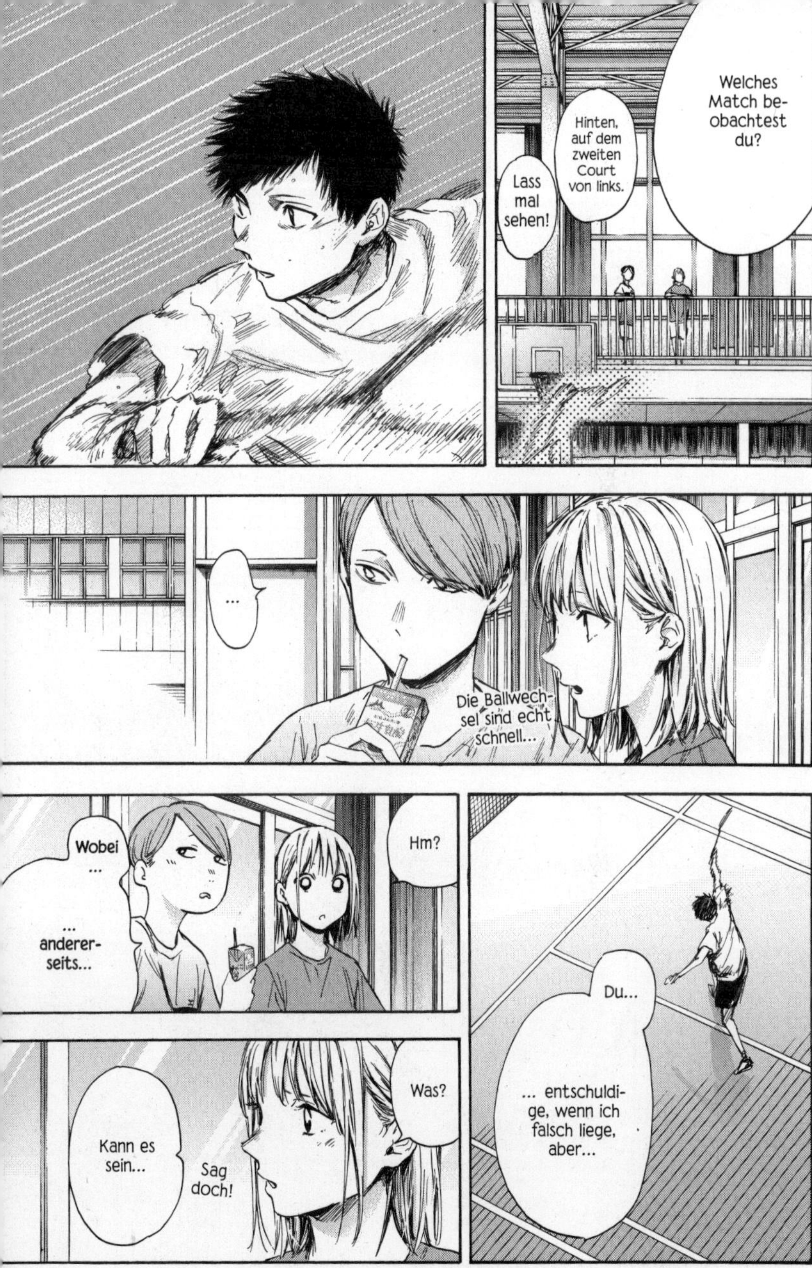
Welches Match beobachtest du?
Hinten, auf dem zweiten Court von links.
Lass mal sehen!
...
Die Ballwechsel sind echt schnell...
Hm?
Wobei ...
... andererseits...
Du...
... entschuldige, wenn ich falsch liege, aber...
Was?
Sag doch!
Kann es sein...

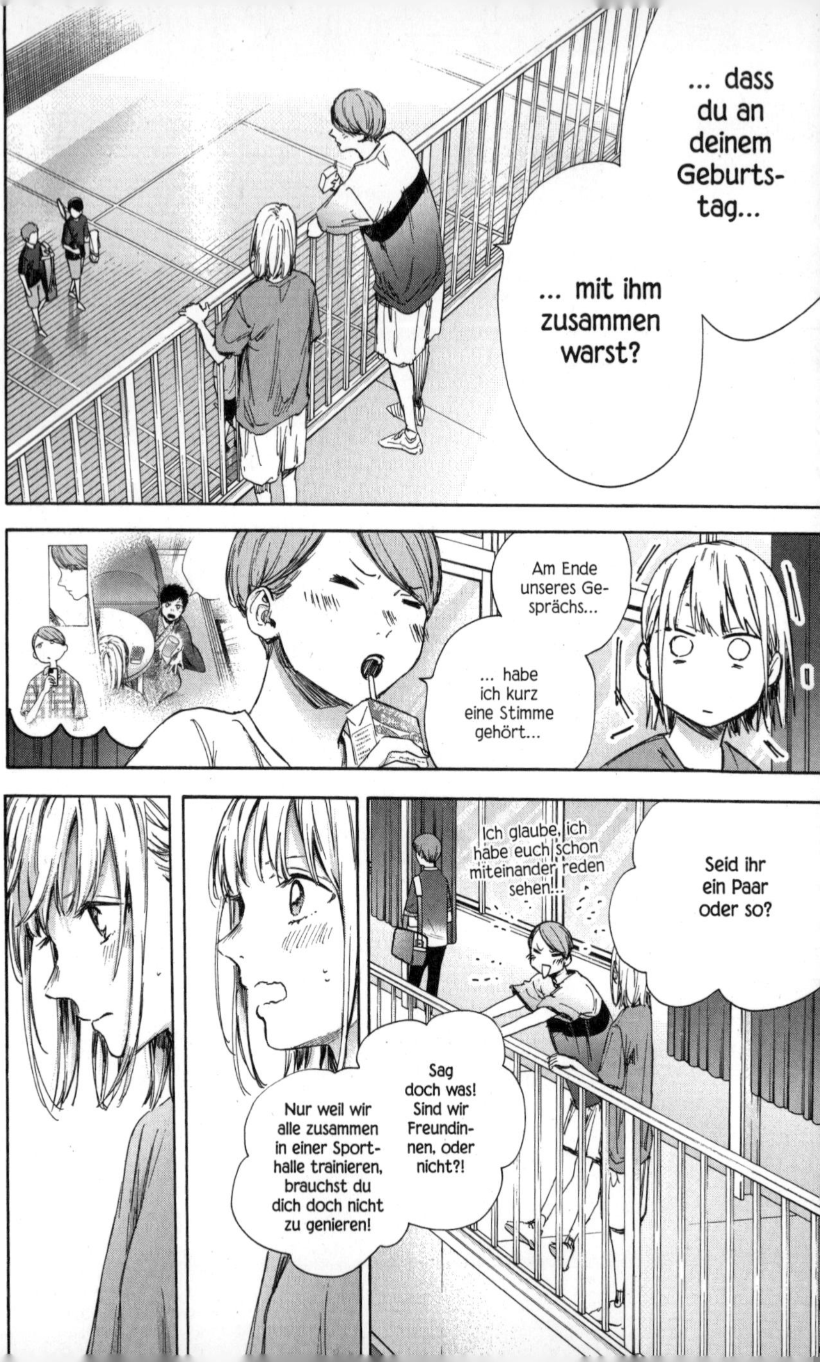
... dass du an deinem Geburtstag...
... mit ihm zusammen warst?
Am Ende unseres Gesprächs...
... habe ich kurz eine Stimme gehört...
Seid ihr ein Paar oder so?
Ich glaube, ich habe euch schon miteinander reden sehen!!
Sag doch was! Sind wir Freundinnen, oder nicht?!
Nur weil wir alle zusammen in einer Sporthalle trainieren, brauchst du dich doch nicht zu genieren!

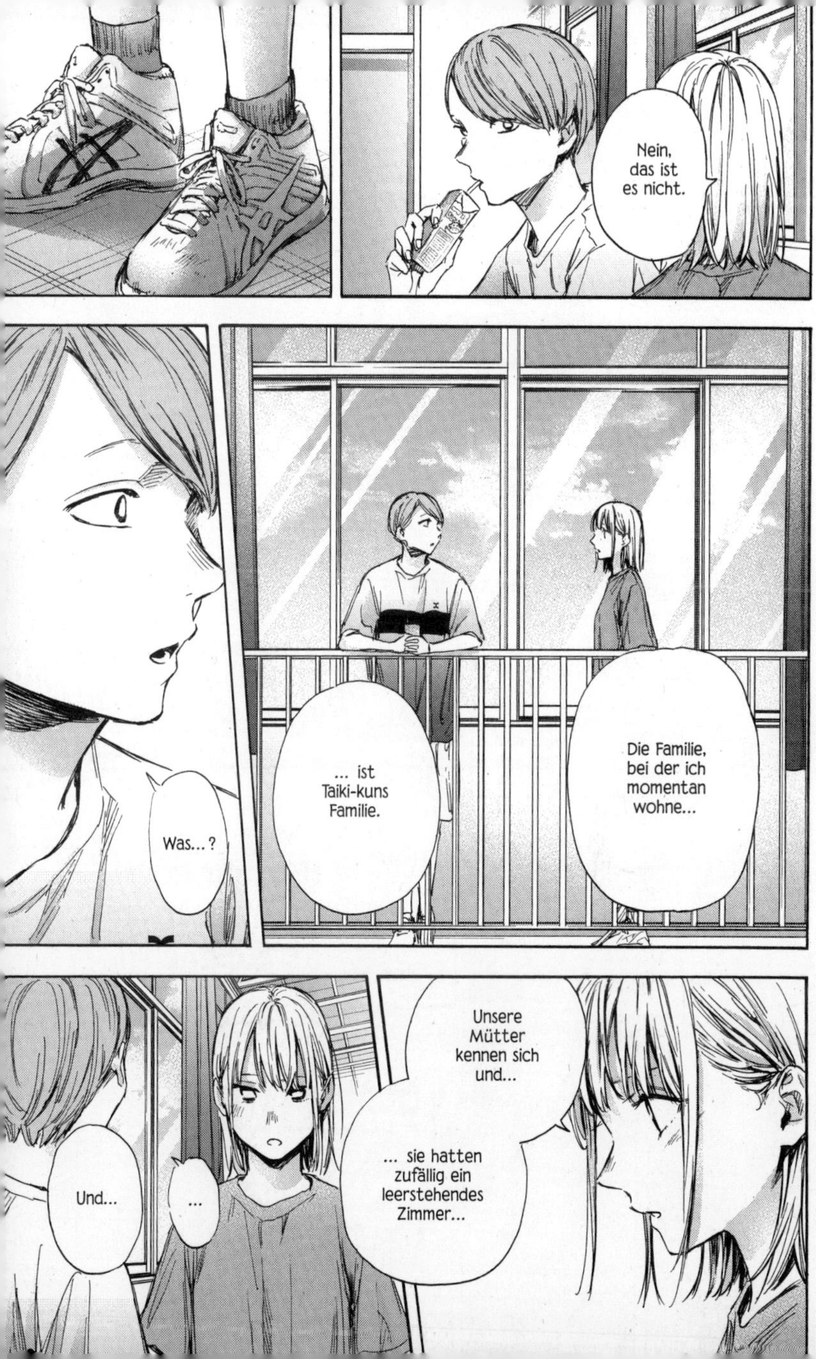
Nein, das ist es nicht.
Die Familie, bei der ich momentan wohne...
... ist Taiki-kuns Familie.
Was...?
Unsere Mütter kennen sich und...
... sie hatten zufällig ein leerstehendes Zimmer...
...
Und...

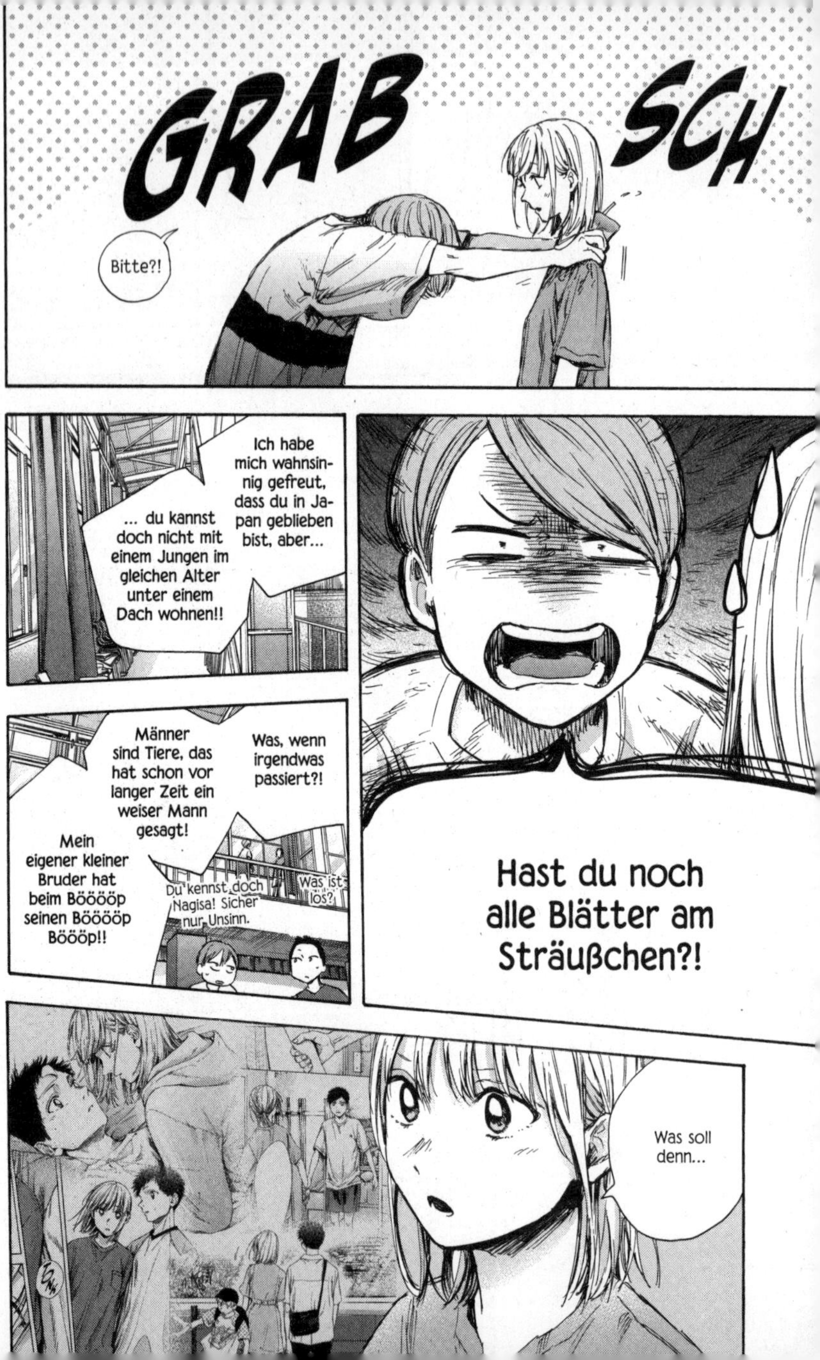
GRAB SCH
Bitte?!
Hast du noch alle Blätter am Sträußchen?!
Ich habe mich wahnsinnig gefreut, dass du in Japan geblieben bist, aber...
... du kannst doch nicht mit einem Jungen im gleichen Alter unter einem Dach wohnen!!
Was, wenn irgendwas passiert?!
Männer sind Tiere, das hat schon vor langer Zeit ein weiser Mann gesagt!
Mein eigener kleiner Bruder hat beim Bööööp seinen Bööööp Böööp!!
Was ist los?
Du kennst doch Nagisa! Sicher nur Unsinn.
Was soll denn...

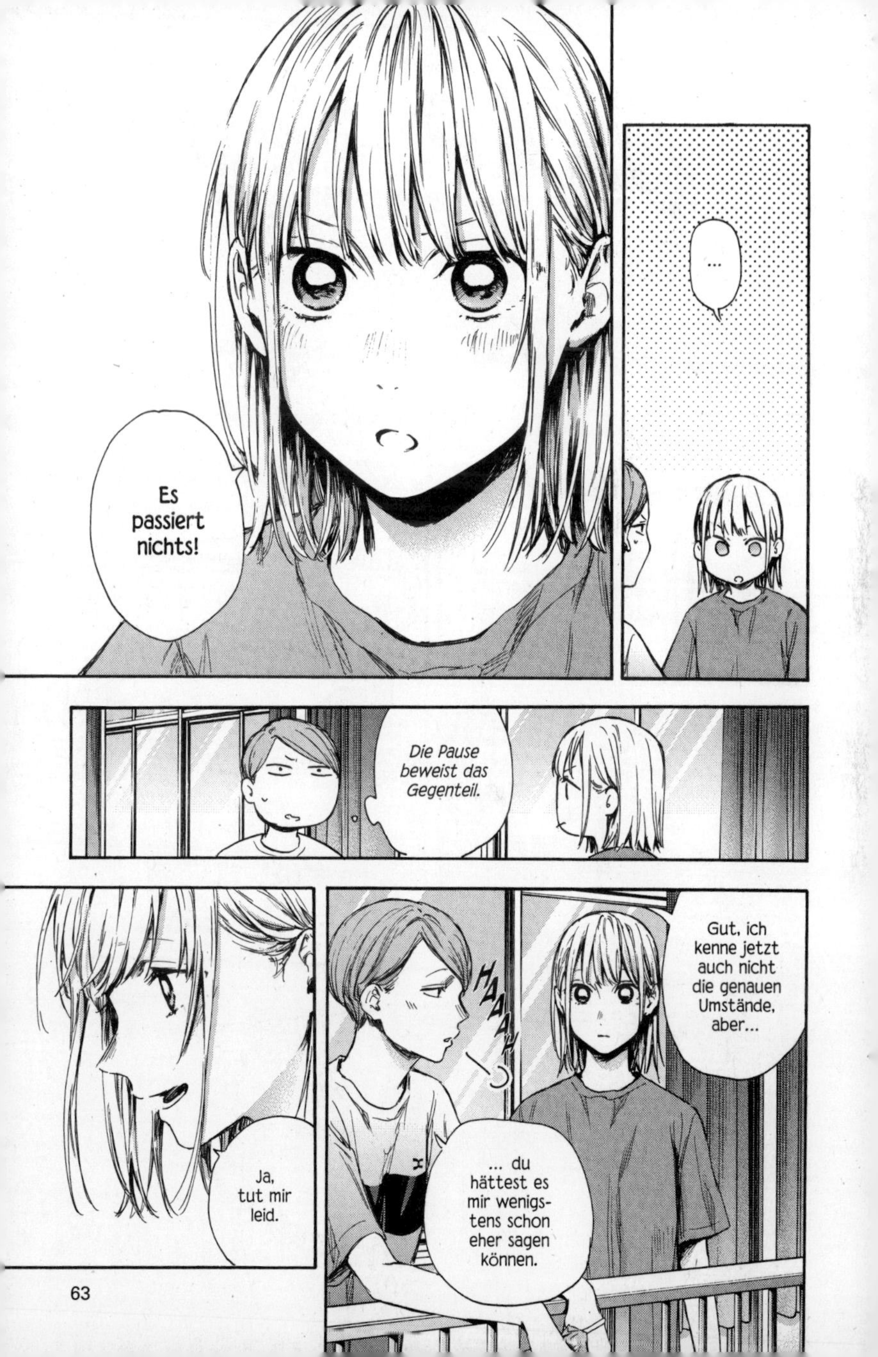
...
Es passiert nichts!
Die Pause beweist das Gegenteil.
Gut, ich kenne jetzt auch nicht die genauen Umstände, aber...
... du hättest es mir wenigstens schon eher sagen können.
Ja, tut mir leid.

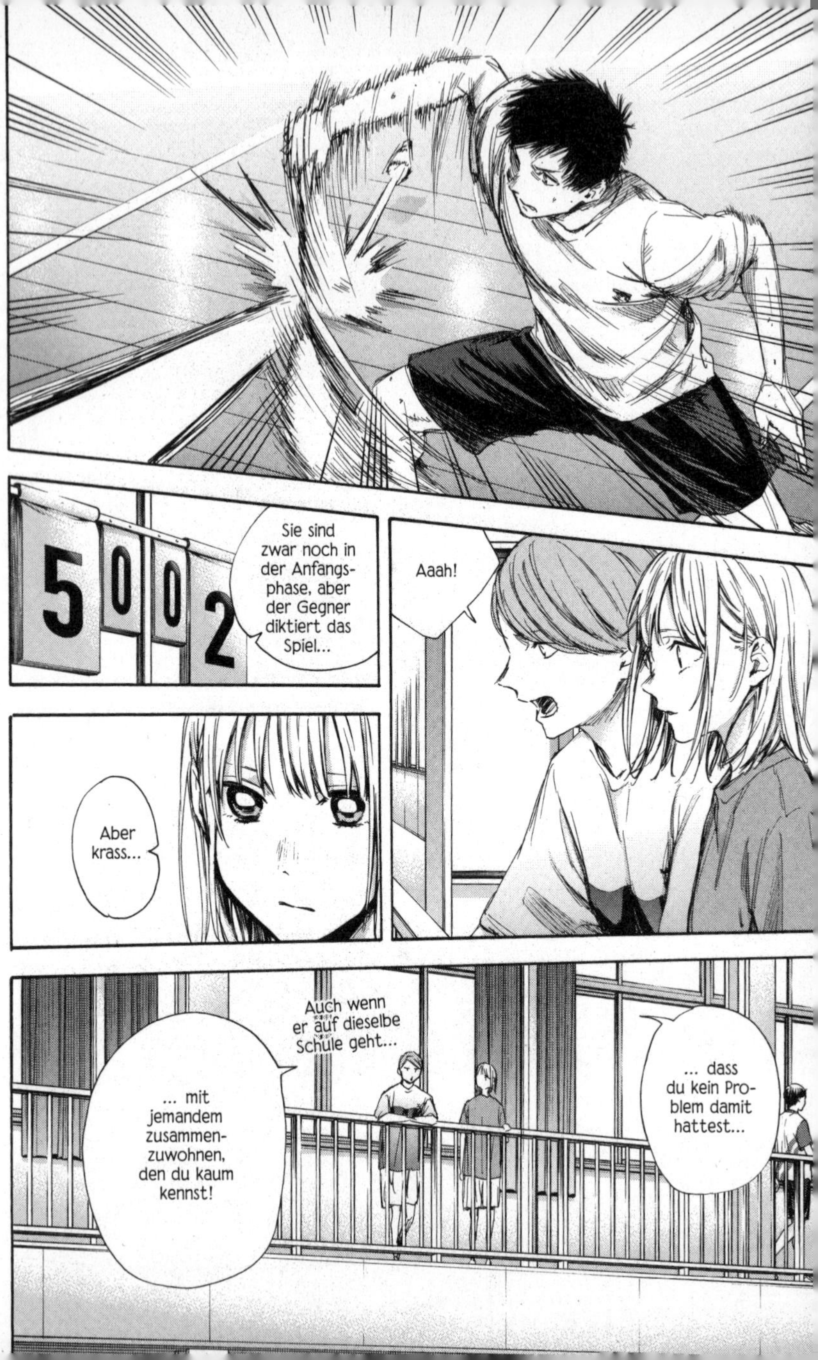
Aaah!
Sie sind zwar noch in der Anfangsphase, aber der Gegner diktiert das Spiel...
5002
Aber krass...
... dass du kein Problem damit hattest...
Auch wenn er auf dieselbe Schule geht...
... mit jemandem zusammenzuwohnen, den du kaum kennst!

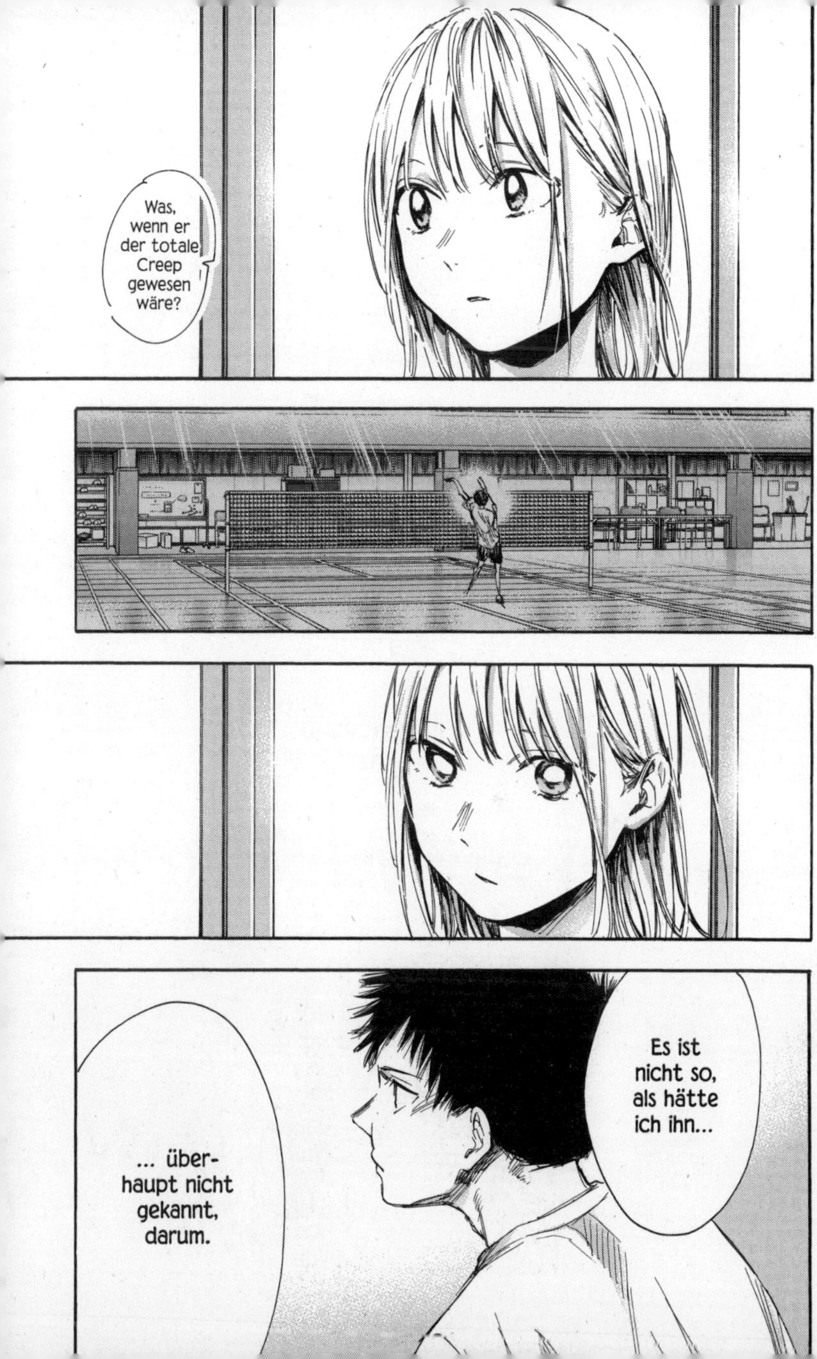
Was, wenn er der totale Creep gewesen wäre?
Es ist nicht so, als hätte ich ihn...
... überhaupt nicht gekannt, darum.

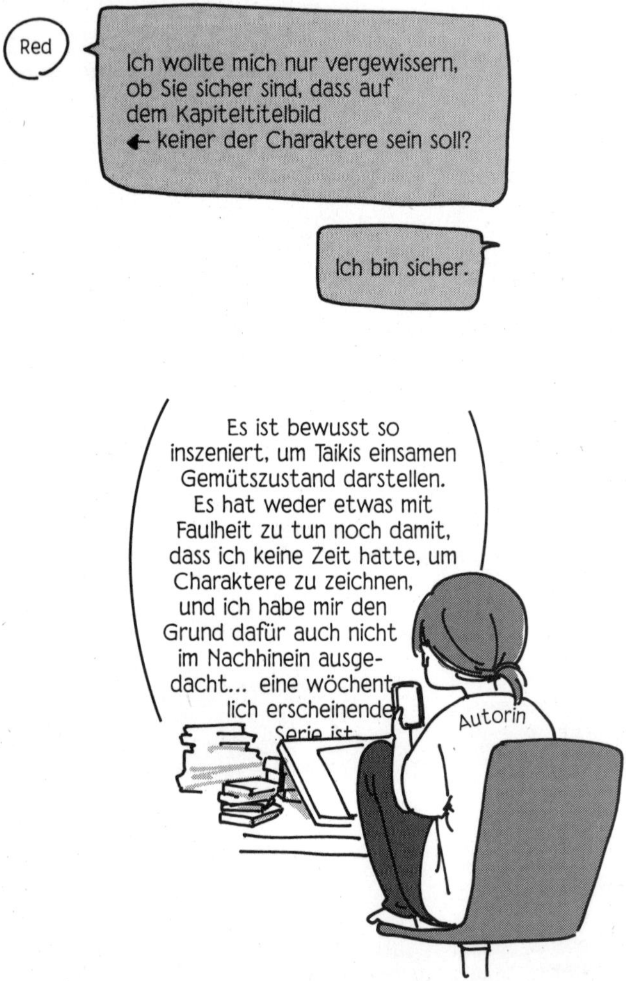
Red
Ich wollte mich nur vergewissern, ob Sie sicher sind, dass auf dem Kapiteltitelbild ← keiner der Charaktere sein soll?
Ich bin sicher.
Es ist bewusst so inszeniert, um Taikis einsamen Gemütszustand darstellen. Es hat weder etwas mit Faulheit zu tun noch damit, dass ich keine Zeit hatte, um Charaktere zu zeichnen, und ich habe mir den Grund dafür auch nicht im Nachhinein ausgedacht... eine wöchentlich erscheinende Serie ist
Autorin

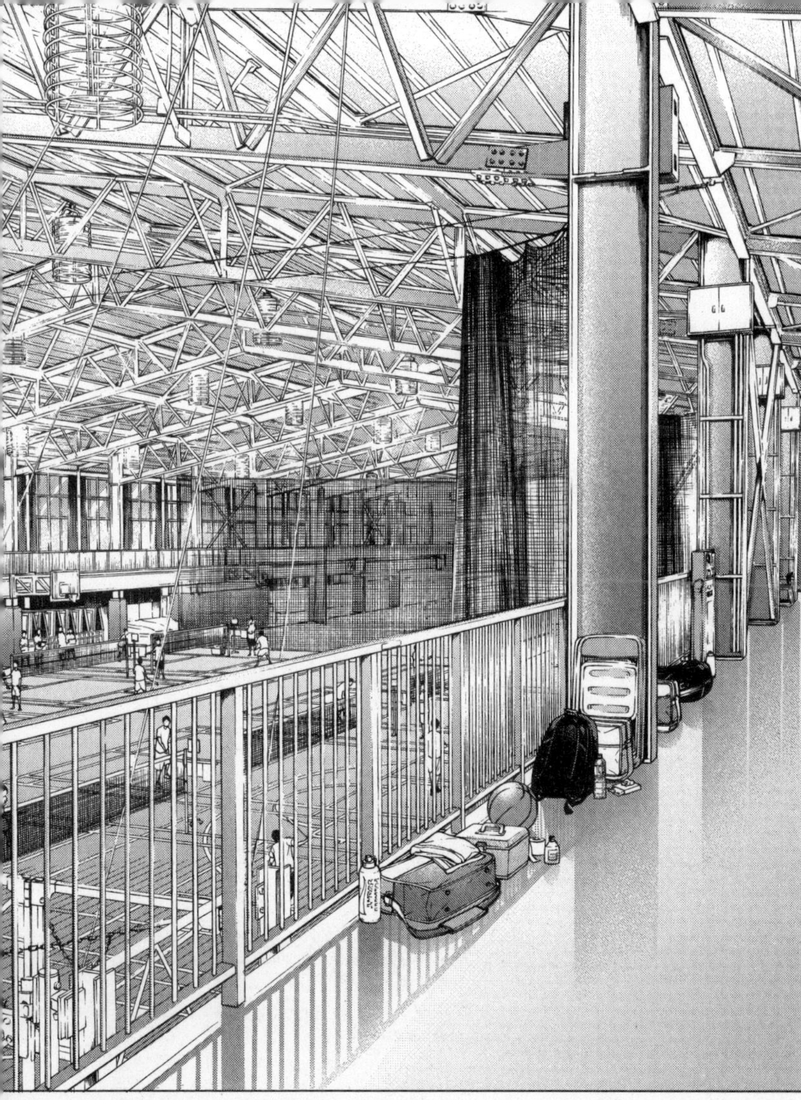

#56 Für wen halte ich mich?

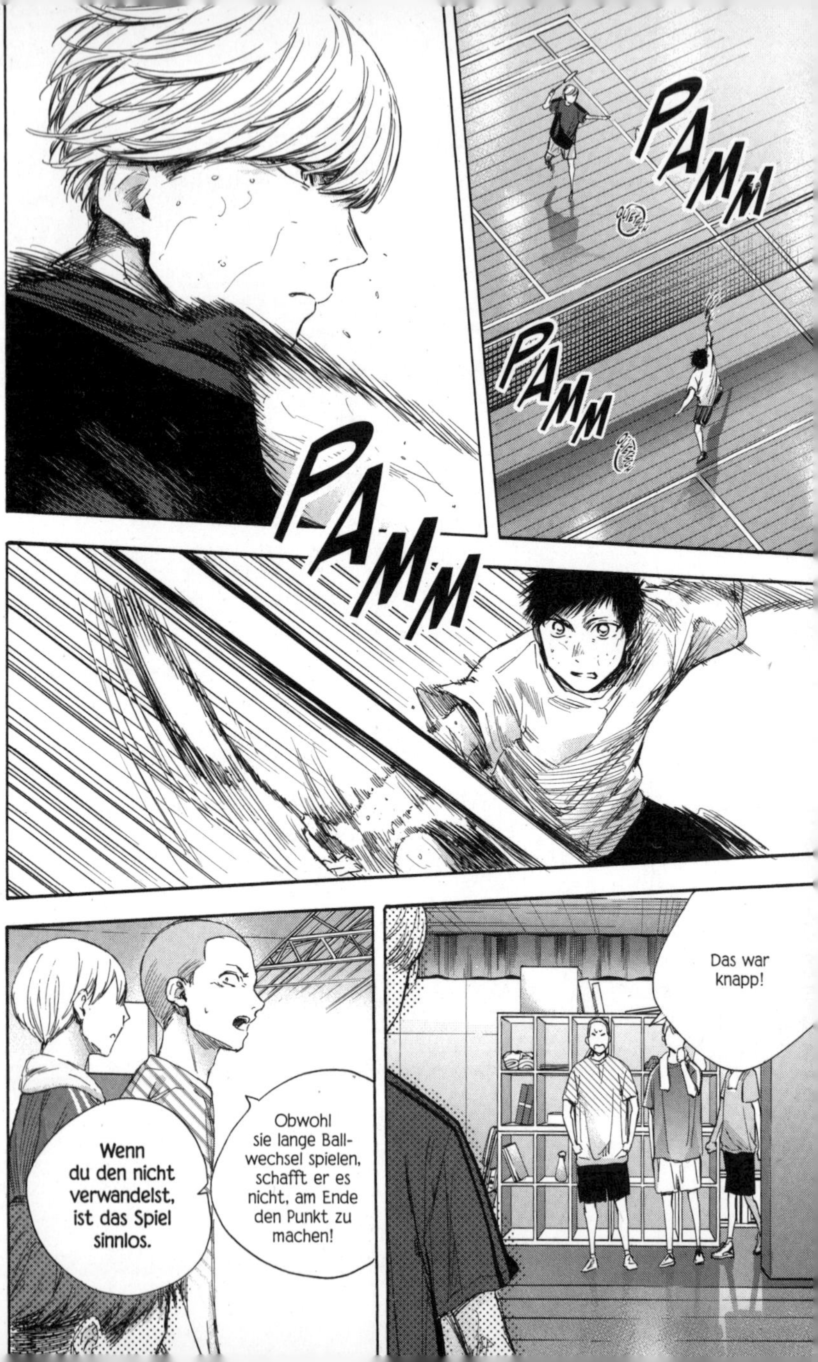
PAMM
PAMM
PAMM
Das war knapp!
Obwohl sie lange Ballwechsel spielen, schafft er es nicht, am Ende den Punkt zu machen!
Wenn du den nicht verwandelst, ist das Spiel sinnlos.

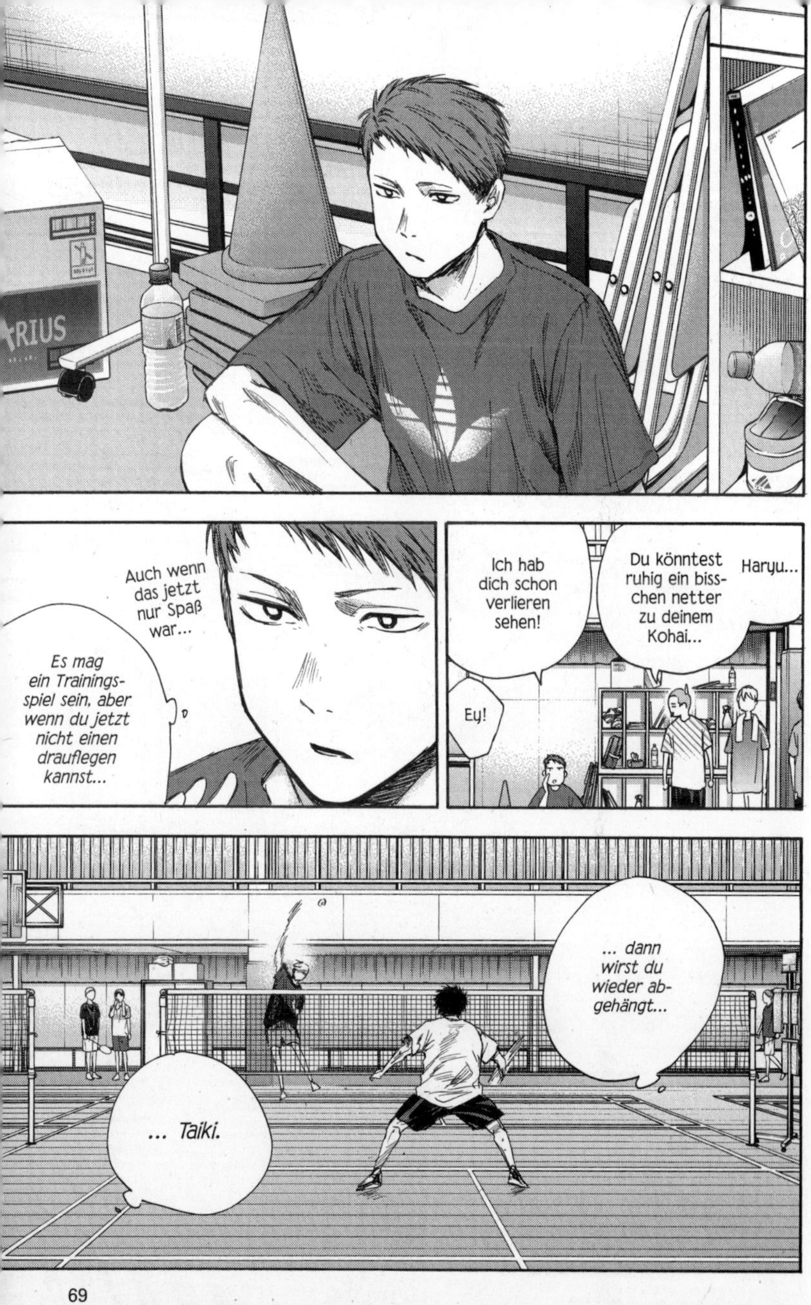

Haryu...
Du könntest ruhig ein biss-chen netter zu deinem Kohai...
Ich hab dich schon verlieren sehen!
Ey!
Auch wenn das jetzt nur Spaß war...
Es mag ein Trainings-spiel sein, aber wenn du jetzt nicht einen drauflegen kannst...
... dann wirst du wieder ab-gehängt...
... Taiki.

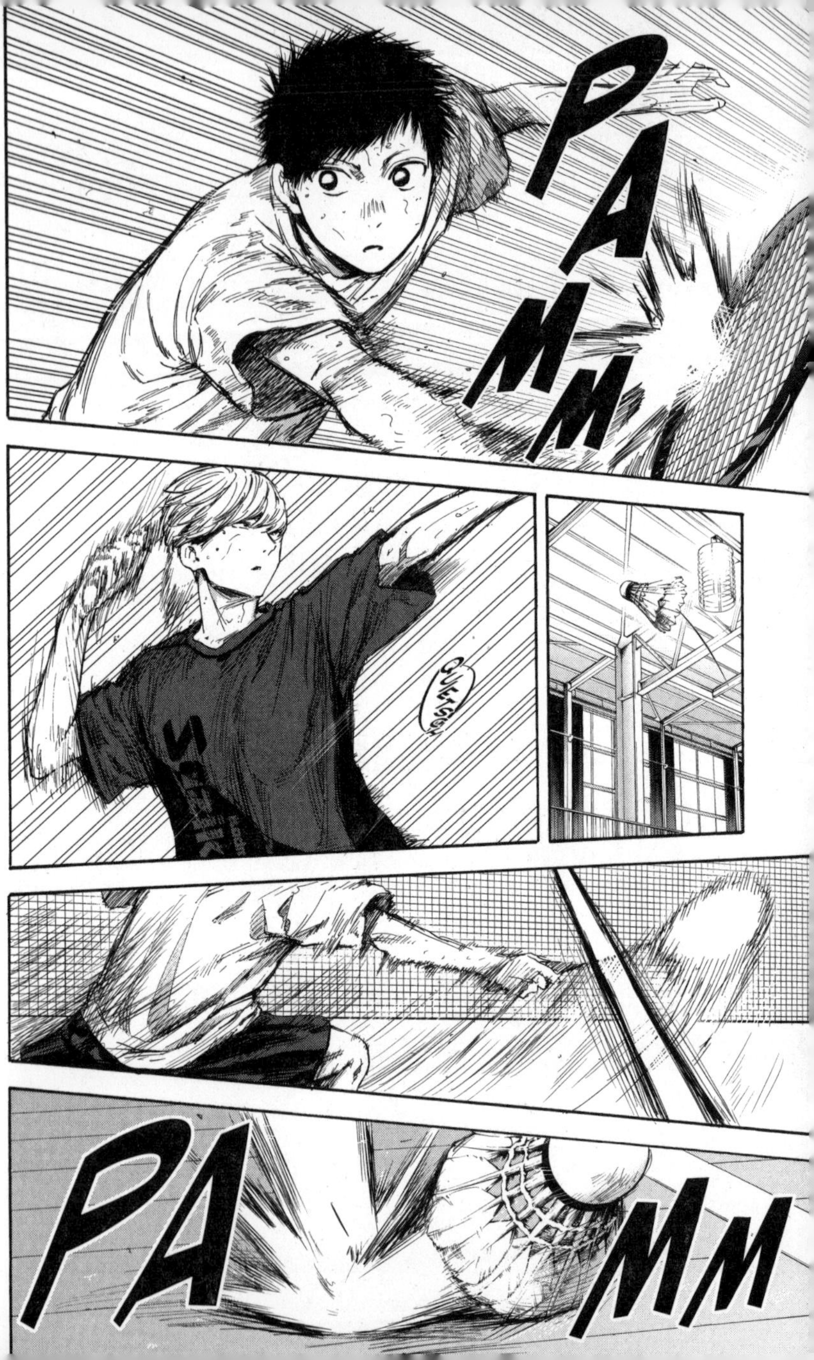
PAMMM
QUETSCH
PAMMM

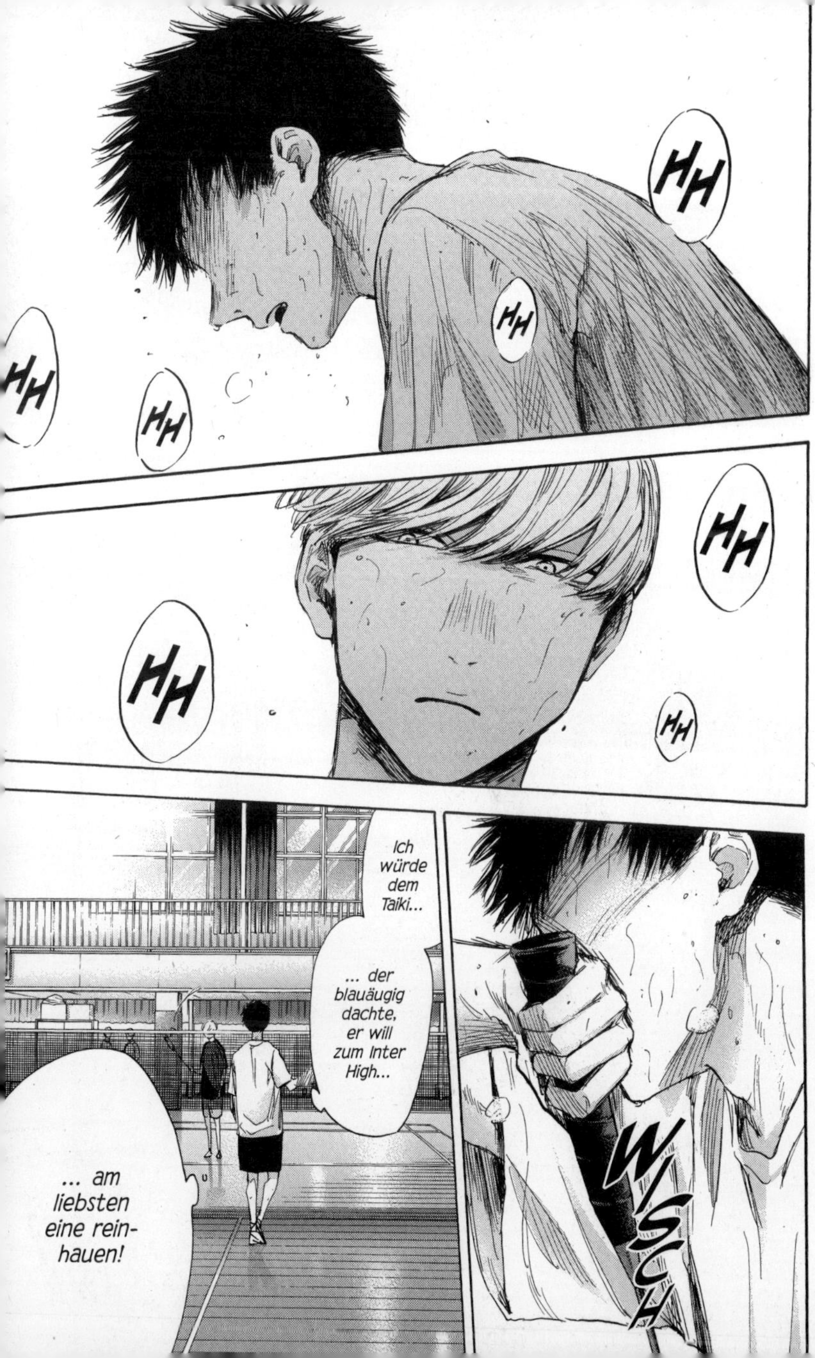
HH
HH
HH
HH
HH
HH
HH
WISCH
Ich würde dem Taiki...
... der blauäugig dachte, er will zum Inter High...
... am liebsten eine rein-hauen!

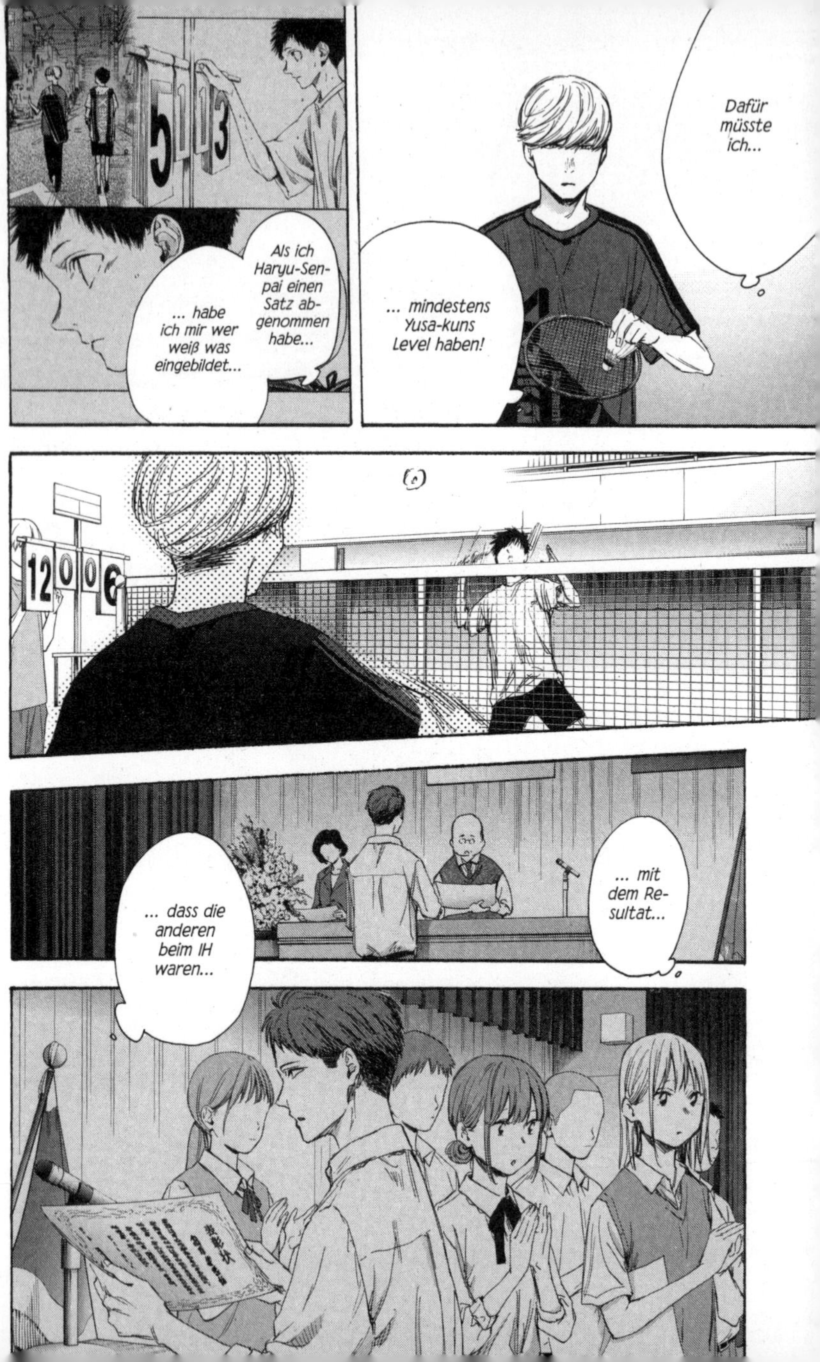
Dafür müsste ich...
... mindestens Yusa-kuns Level haben!
Als ich Haryu-Senpai einen Satz abgenommen habe...
... habe ich mir wer weiß was eingebildet...
... mit dem Resultat...
... dass die anderen beim IH waren...

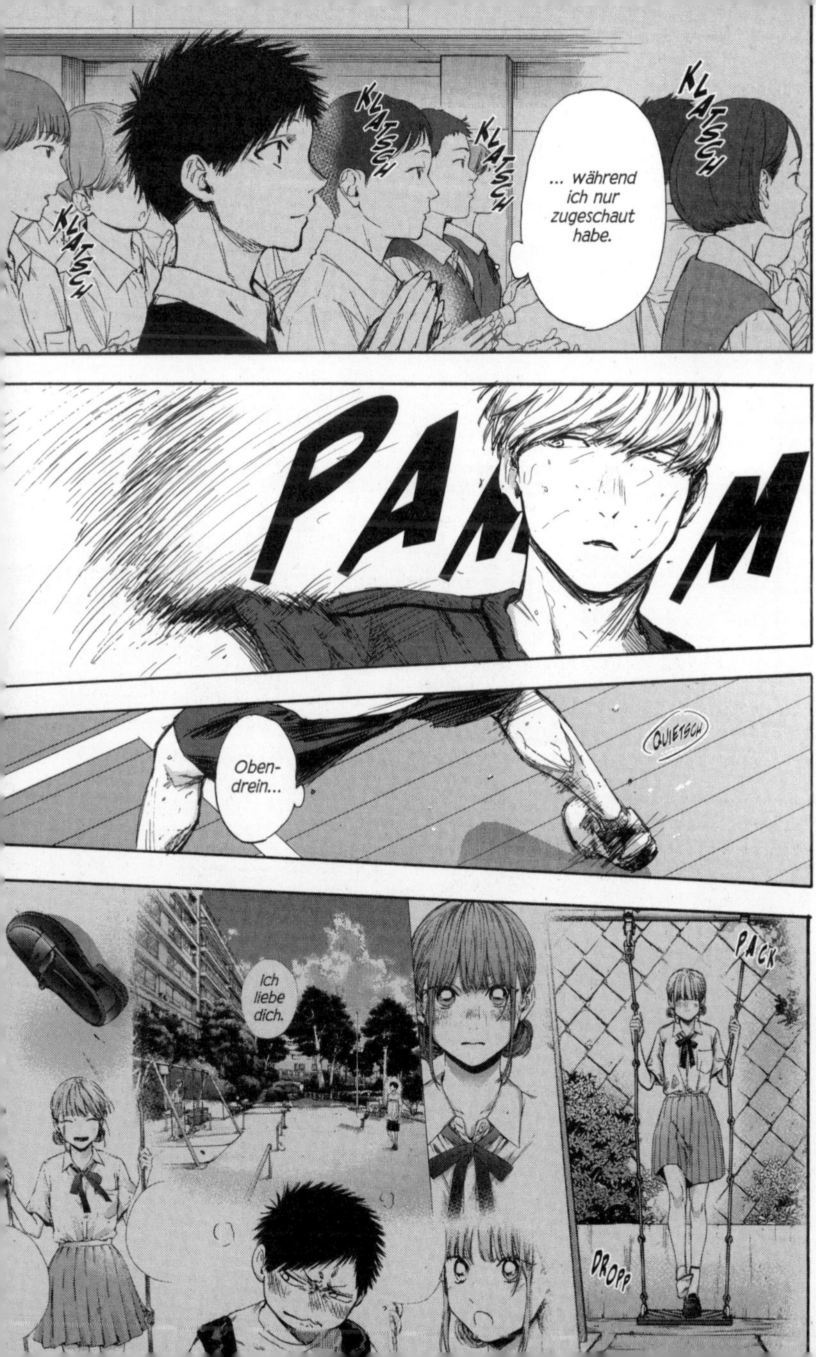
KLATSCH
... während ich nur zugeschaut habe.
KLATSCH
KLATSCH
KLATSCH
PAMM
QUIETSCH
Oben-drein...
PACK
DROPP
Ich liebe dich.

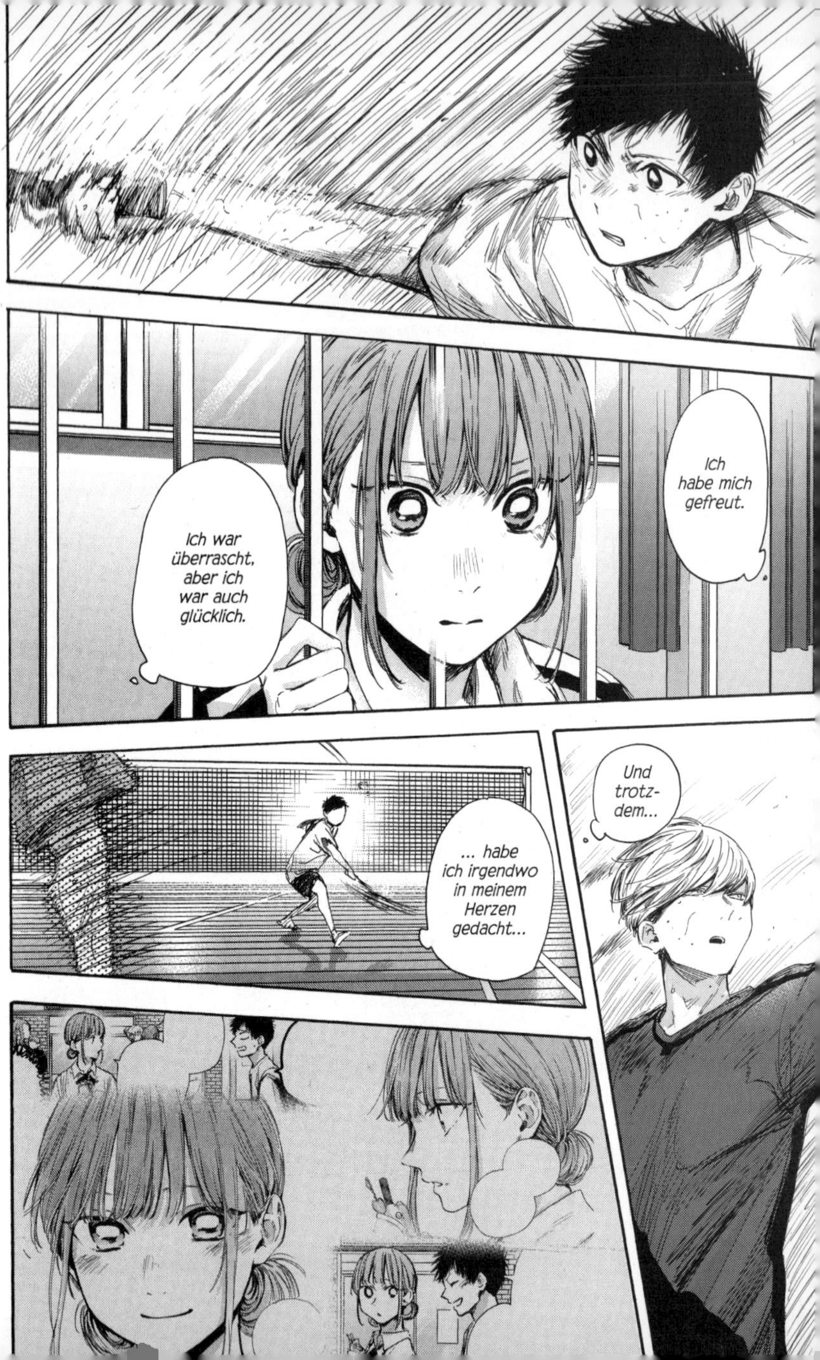
Ich habe mich gefreut.
Ich war überrascht, aber ich war auch glücklich.
Und trotz-dem...
... habe ich irgendwo in meinem Herzen gedacht...

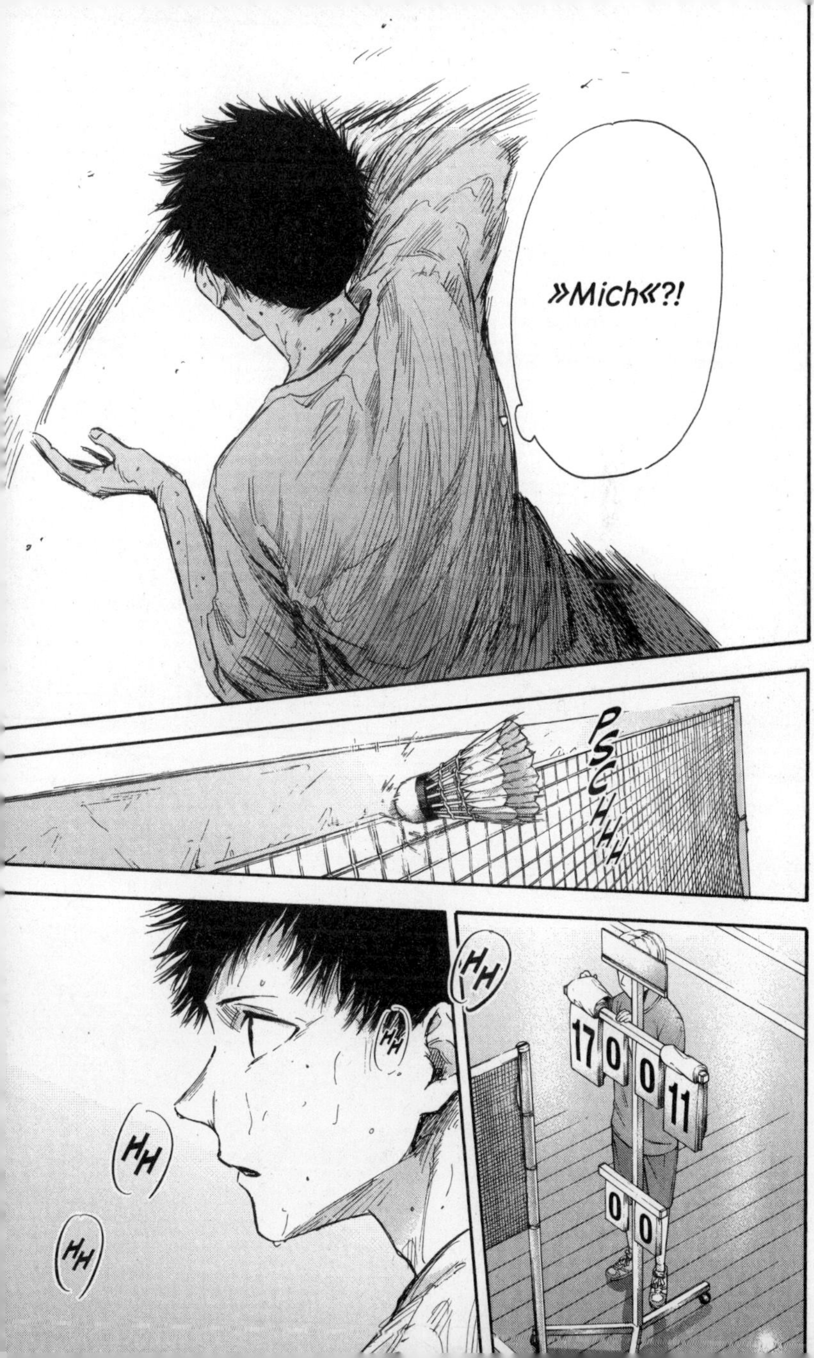

»Mich«?!
PSCHHH
HH
HH
HH
HH
17
0
0
11
0
0

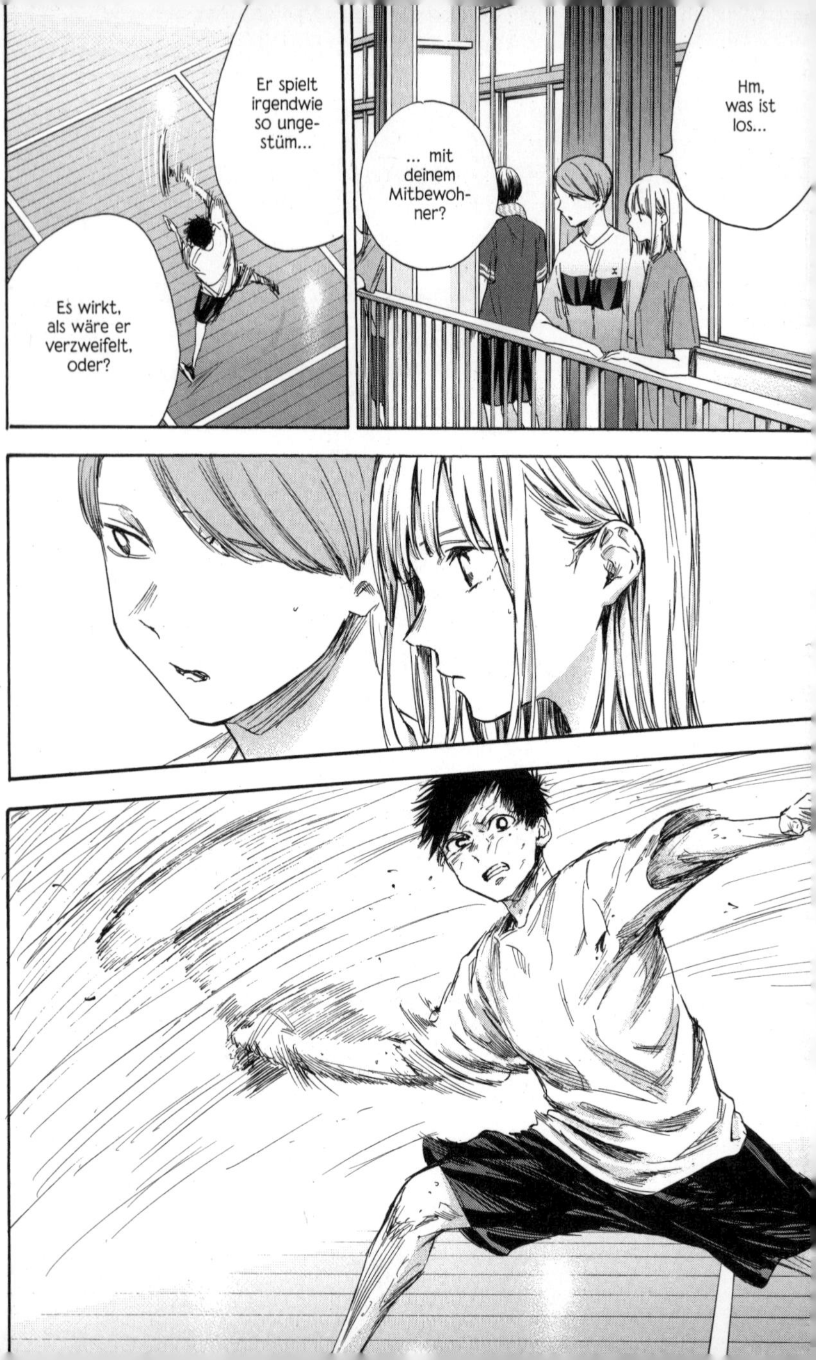
Hm, was ist los...
... mit deinem Mitbewohner?
Er spielt irgendwie so unge-stüm...
Es wirkt, als wäre er verzweifelt, oder?

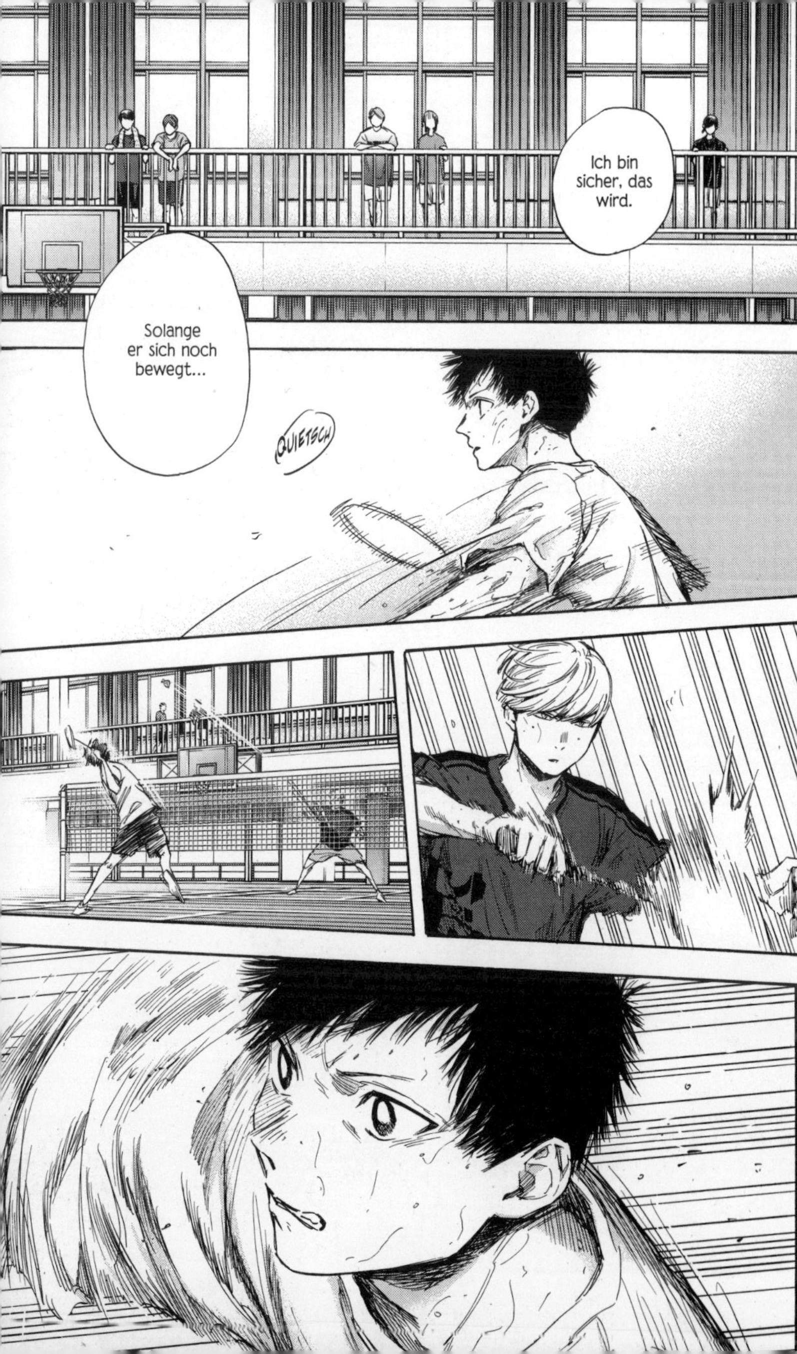
Ich bin sicher, das wird.
Solange er sich noch bewegt...
QUIETSCH

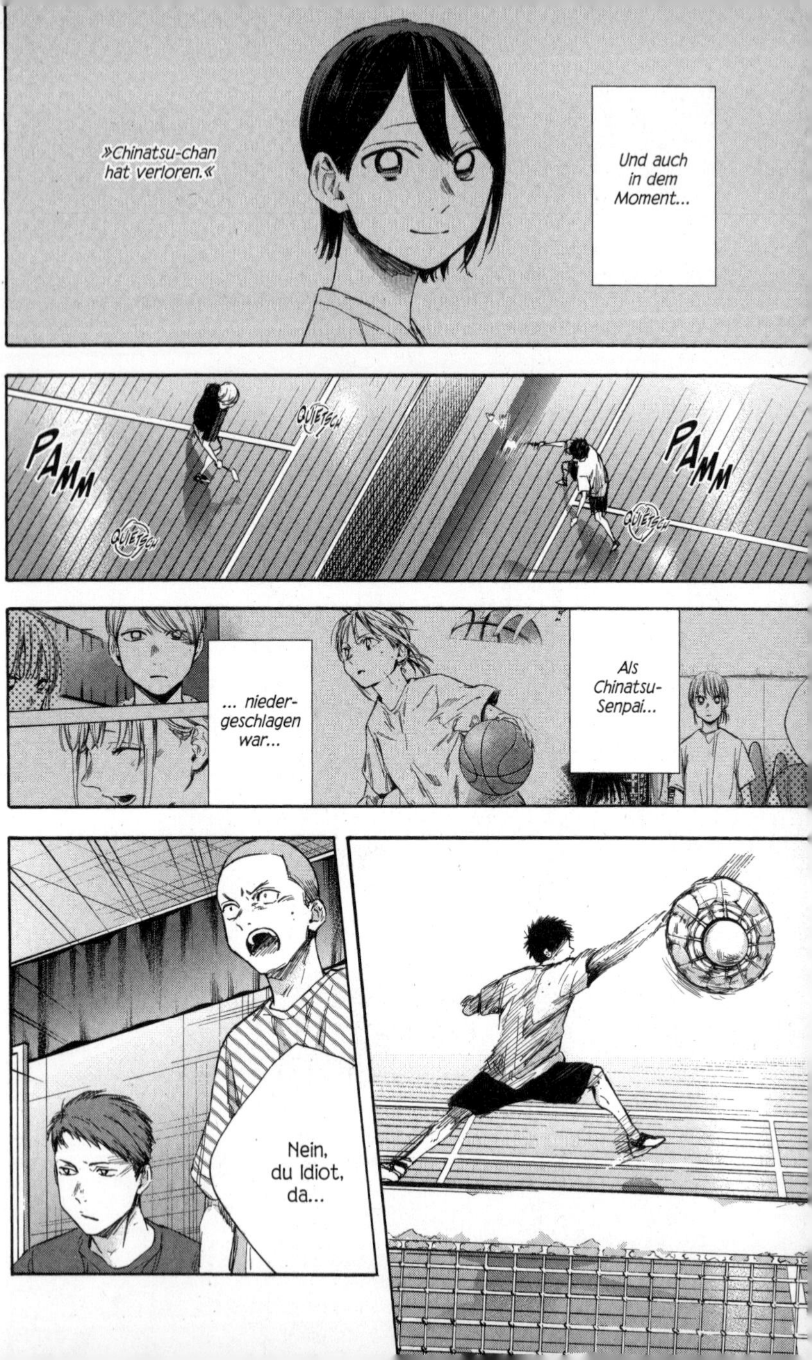
Und auch in dem Moment...
»Chinatsu-chan hat verloren.«
PAMM
QUIETSCH
PAMM
QUIETSCH
Als Chinatsu-Senpai...
... nieder-geschlagen war...
Nein, du Idiot, da...

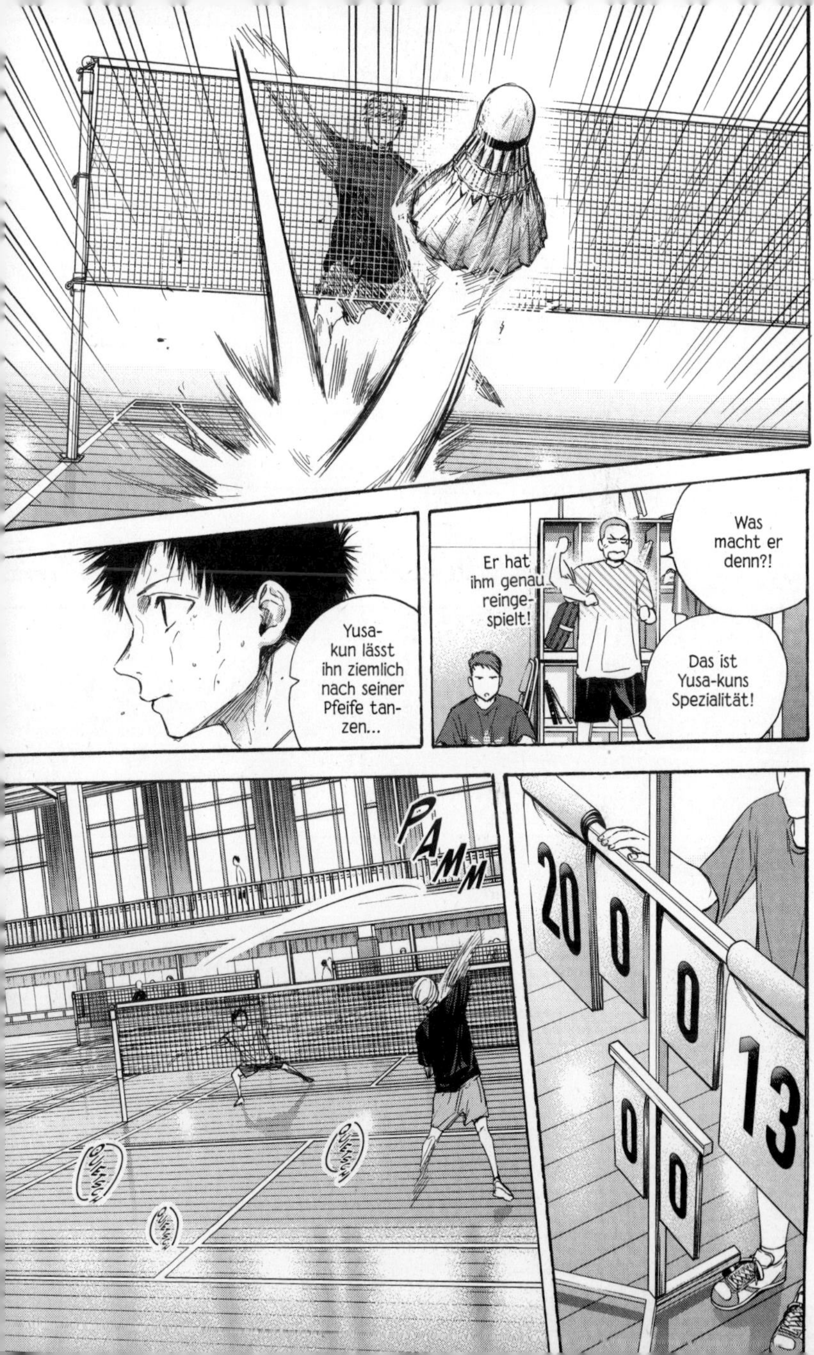
Was macht er denn?!
Er hat ihm genau reinge-spielt!
Das ist Yusa-kuns Spezialität!
Yusa-kun lässt ihn ziemlich nach seiner Pfeife tanzen...
20
0
0
13
0
0
PAMM

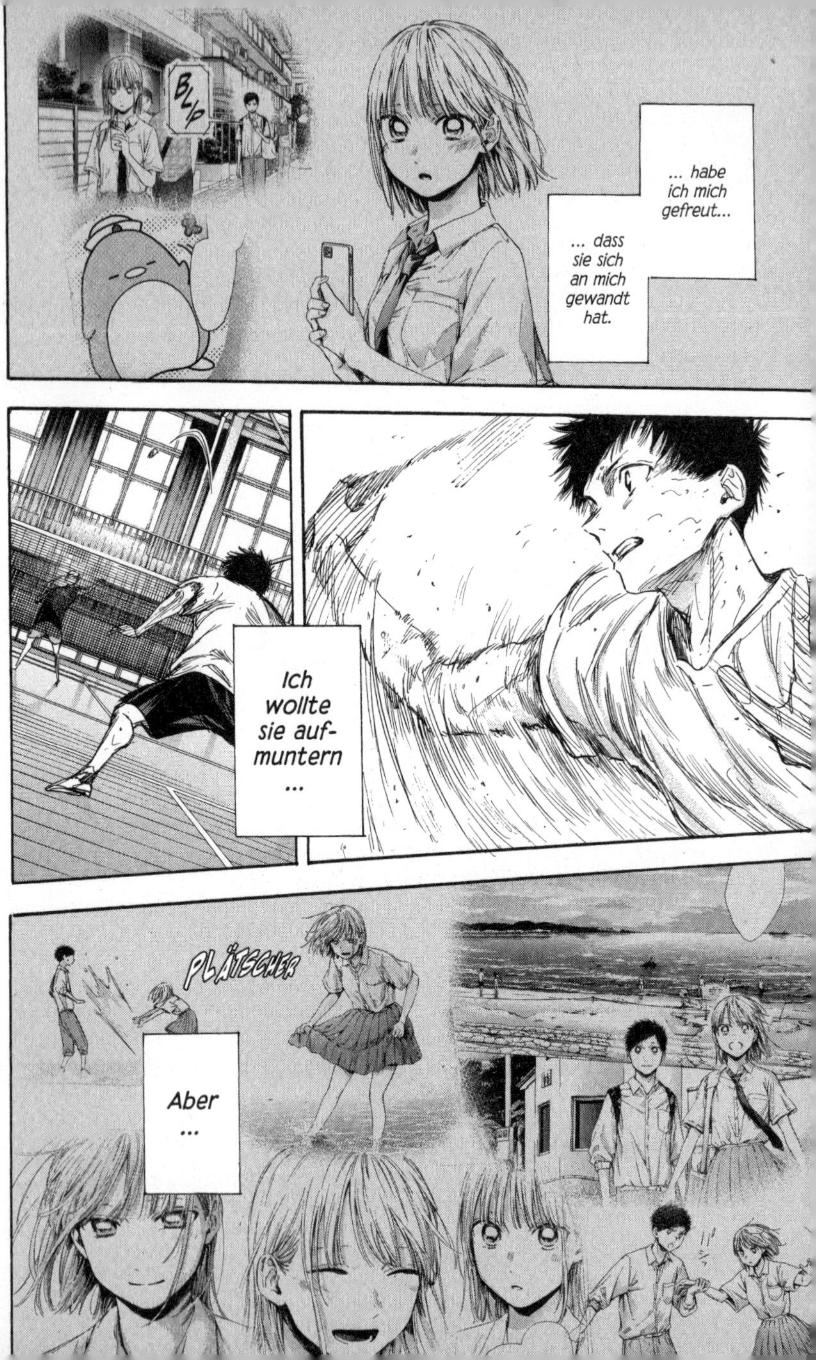

BLIP
... habe ich mich gefreut...
... dass sie sich an mich gewandt hat.
Ich wollte sie auf-muntern ...
PLÄTSCHER
Aber ...

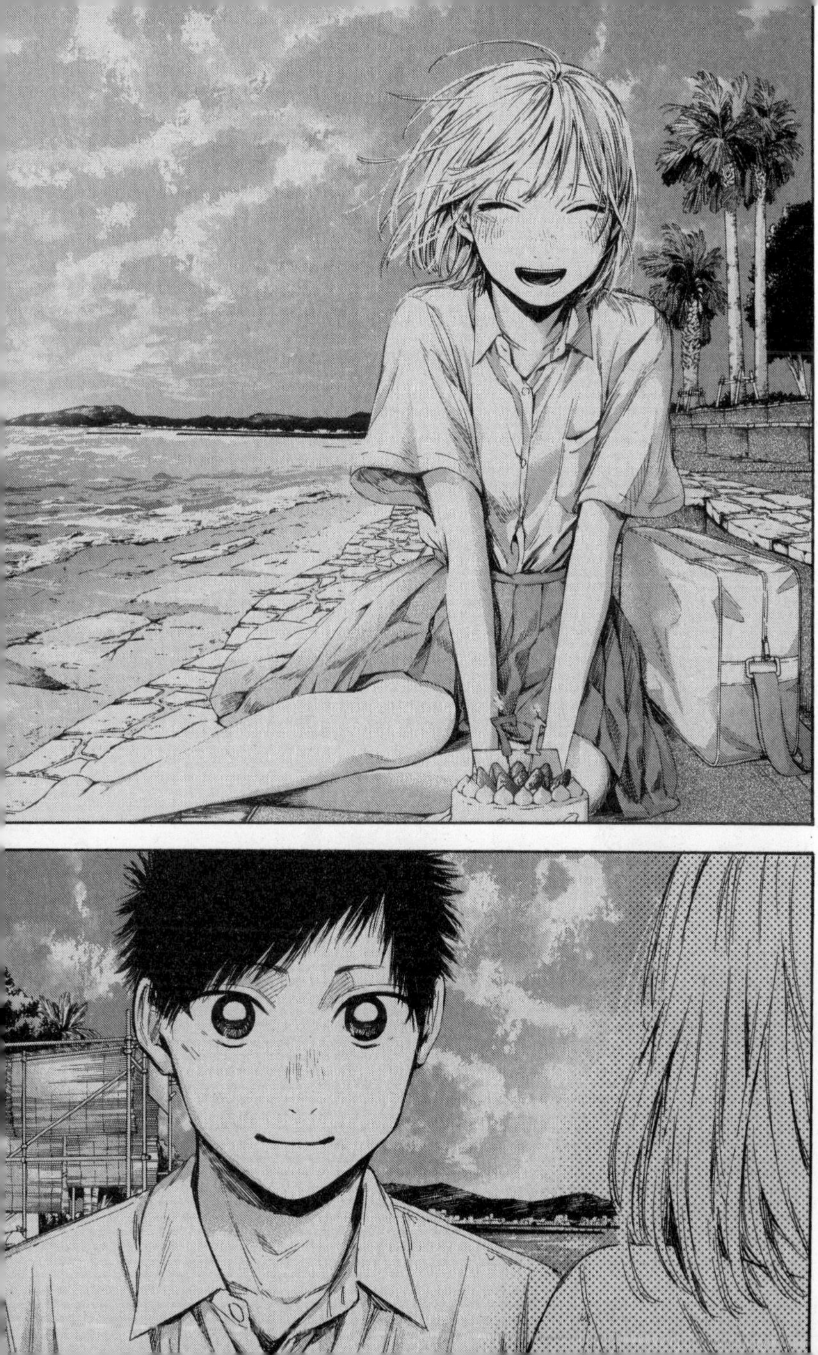

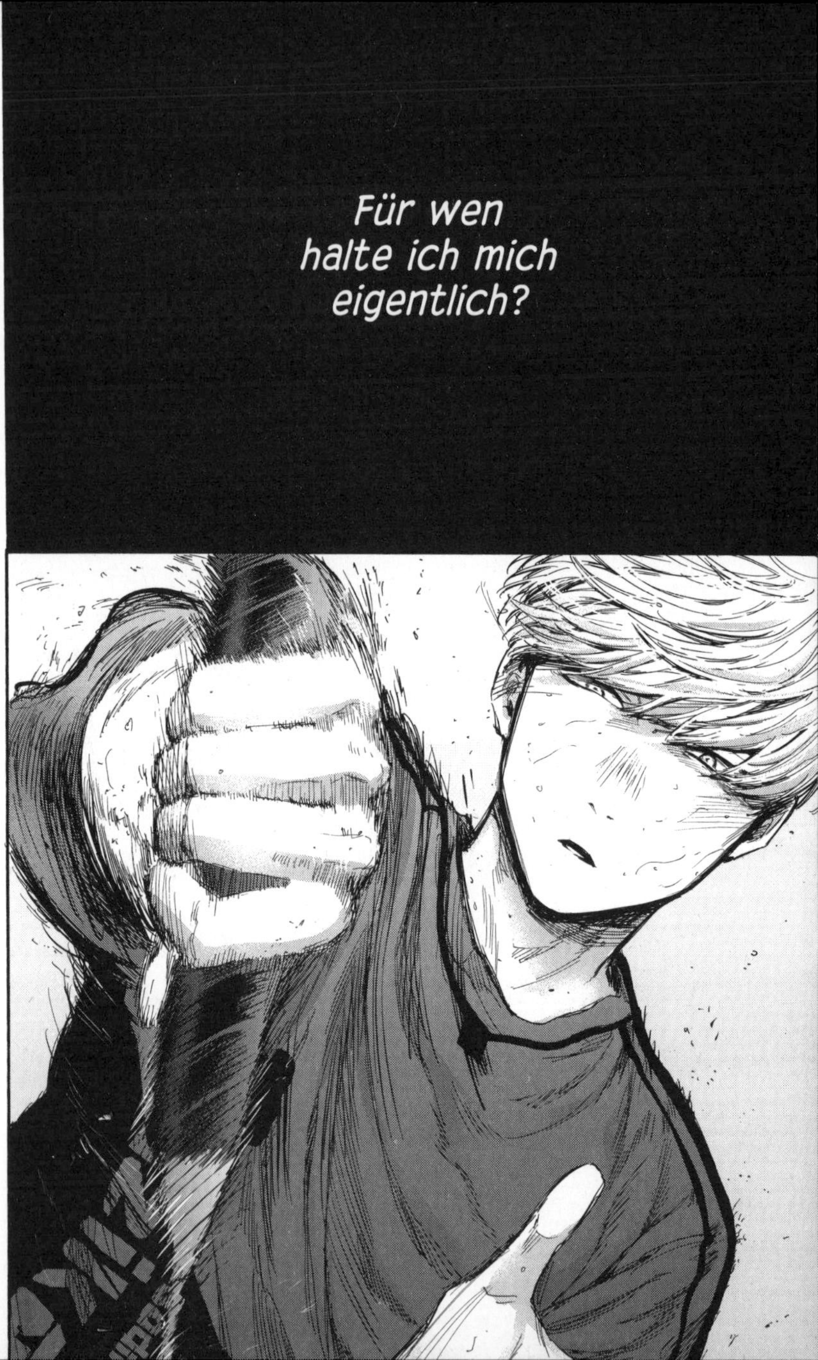
Für wen
halte ich mich
eigentlich?

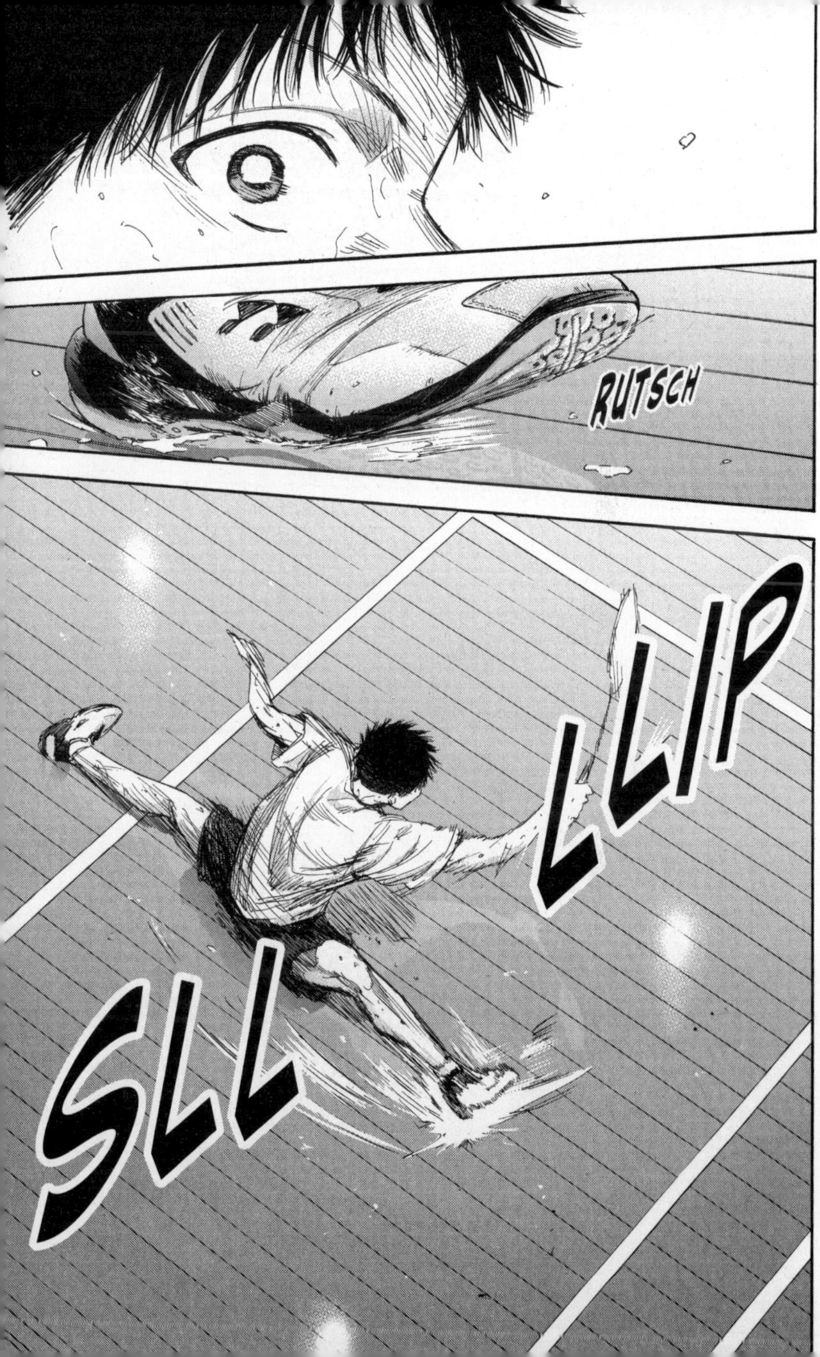
RUTSCH
SLL
LLIP

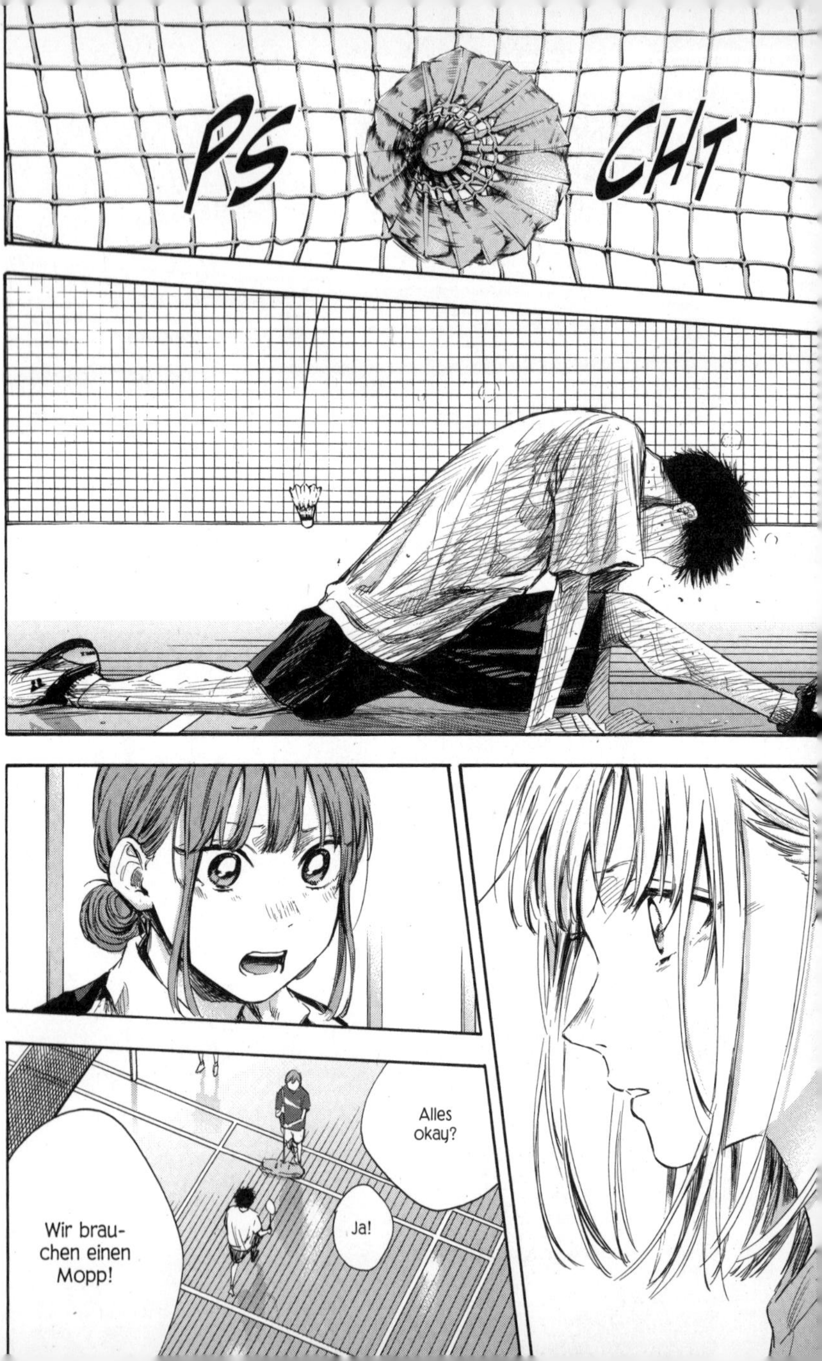
PS CHT
Alles okay?
Ja!
Wir brauchen einen Mopp!

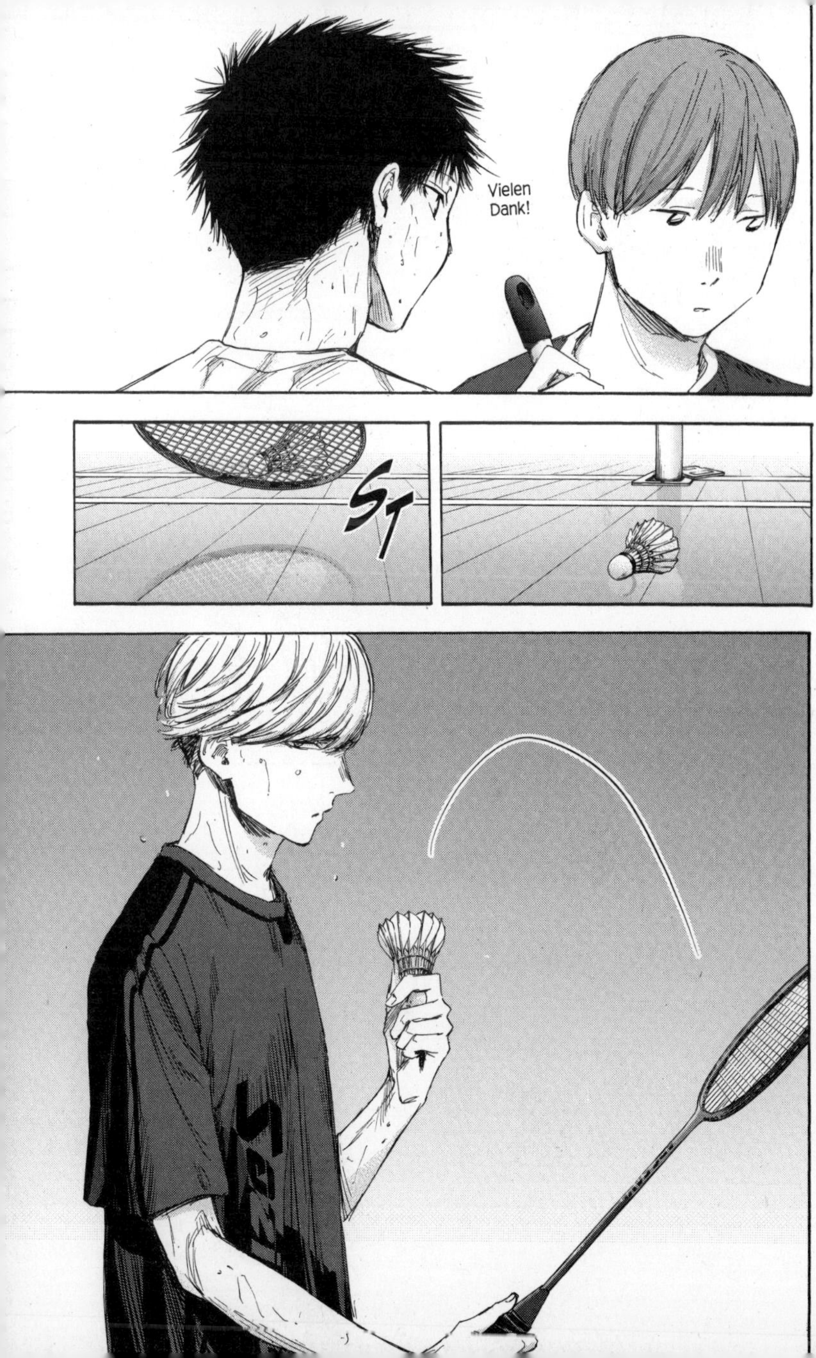
Vielen Dank!
ST

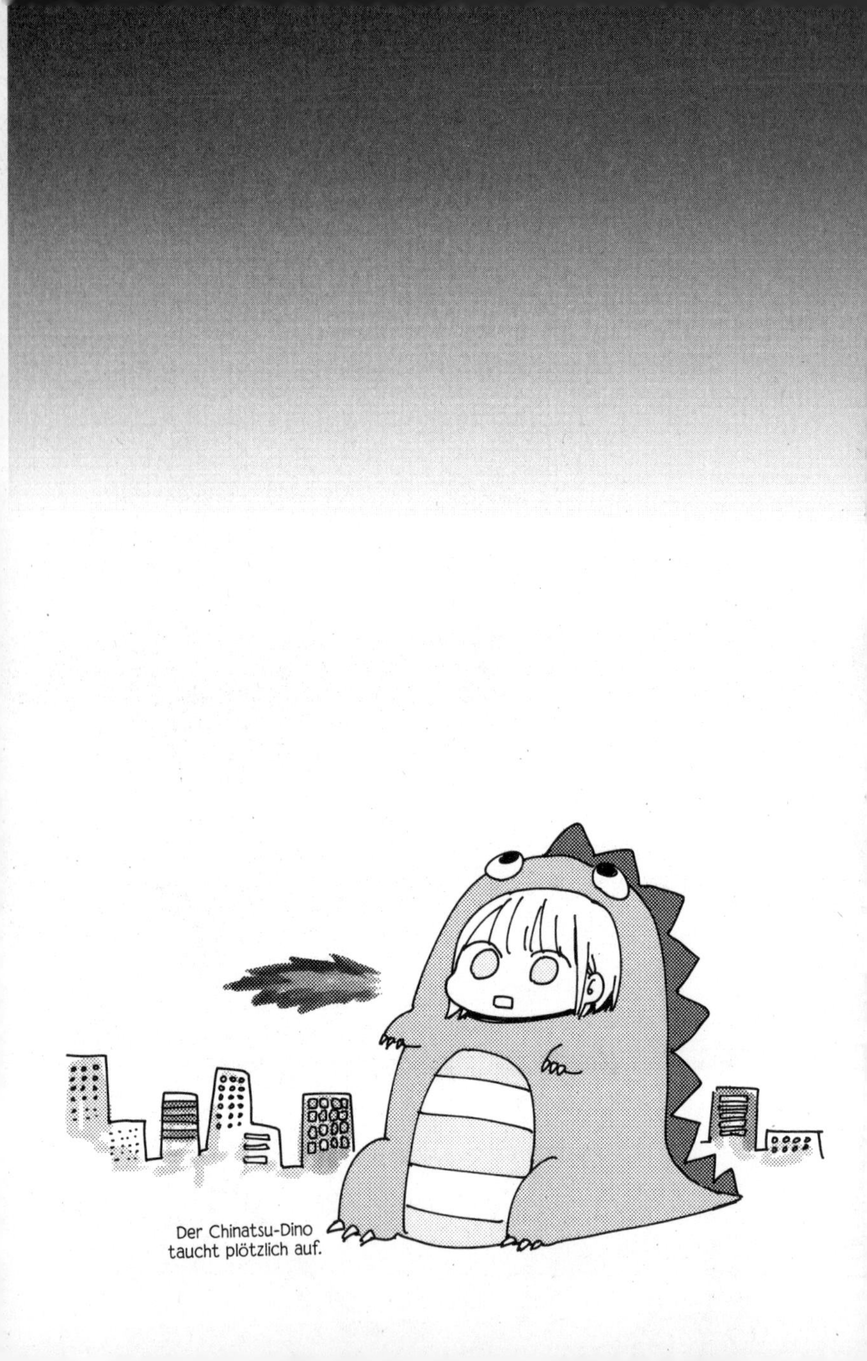
Der Chinatsu-Dino
taucht plötzlich auf.

#57 Ich weiß

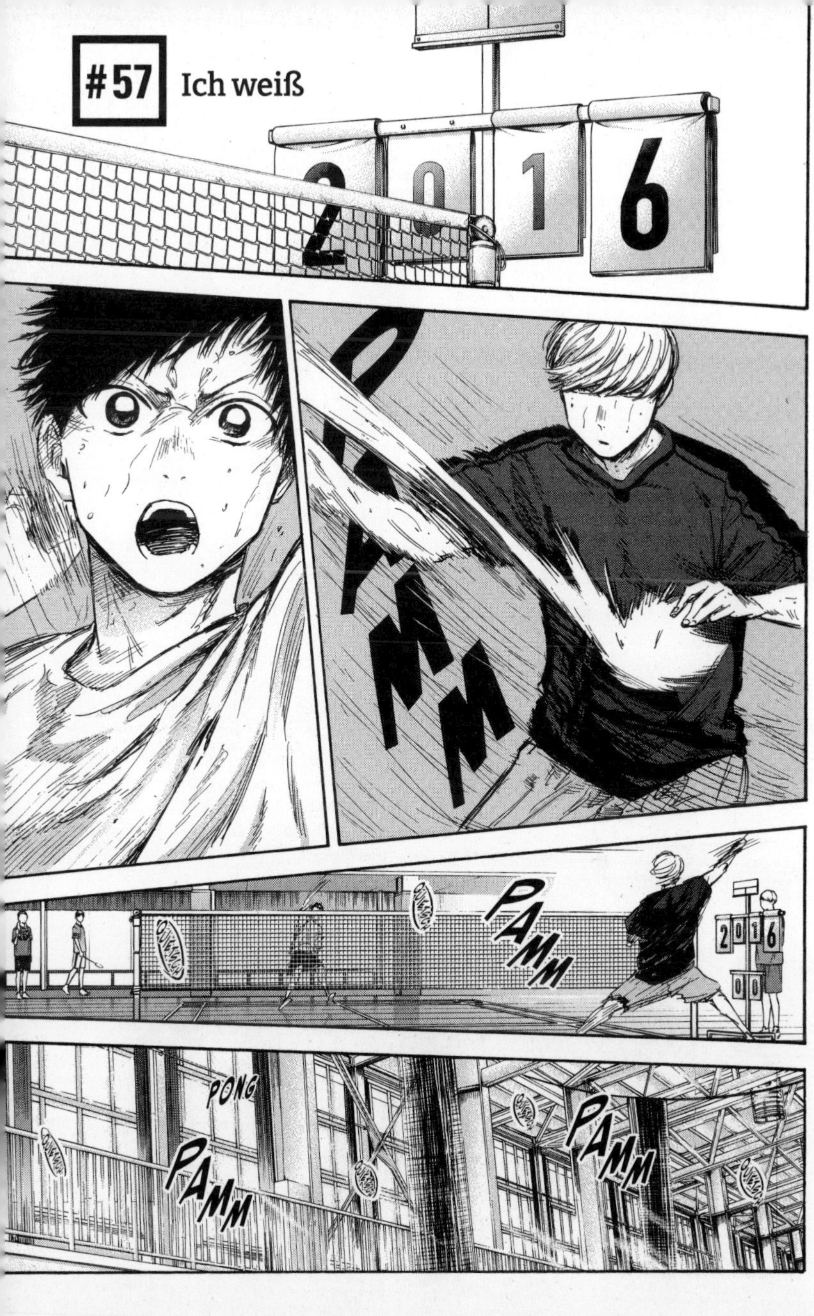

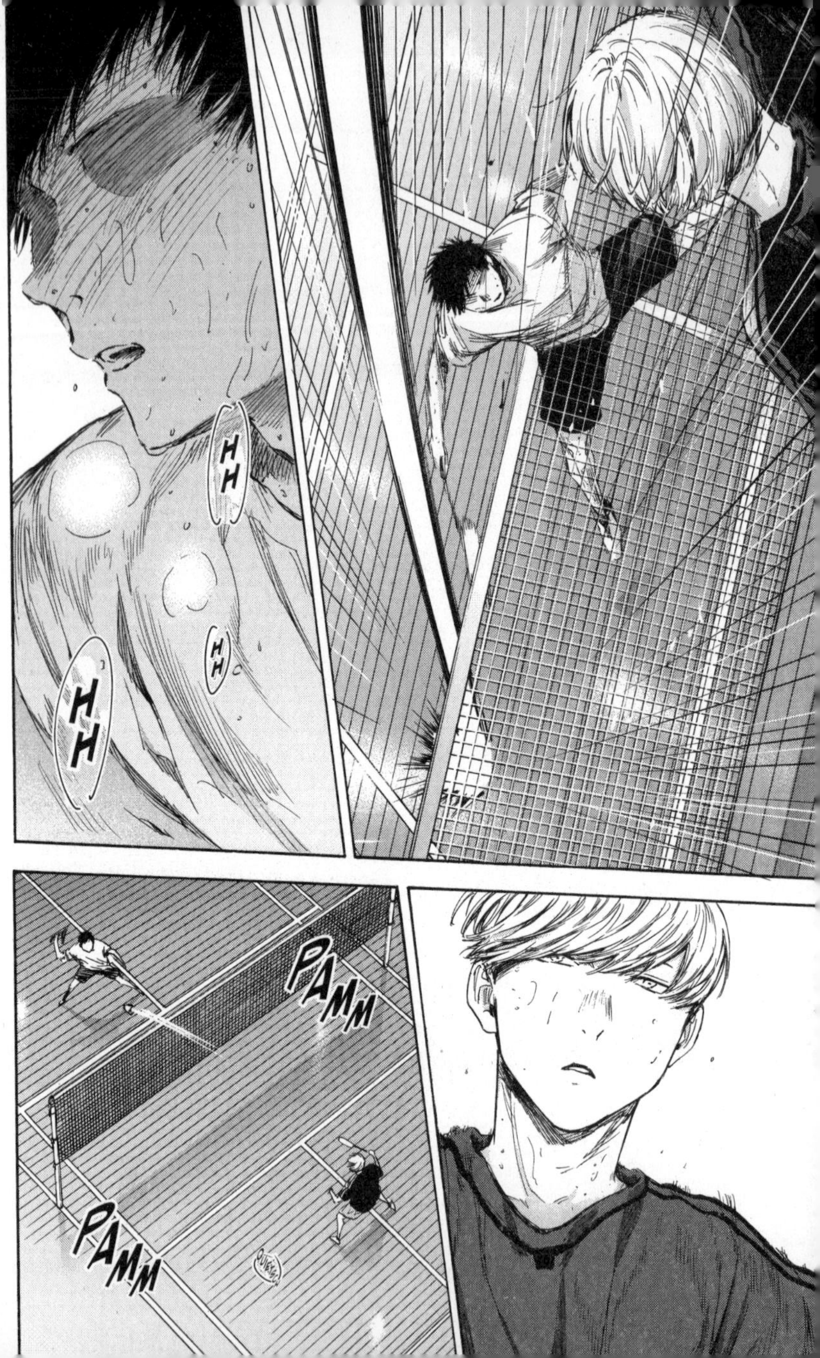
HH
HH
HH
PAMM
PAMM
QUIETSCH

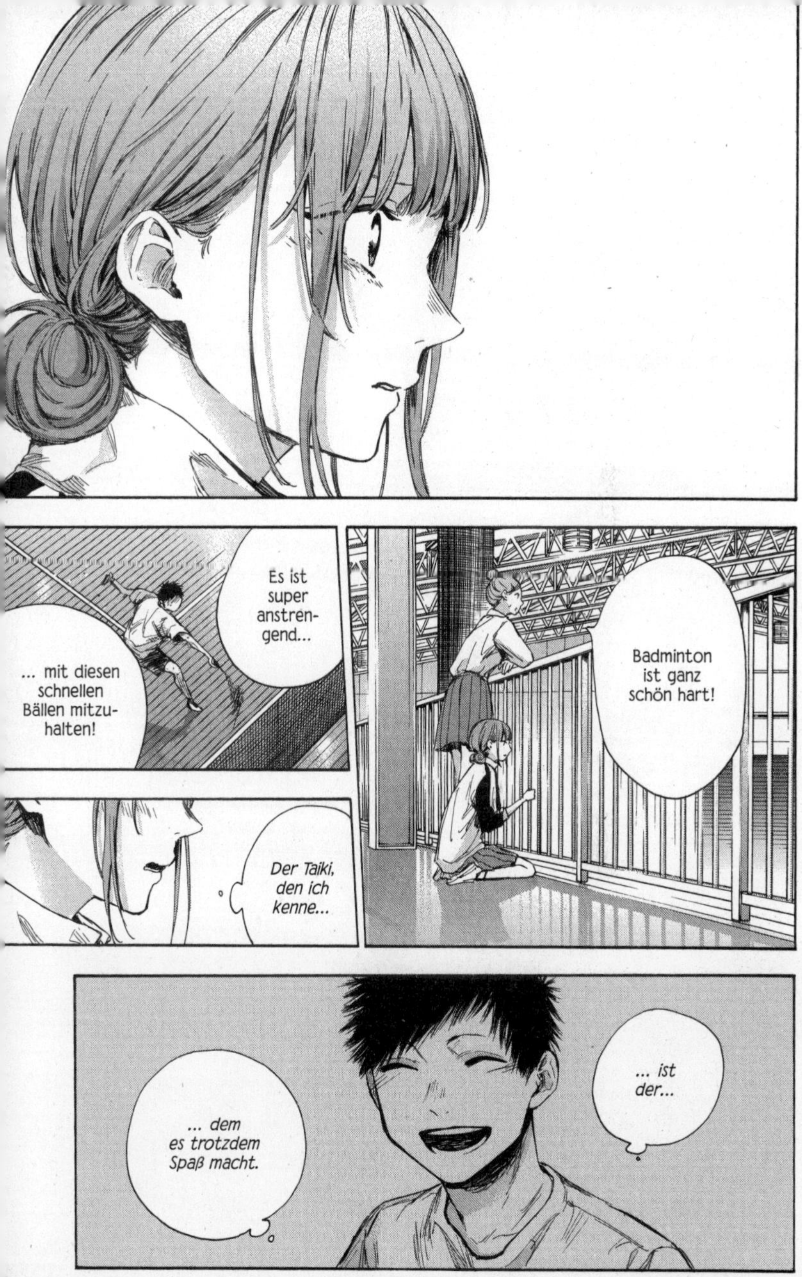
Badminton ist ganz schön hart!
Es ist super anstrengend...
... mit diesen schnellen Bällen mitzuhalten!
Der Taiki, den ich kenne...
... ist der...
... dem es trotzdem Spaß macht.

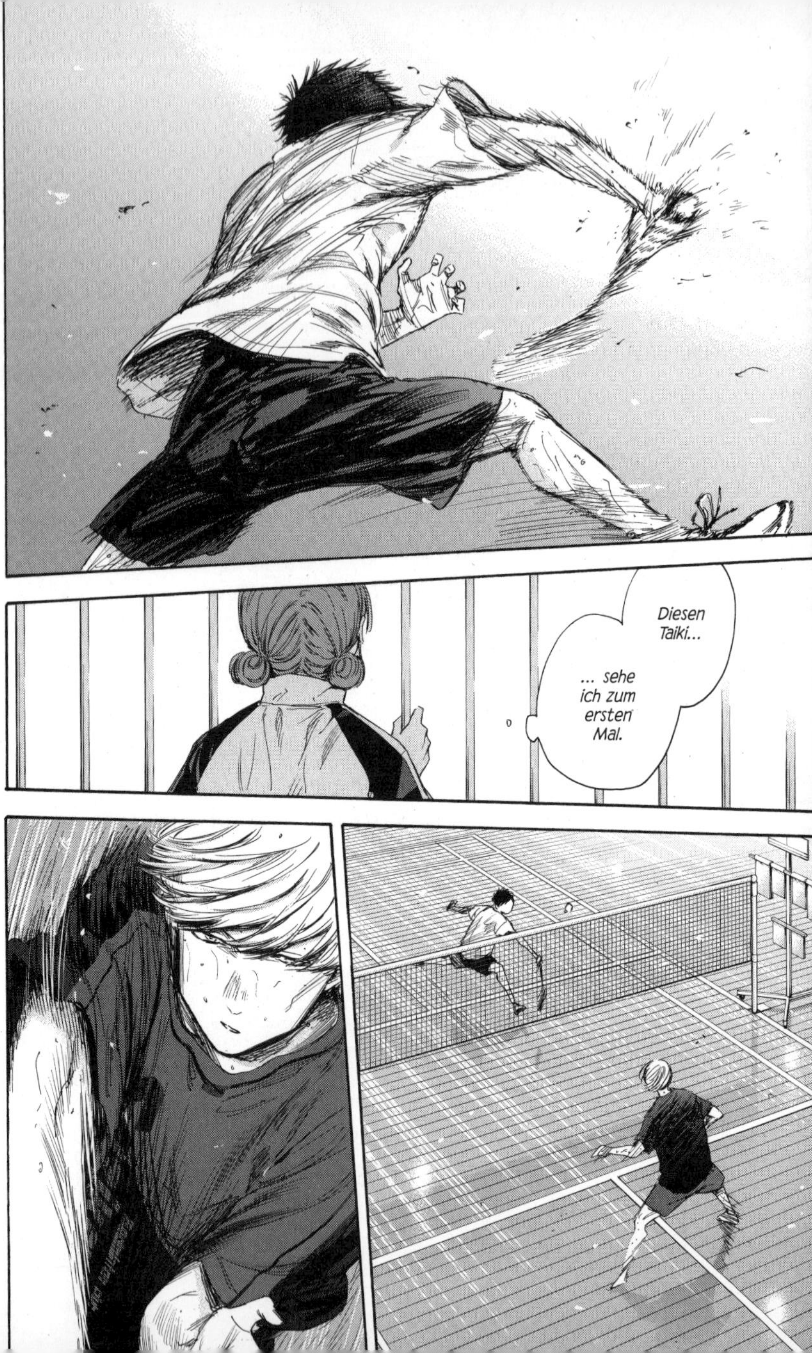
Diesen Taiki...
... sehe ich zum ersten Mal.

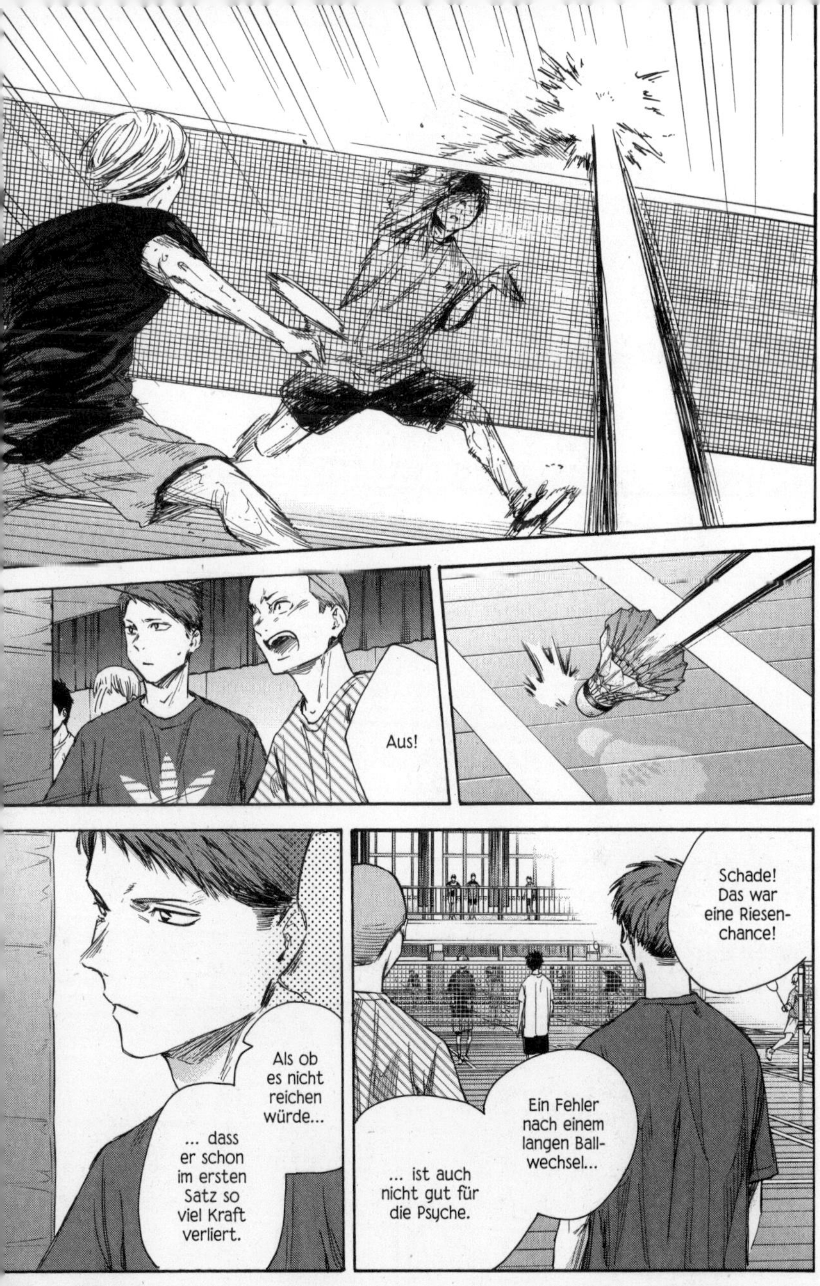
Aus!
Schade! Das war eine Riesenchance!
Ein Fehler nach einem langen Ballwechsel...
... ist auch nicht gut für die Psyche.
Als ob es nicht reichen würde...
... dass er schon im ersten Satz so viel Kraft verliert.

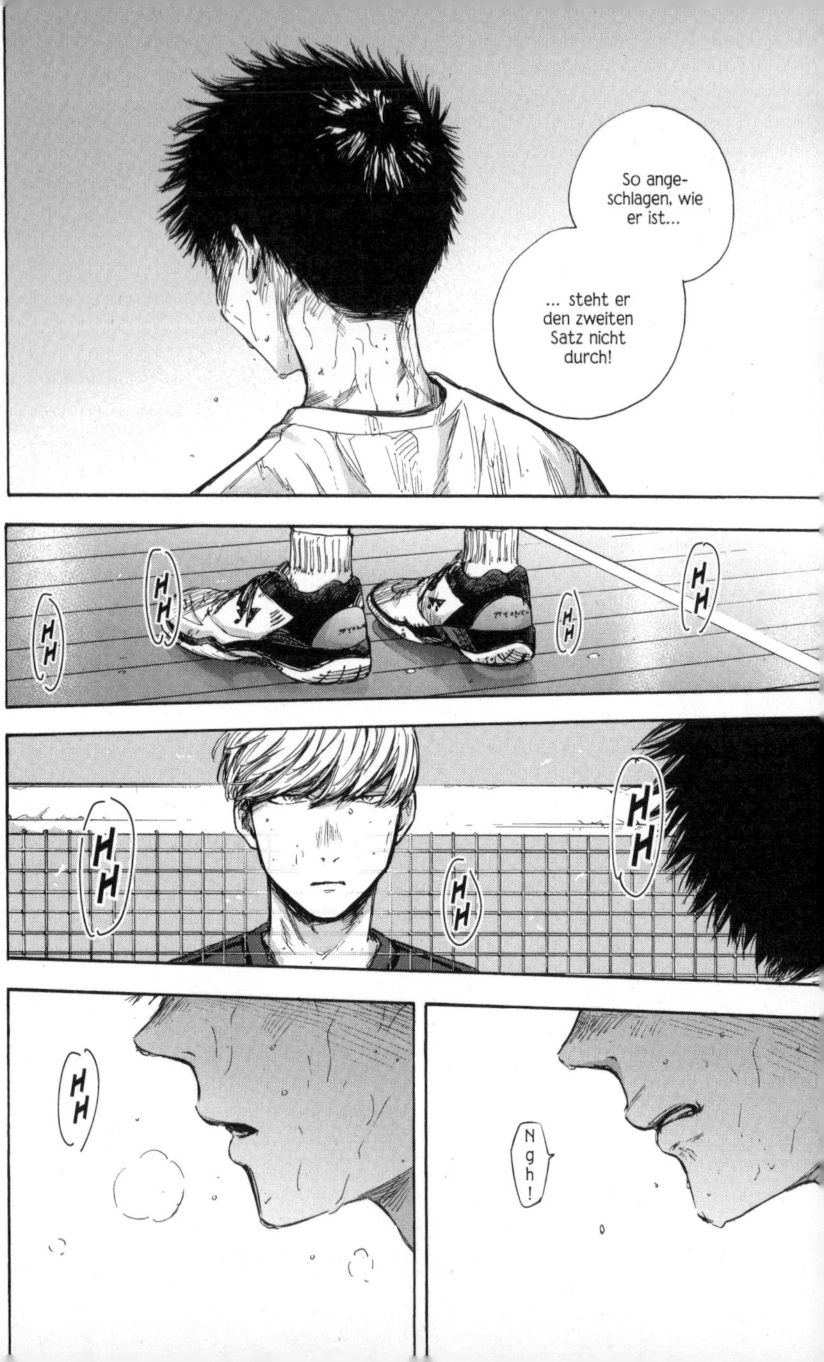

So ange-schlagen, wie er ist...
... steht er den zweiten Satz nicht durch!
HH
HH
HH
HH
HH
HH
HH
HH
Ngh!

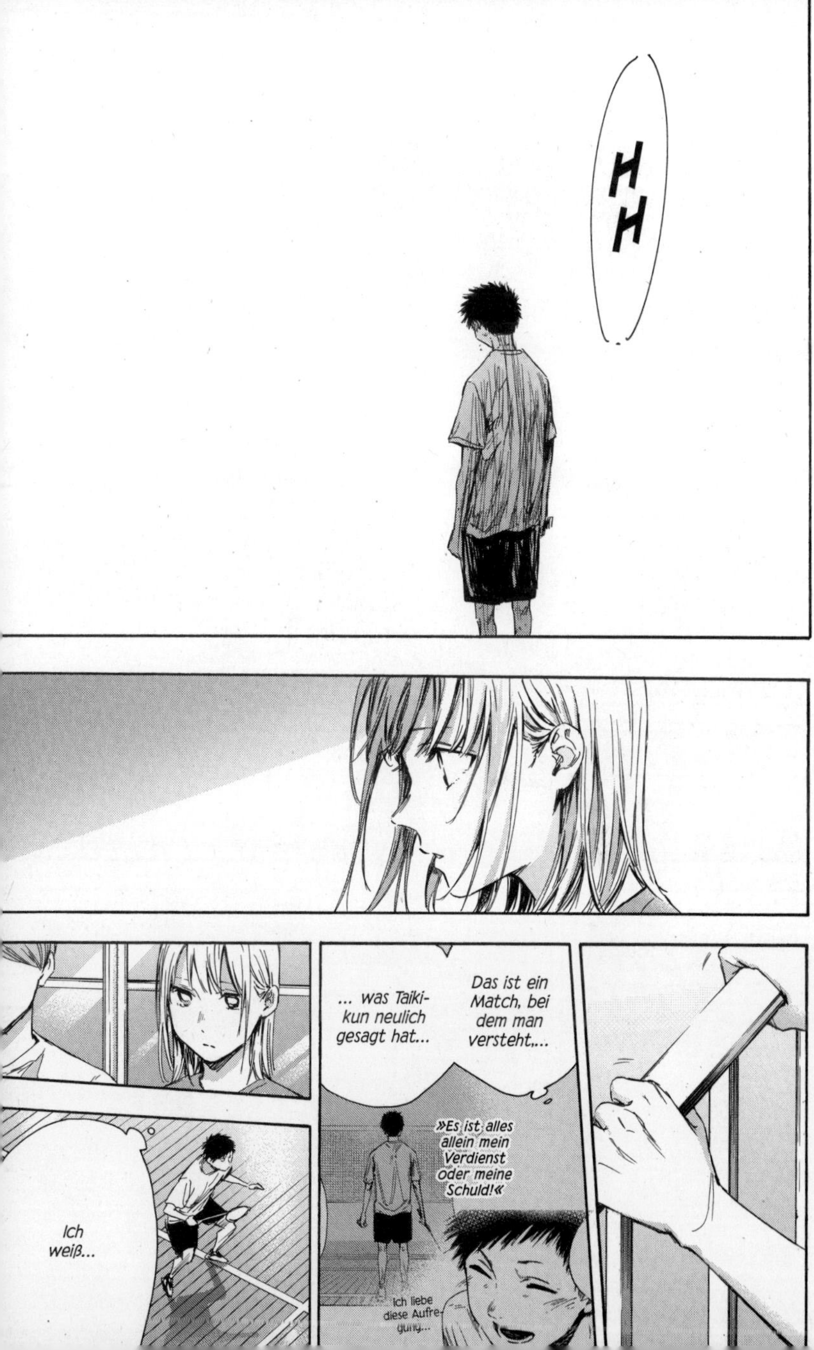
HH
Das ist ein Match, bei dem man versteht,...
... was Taiki-kun neulich gesagt hat...
»Es ist alles allein mein Verdienst oder meine Schuld!«
Ich liebe diese Aufregung...
Ich weiß...

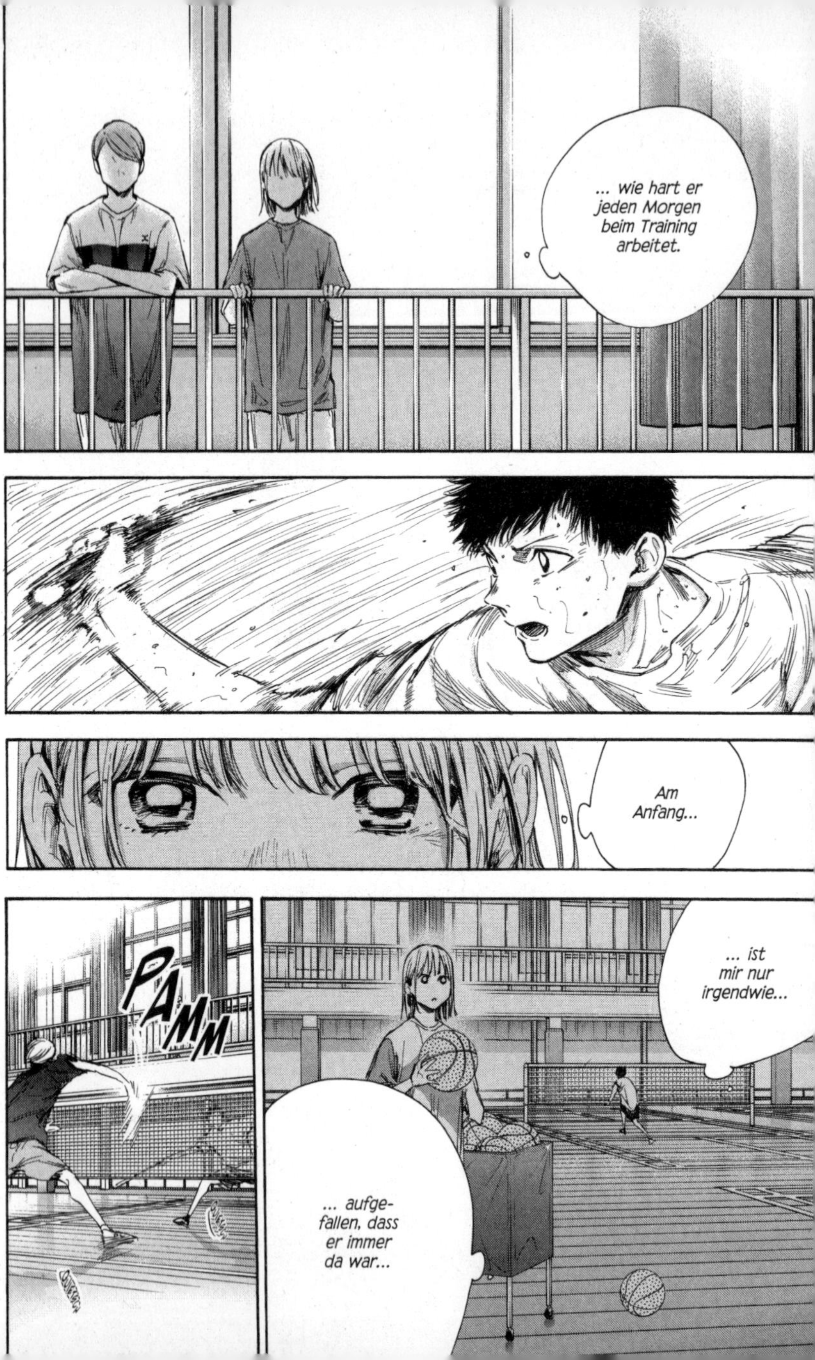
... wie hart er jeden Morgen beim Training arbeitet.
Am Anfang...
... ist mir nur irgendwie...
... aufgefallen, dass er immer da war...
PAMM

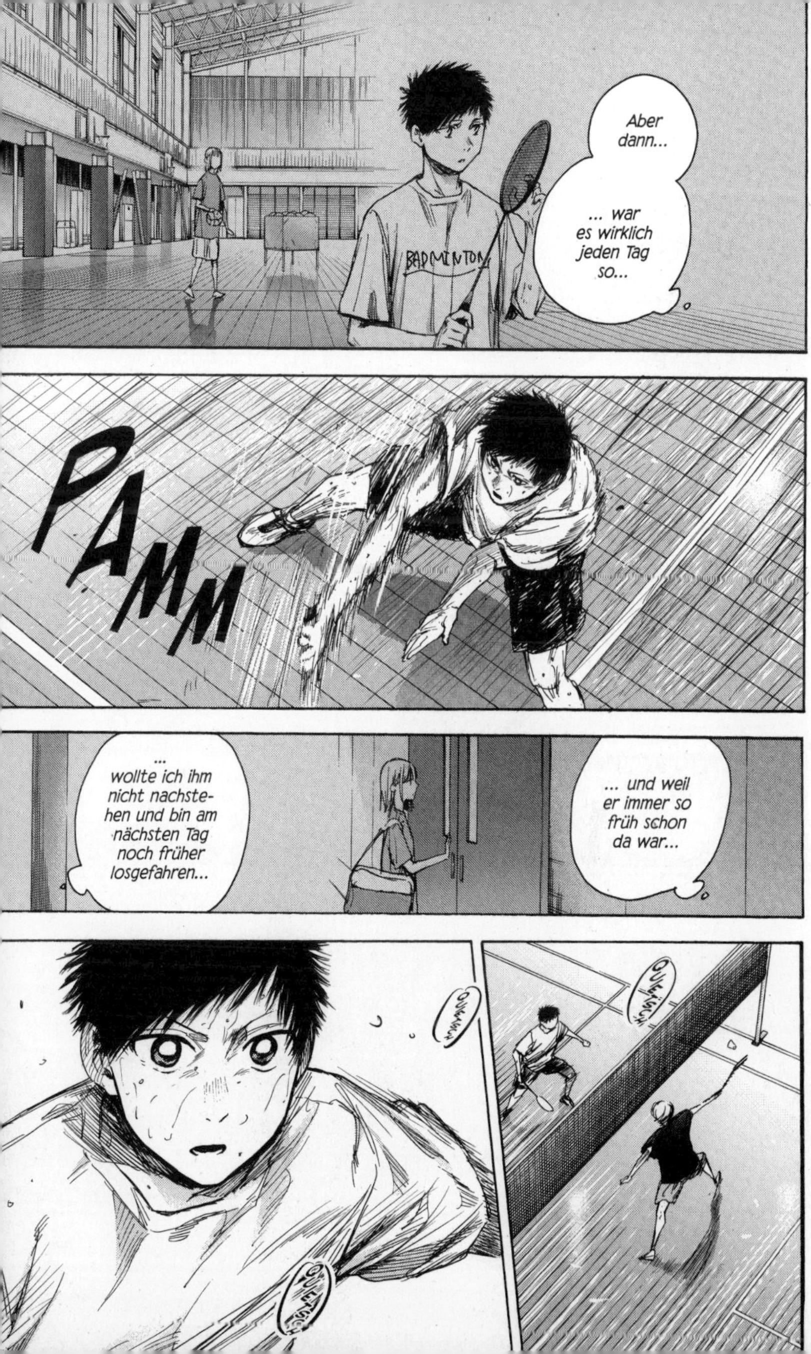
Aber dann...
... war es wirklich jeden Tag so...
PAMM
... und weil er immer so früh schon da war...
... wollte ich ihm nicht nachstehen und bin am nächsten Tag noch früher losgefahren...
QUIETSCH
QUIETSCH
QUETSCH

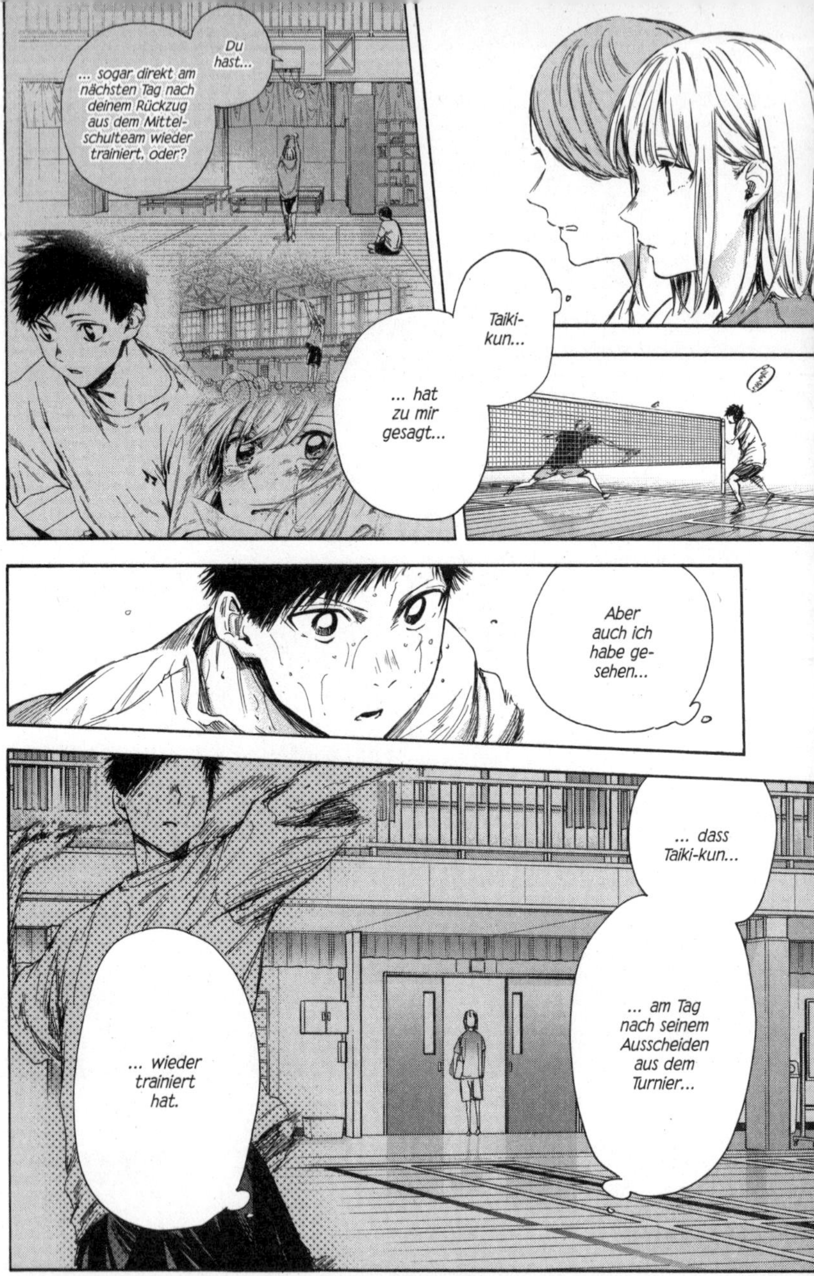
Taiki-kun...
... hat zu mir gesagt...
Du hast...
... sogar direkt am nächsten Tag nach deinem Rückzug aus dem Mittelschulteam wieder trainiert, oder?
Aber auch ich habe gesehen...
... dass Taiki-kun...
... am Tag nach seinem Ausscheiden aus dem Turnier...
... wieder trainiert hat.

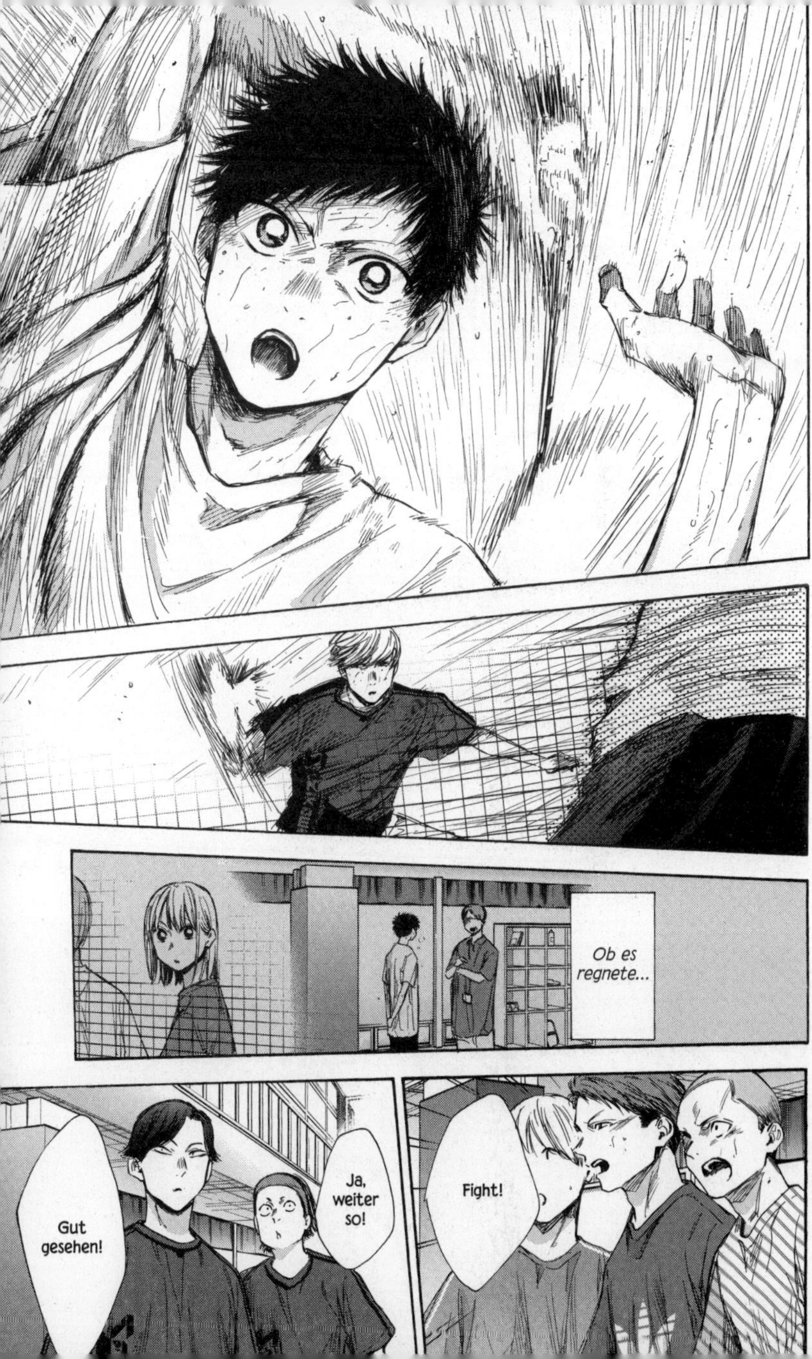
Ob es regnete...
Fight!
Ja, weiter so!
Gut gesehen!

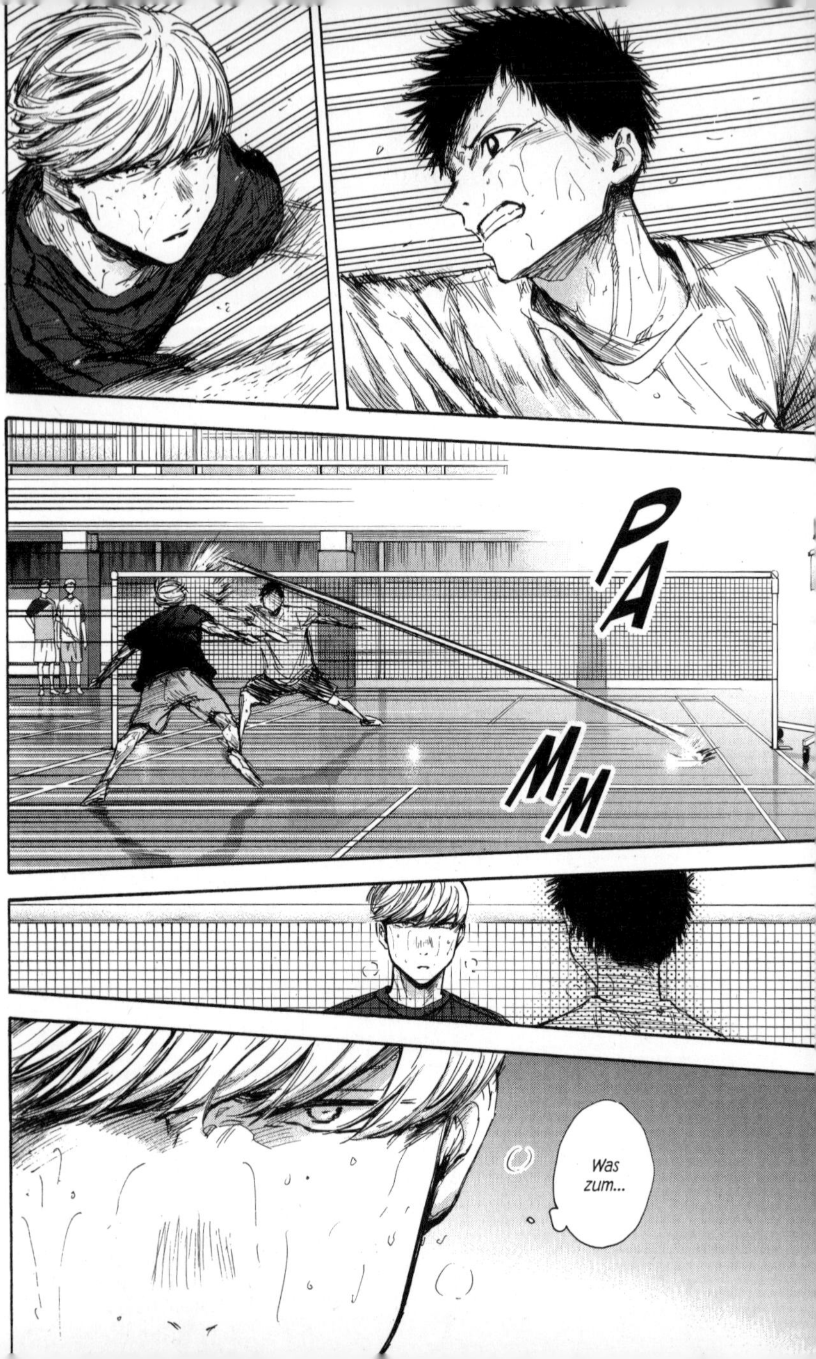
PA
MM
Was zum...

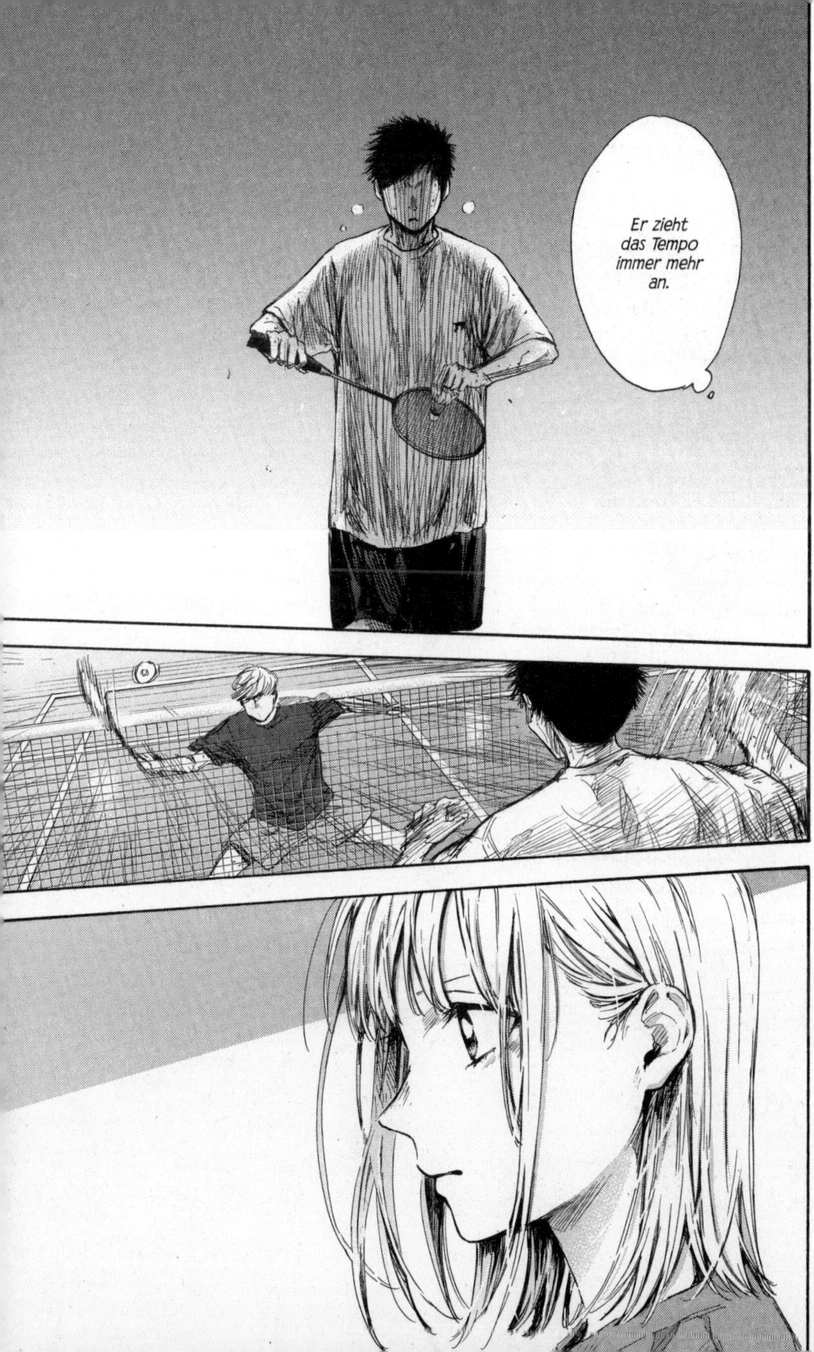
Er zieht das Tempo immer mehr an.

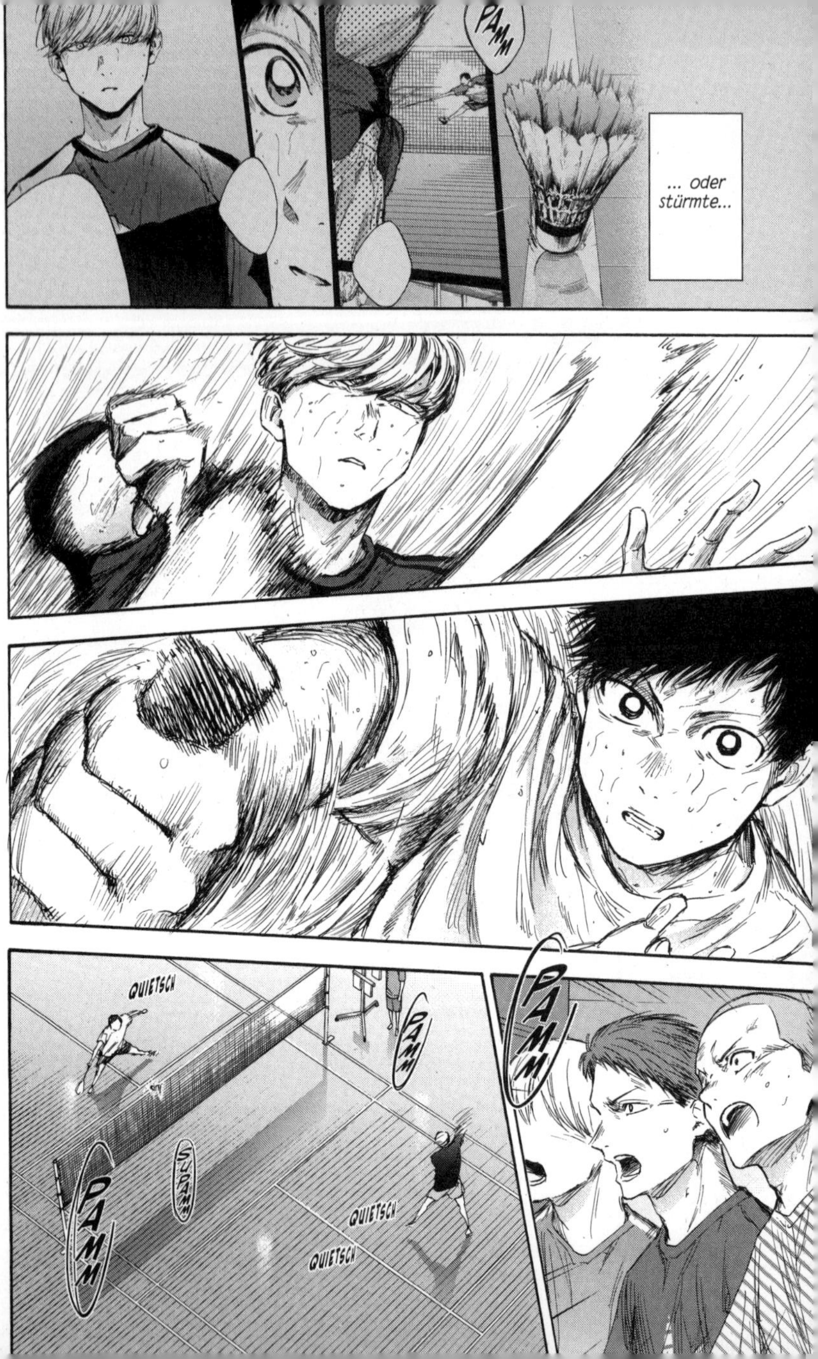
PAMM
... oder stürmte...
PAMM
PAMM
QUIETSCH
PAMM
SUDAMM
QUIETSCH
QUIETSCH
PAMM

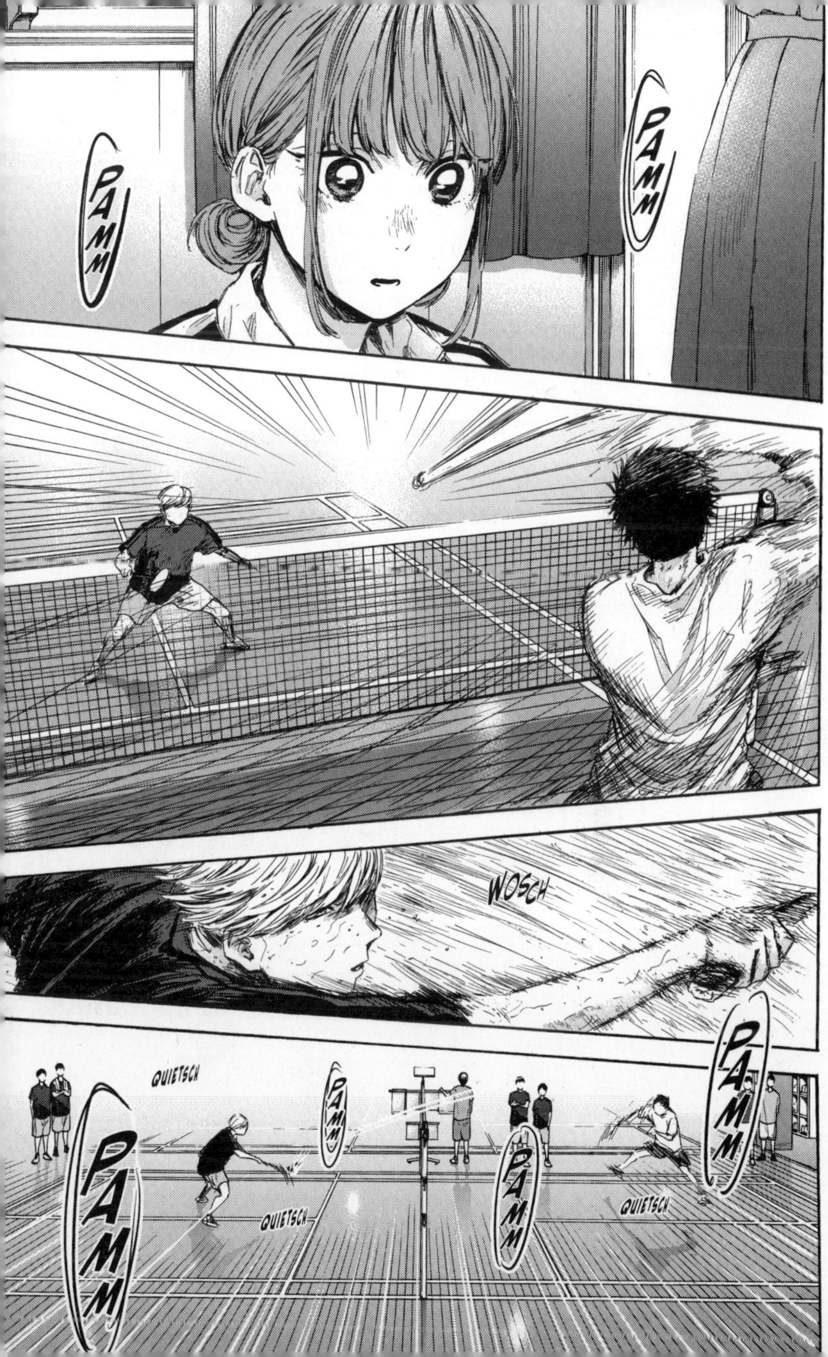
PAMM
PAMM
WOSCH
PAMM
QUIETSCH
PAMM
PAMM
QUIETSCH
QUIETSCH
PAMM

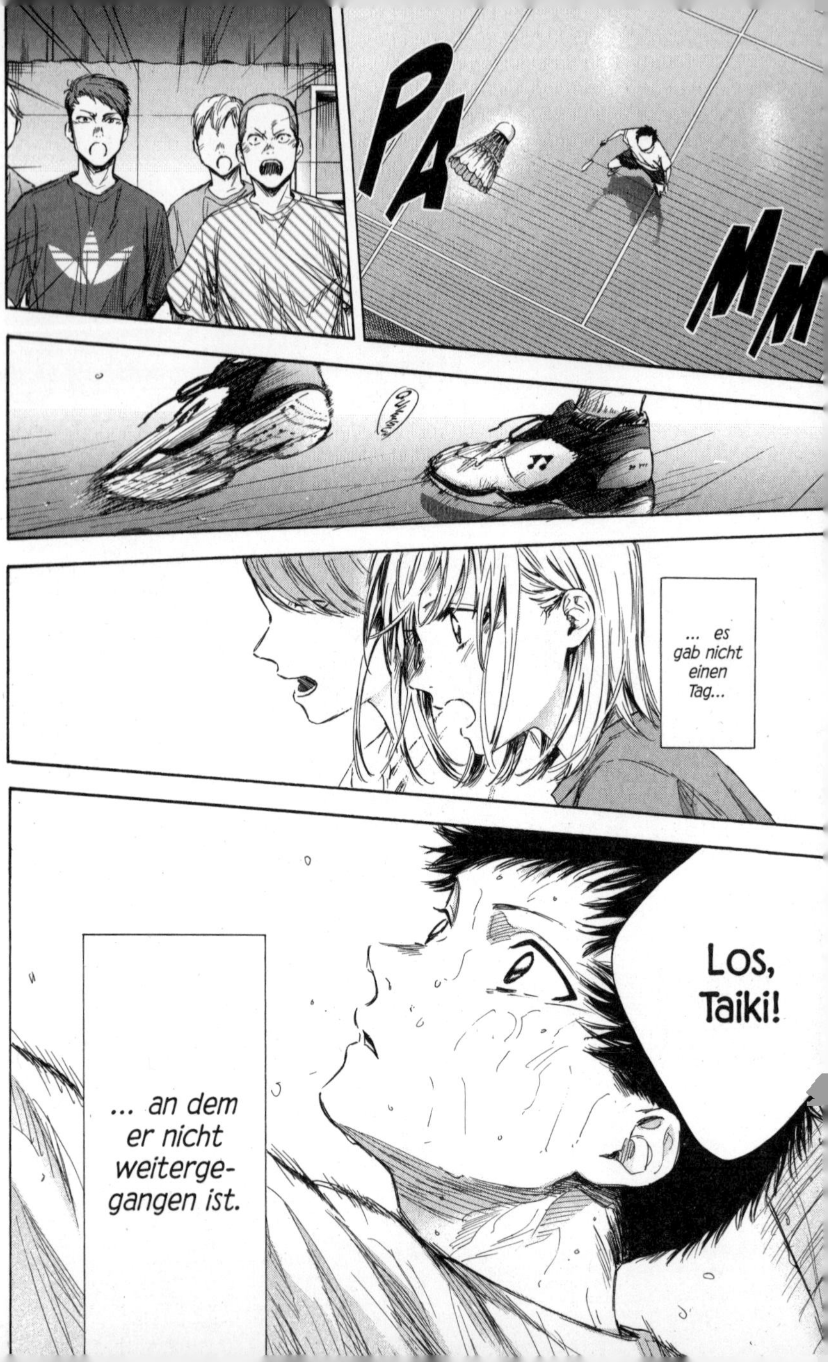
PAMM
... es gab nicht einen Tag...
Los, Taiki!
... an dem er nicht weiterge-gangen ist.

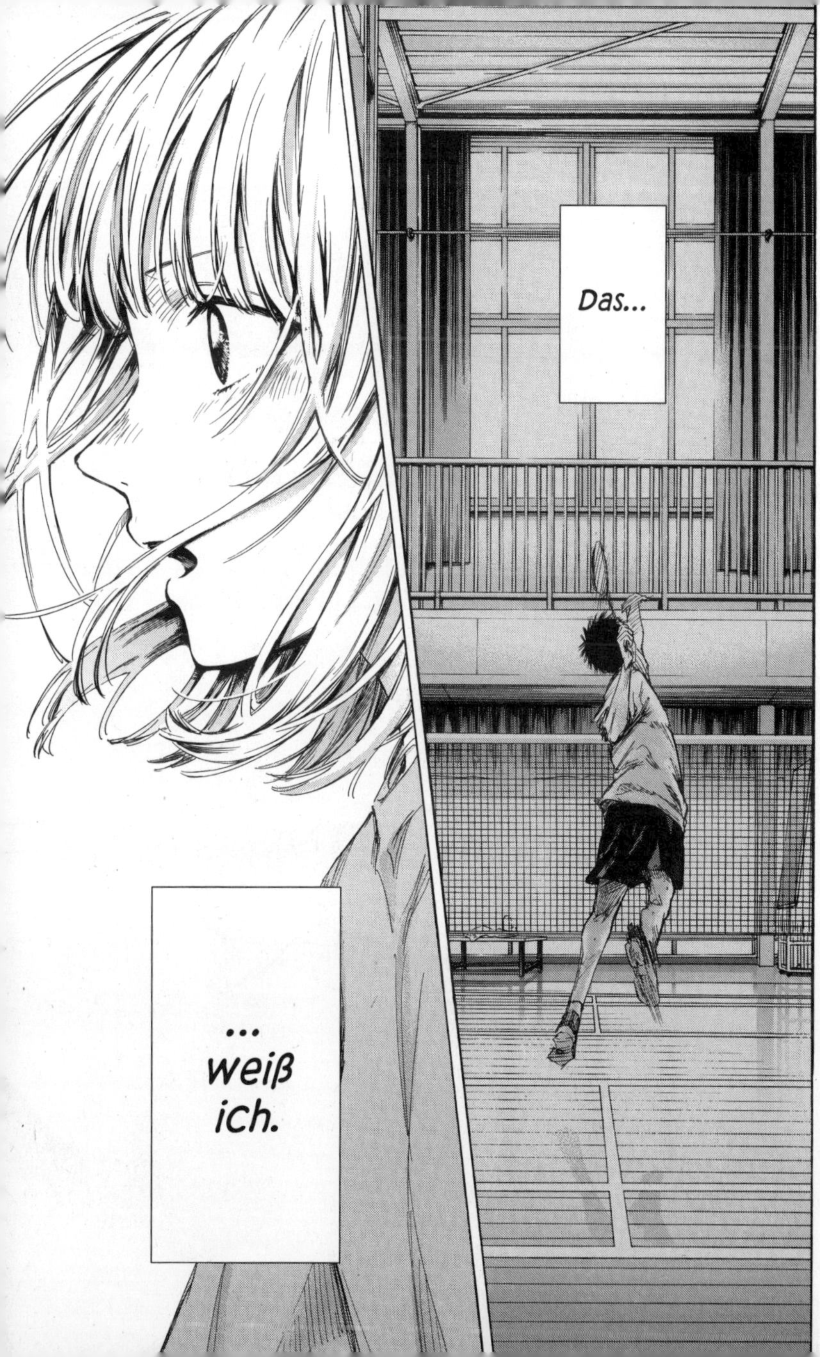
Das...
... weiß ich.

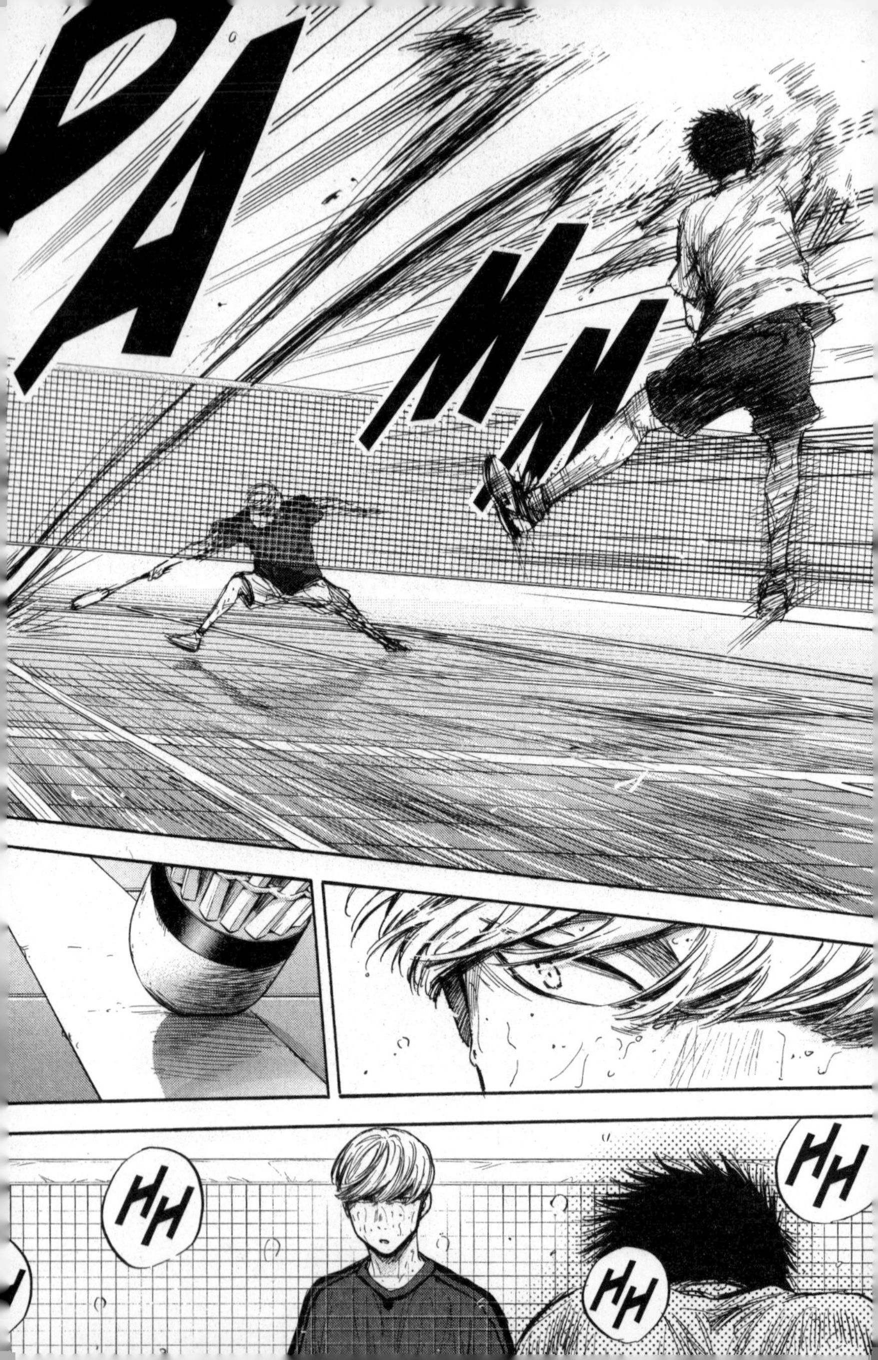
PAMM
HH
HH
HH

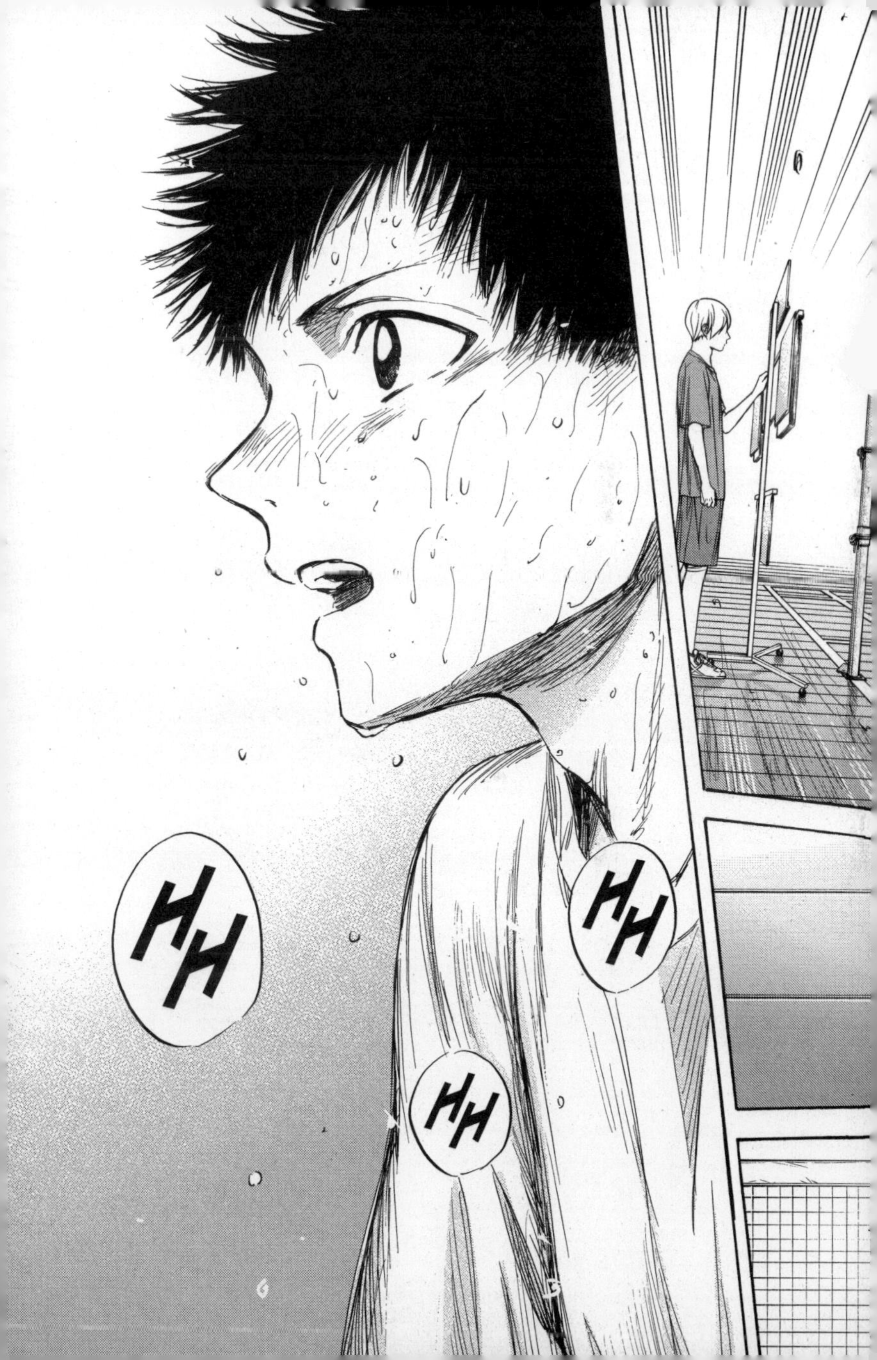
HH
HH
HH

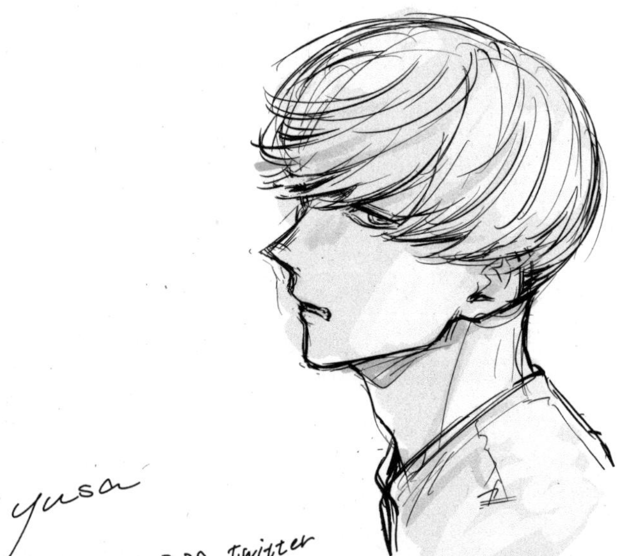
yusa
2022.7.29. twitter

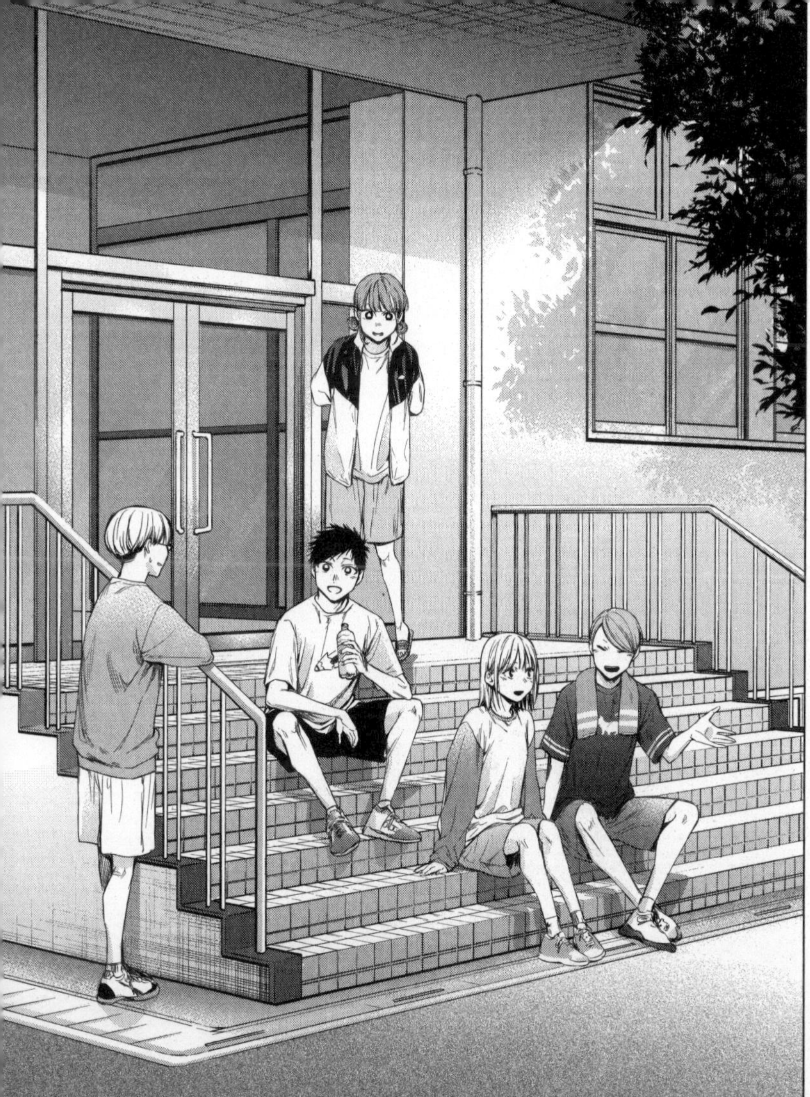

#58 Rechts oder links

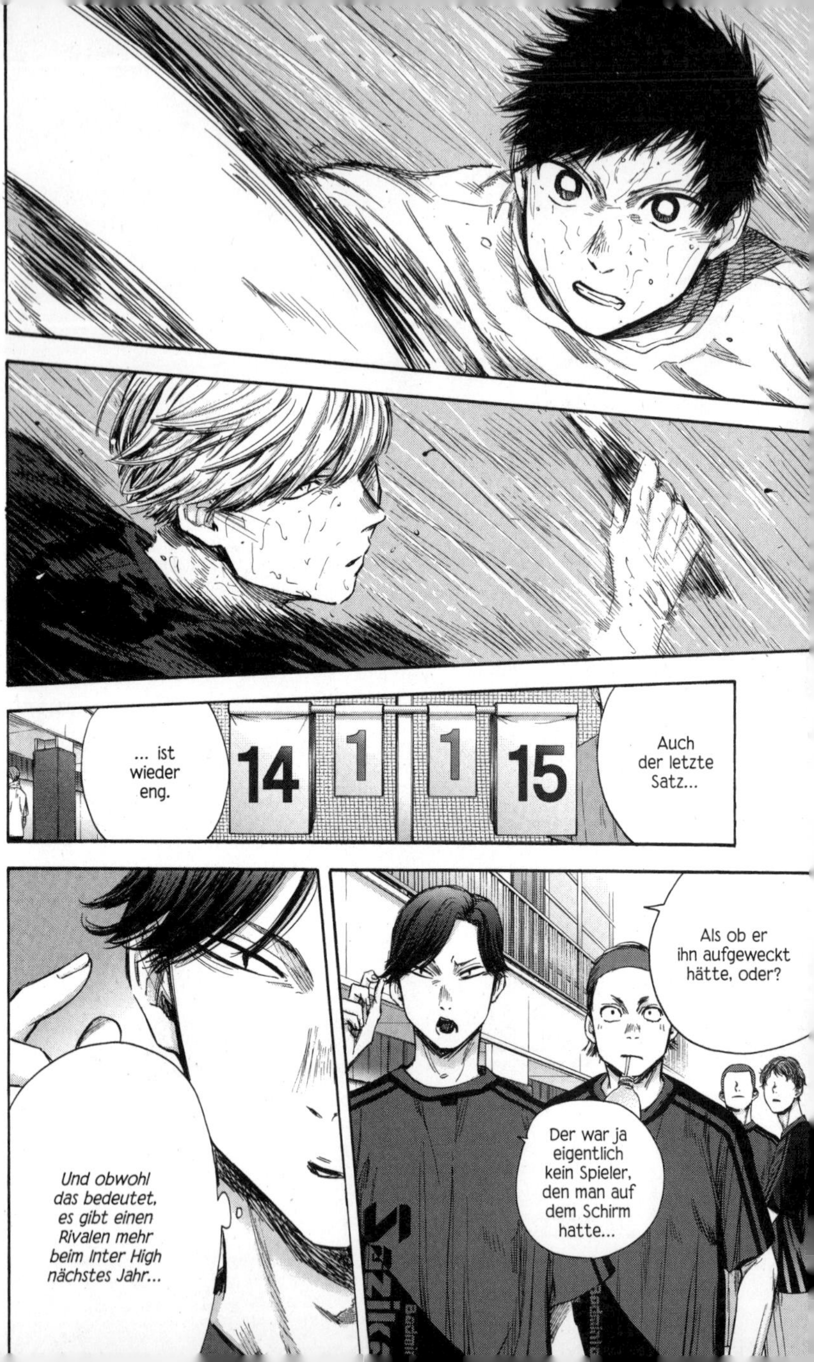
Auch der letzte Satz...
14
1
1
15
... ist wieder eng.
Als ob er ihn aufgeweckt hätte, oder?
Der war ja eigentlich kein Spieler, den man auf dem Schirm hatte...
Und obwohl das bedeutet, es gibt einen Rivalen mehr beim Inter High nächstes Jahr...

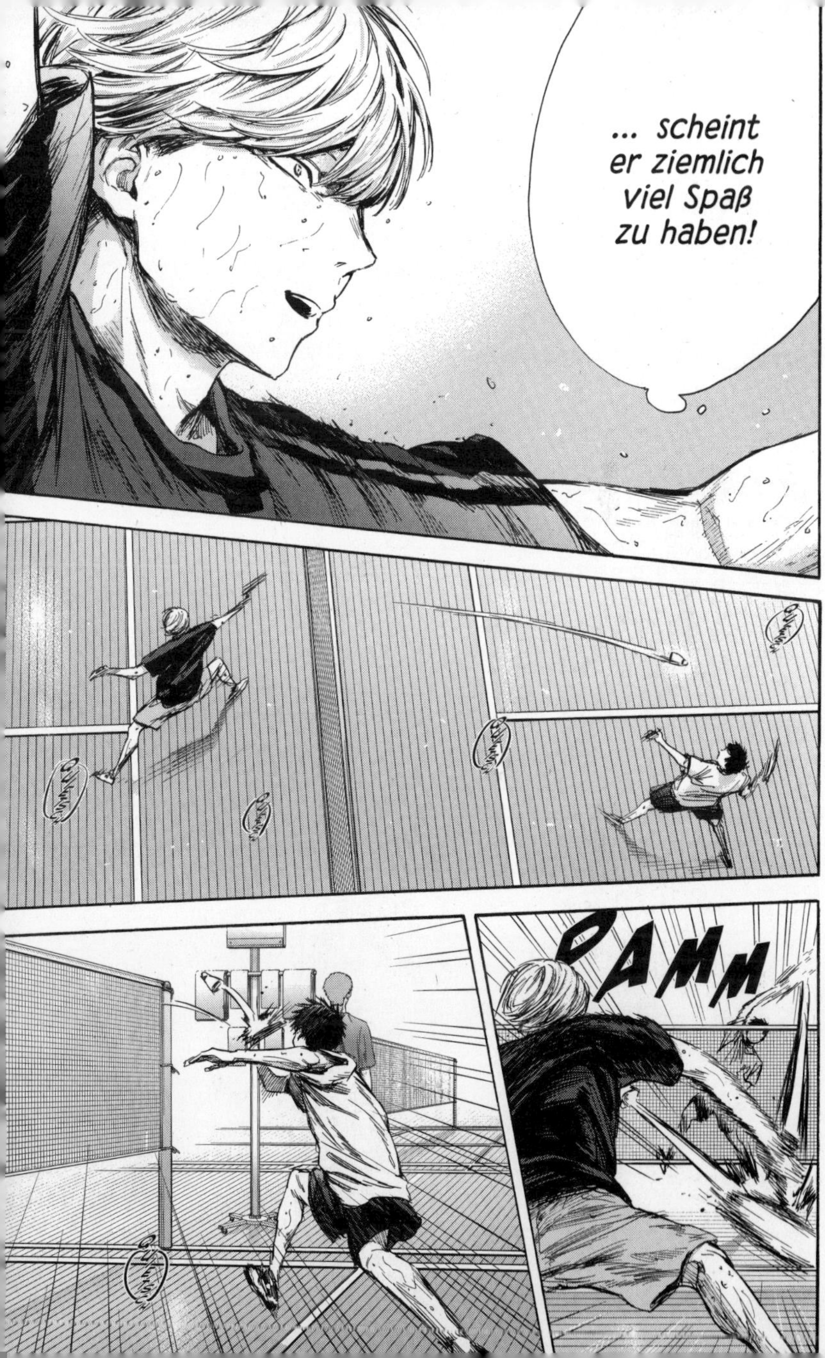
... scheint er ziemlich viel Spaß zu haben!
DAMM

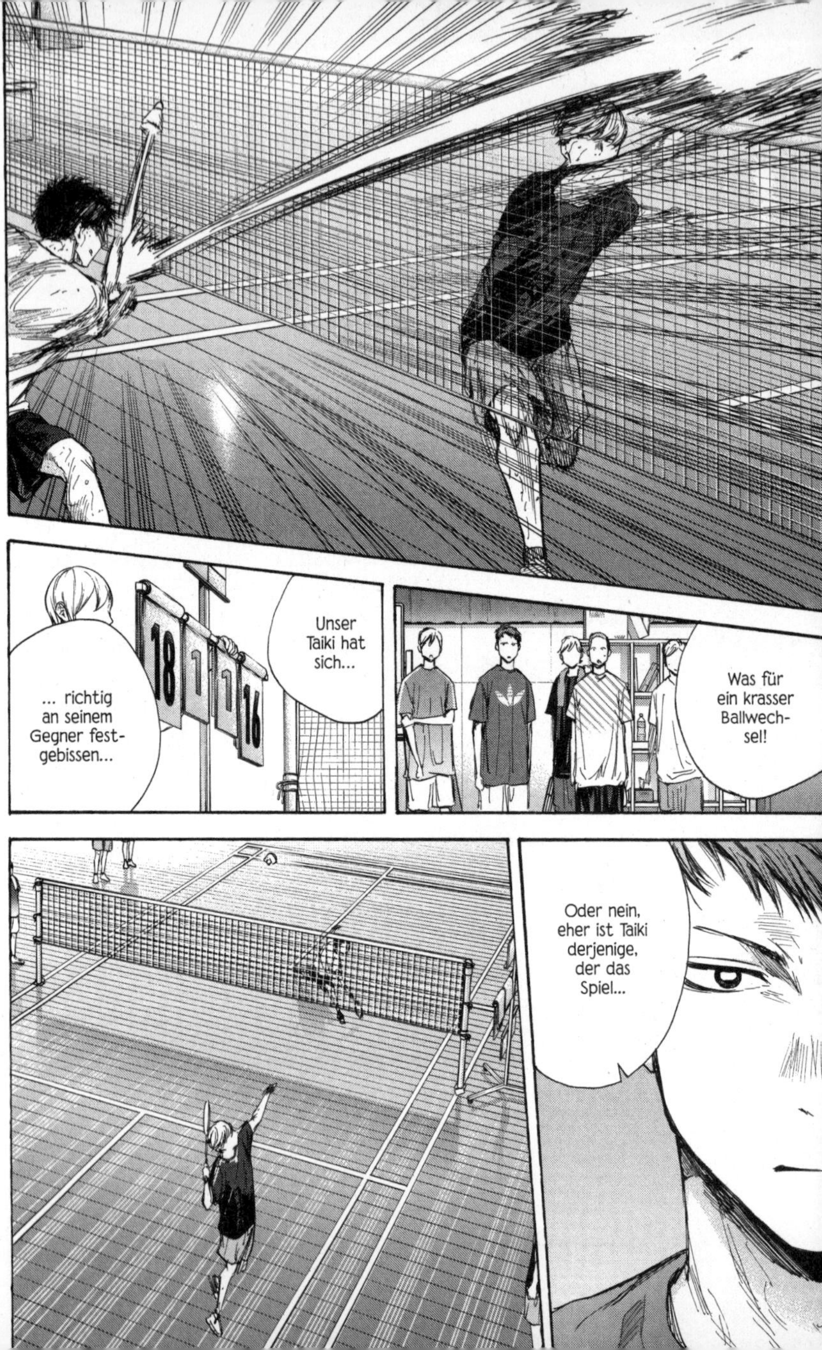
Was für ein krasser Ballwechsel!
Unser Taiki hat sich...
18 1 1 16
... richtig an seinem Gegner festgebissen...
Oder nein, eher ist Taiki derjenige, der das Spiel...

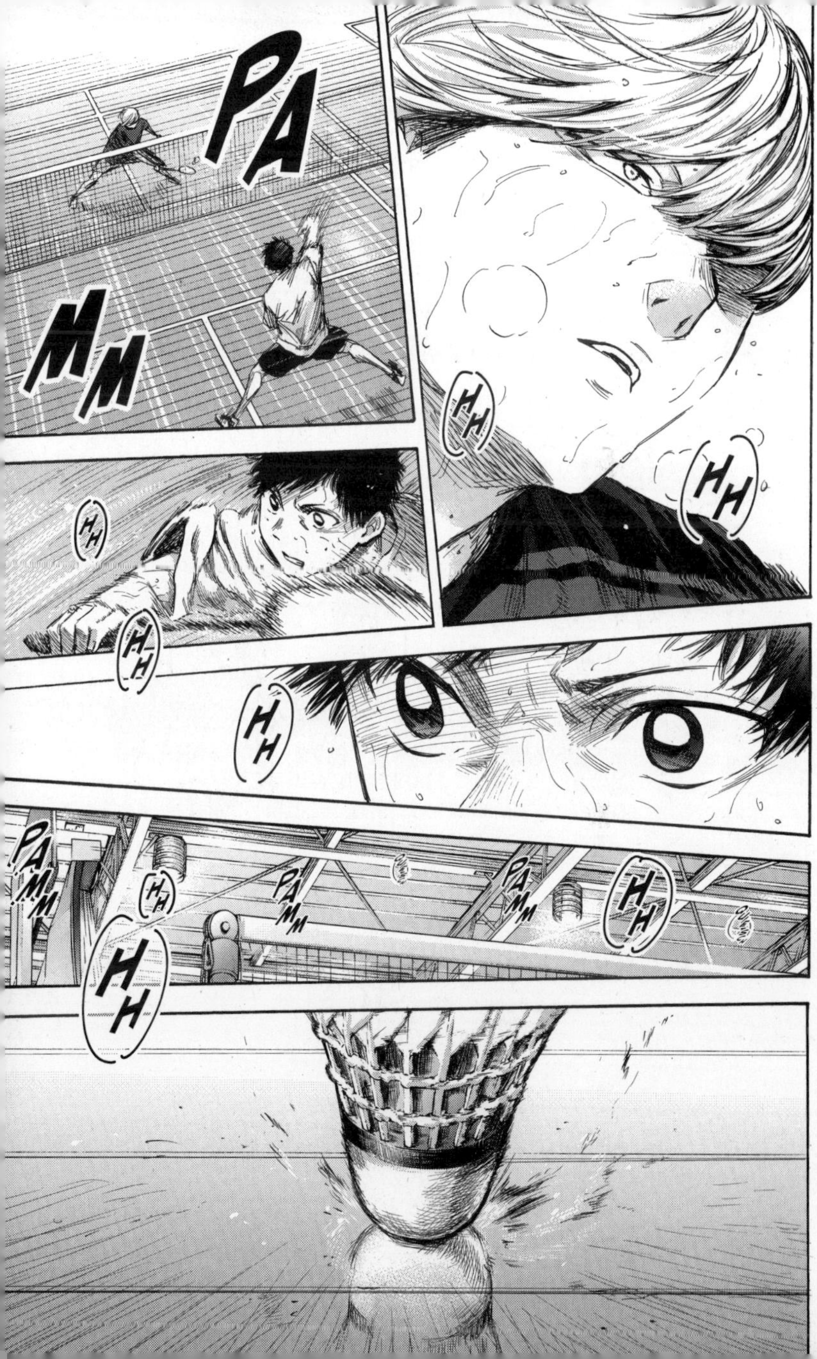
HH
HH
PA
MM
HH
HH
HH
HH
PAMM
PAMM
HH
PAMM
HH

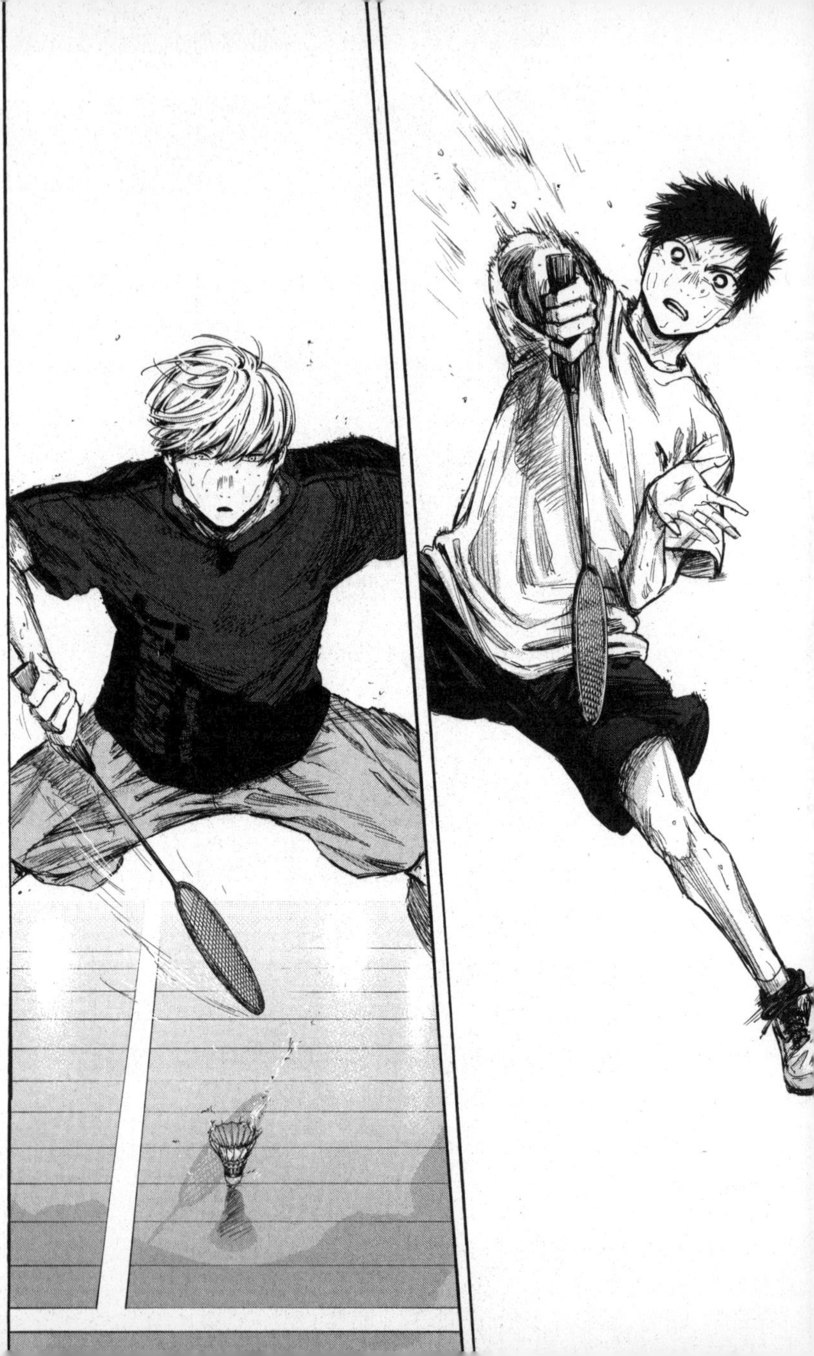

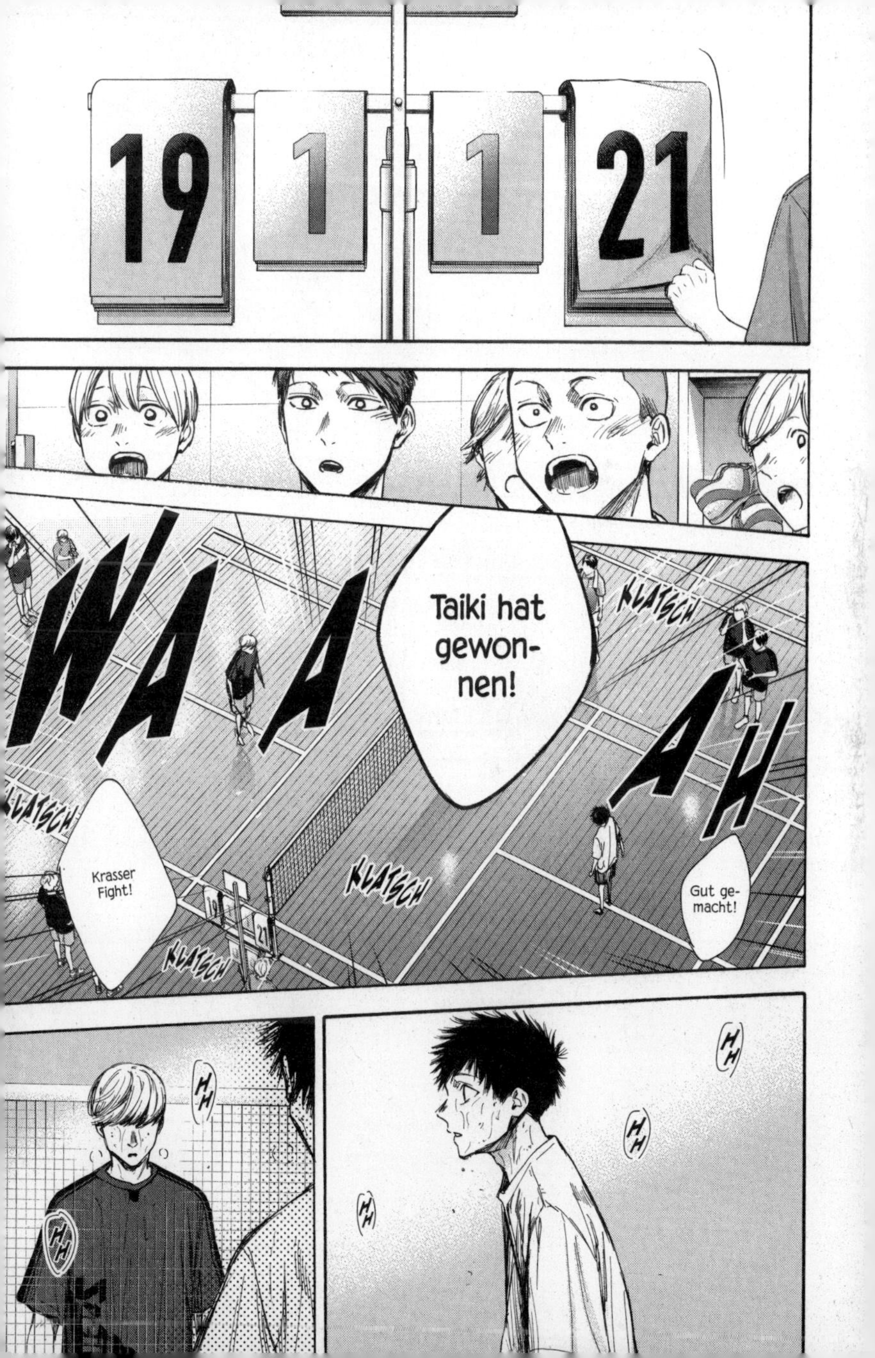
19
1
1
21
WAAAH
Taiki hat gewonnen!
KLATSCH
KLATSCH
Krasser Fight!
KLATSCH
KLATSCH
Gut gemacht!
HH
HH
HH
HH
HH

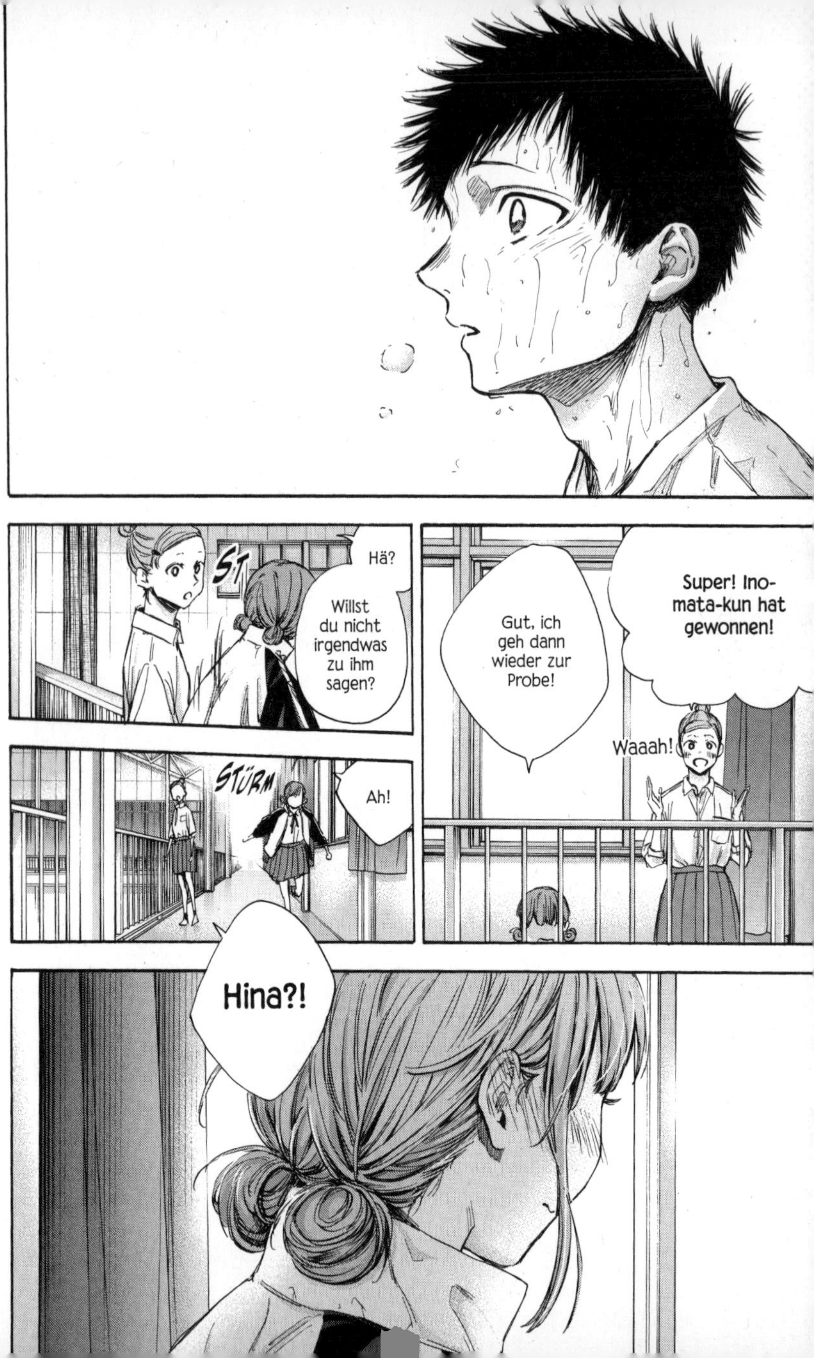
Super! Ino-mata-kun hat gewonnen!
Waaah!
Gut, ich geh dann wieder zur Probe!
Hä?
Willst du nicht irgendwas zu ihm sagen?
ST
Ah!
STÜRM
Hina?!

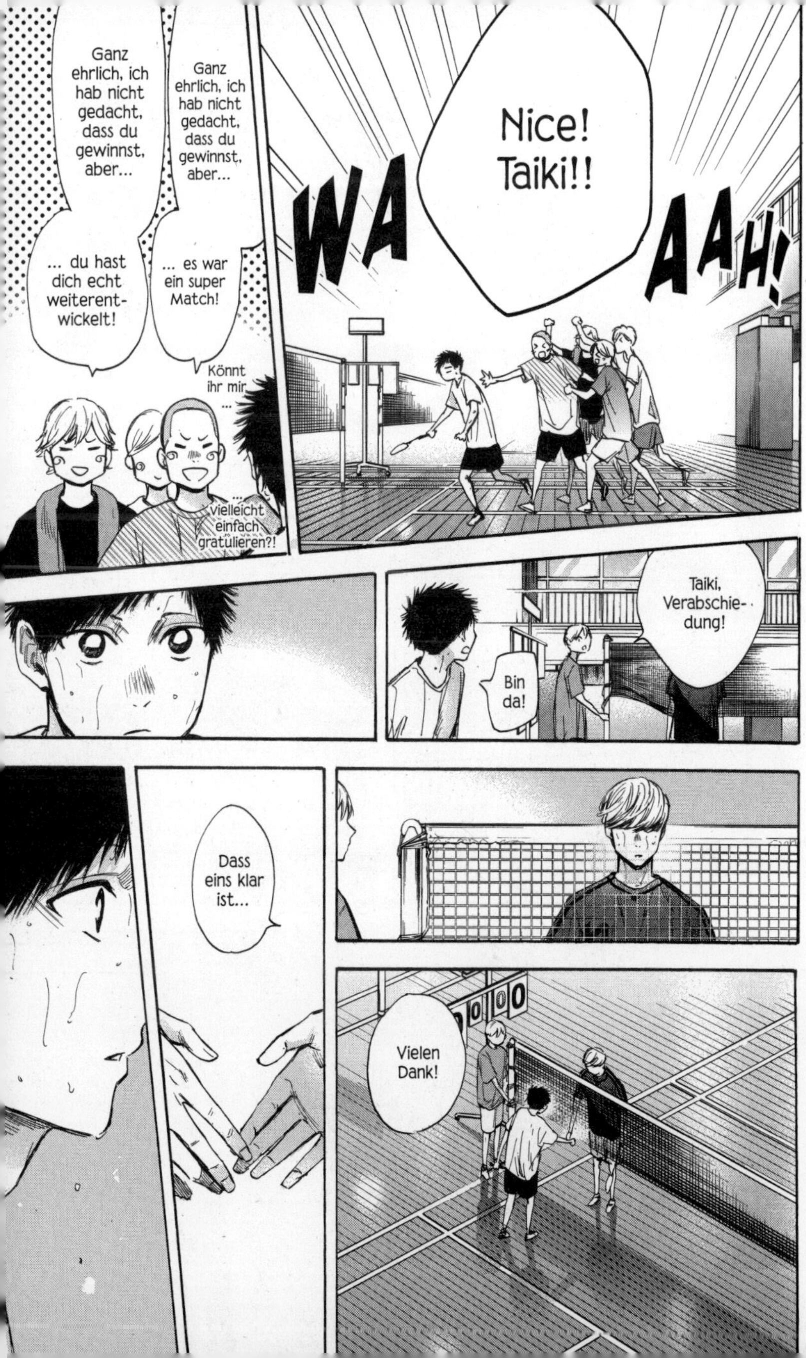
WAAAH!
Nice! Taiki!!
Ganz ehrlich, ich hab nicht gedacht, dass du gewinnst, aber...
... es war ein super Match!
Ganz ehrlich, ich hab nicht gedacht, dass du gewinnst, aber...
... du hast dich echt weiterentwickelt!
Könnt ihr mir ...
... vielleicht einfach gratulieren?!
Taiki, Verabschiedung!
Bin da!
Vielen Dank!
Dass eins klar ist...

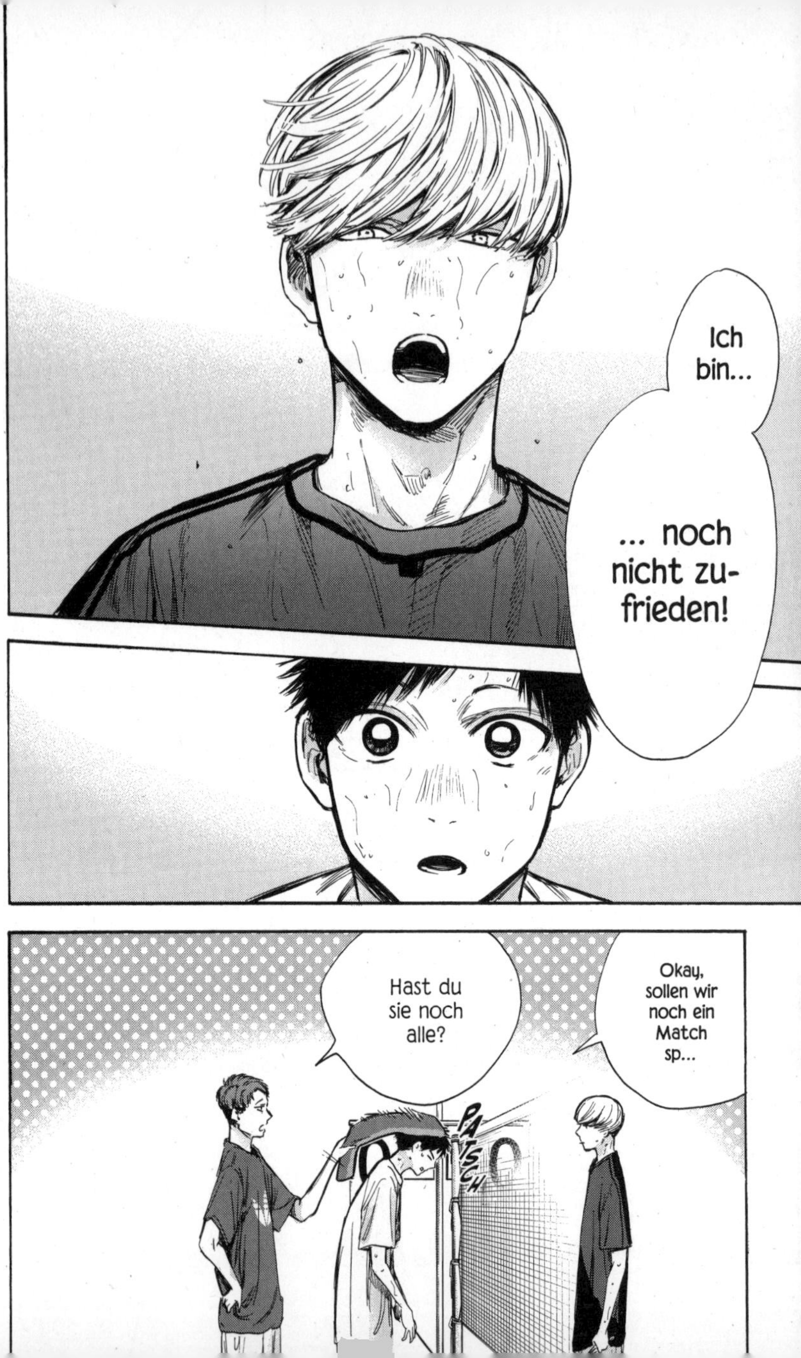
Ich bin...
... noch nicht zufrieden!
Okay, sollen wir noch ein Match sp...
Hast du sie noch alle?
PATSCH

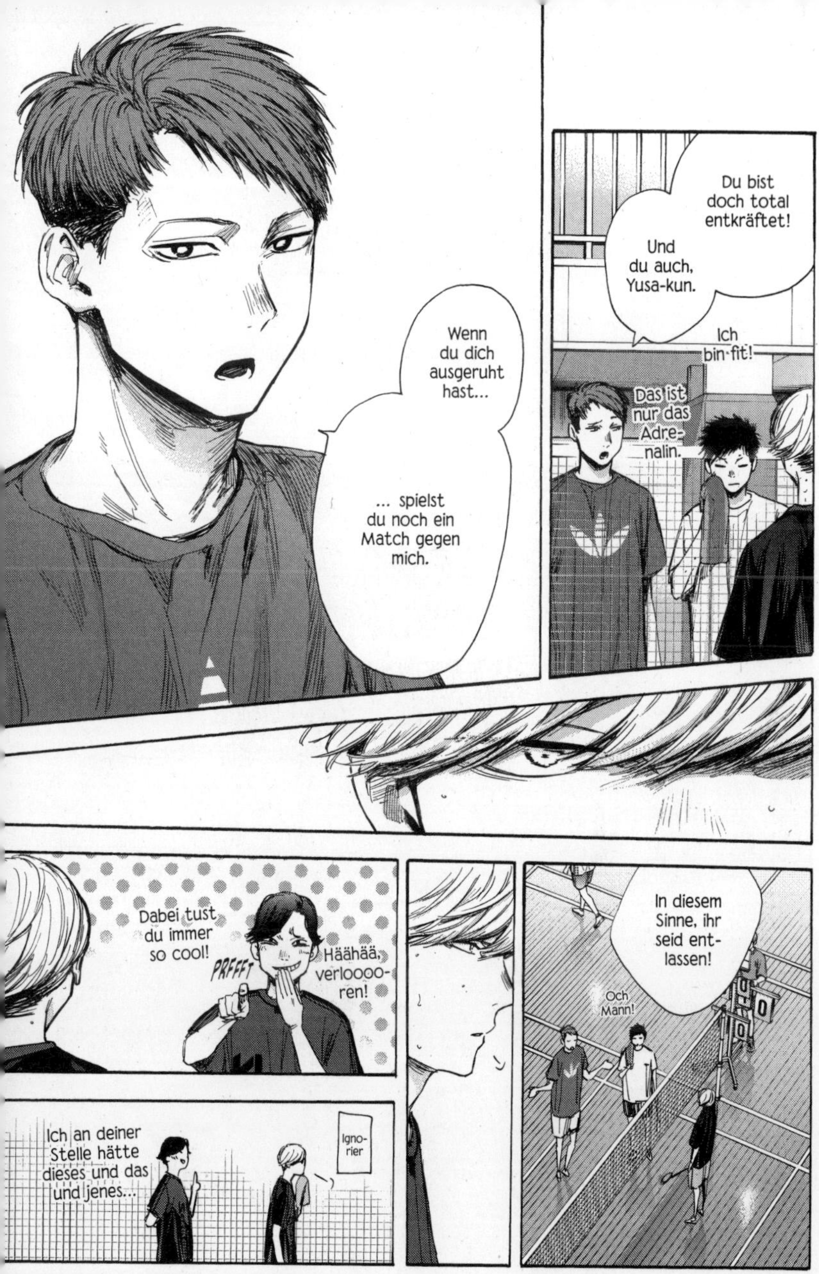
Du bist doch total entkräftet!
Und du auch, Yusa-kun.
Ich bin fit!
Das ist nur das Adrenalin.
Wenn du dich ausgeruht hast...
... spielst du noch ein Match gegen mich.
In diesem Sinne, ihr seid entlassen!
Och Mann!
Dabei tust du immer so cool!
PRFFFT
Häähää, verlooooren!
Ich an deiner Stelle hätte dieses und das und jenes...
Ignorier

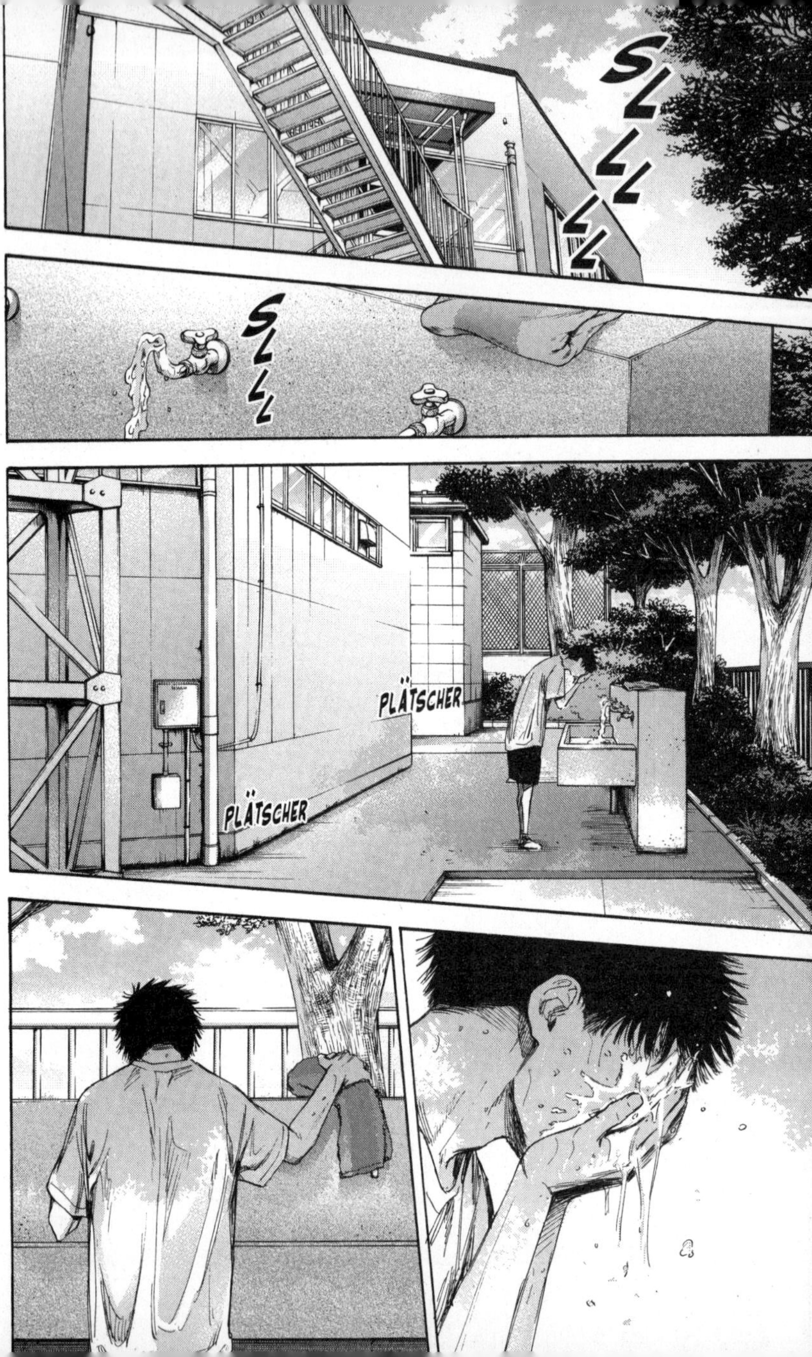
SLLLL
SLLL
PLÄTSCHER
PLÄTSCHER

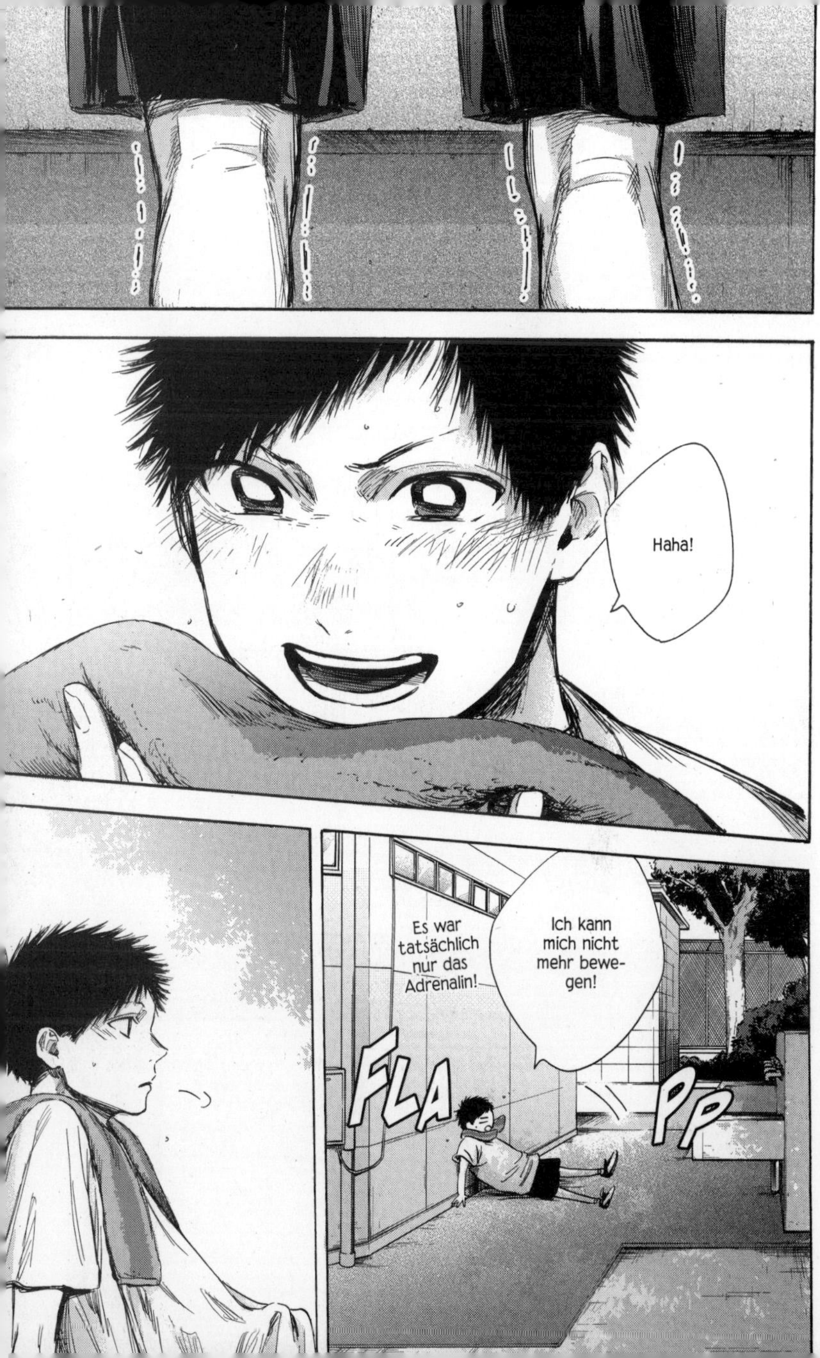

Haha!
Ich kann mich nicht mehr bewegen!
Es war tatsächlich nur das Adrenalin!
FLAPP

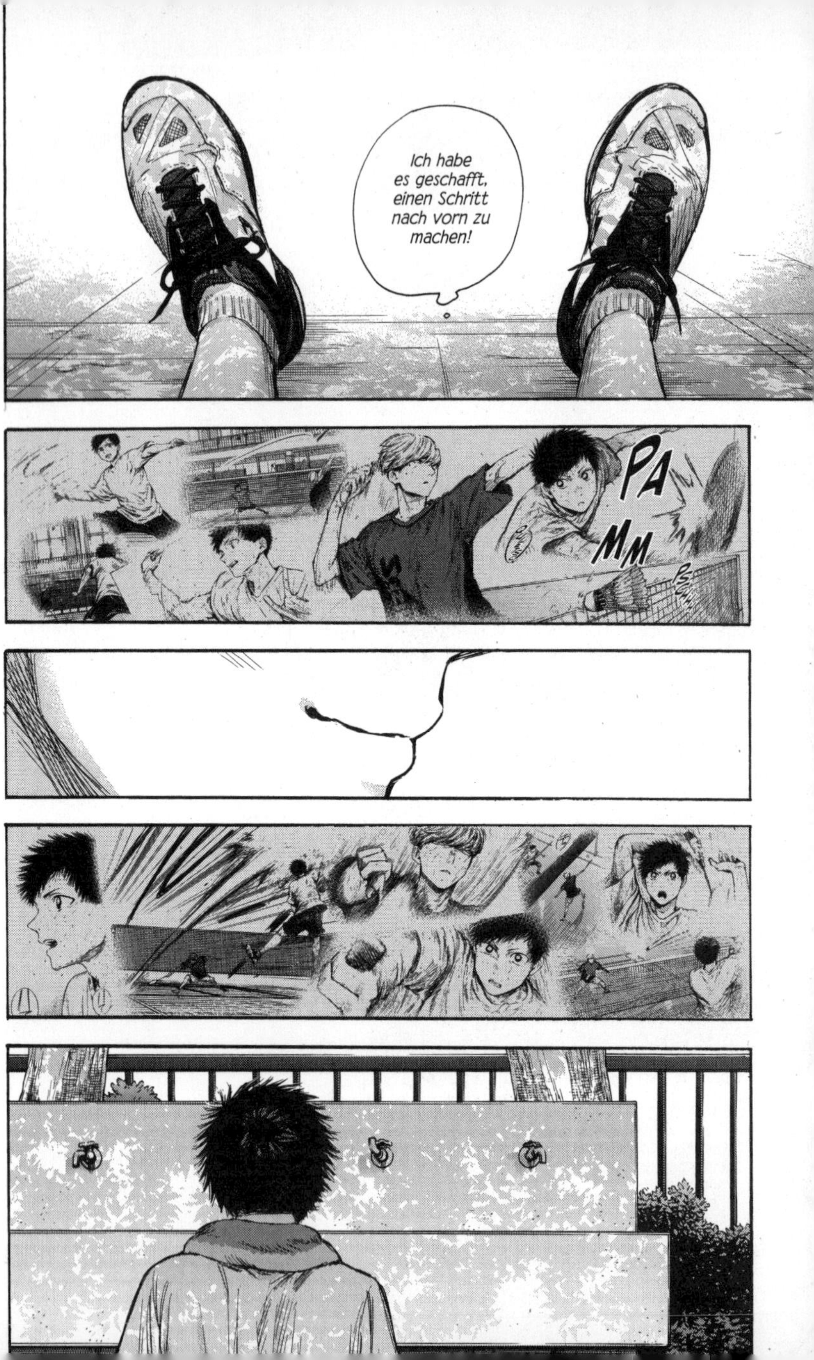
Ich habe es geschafft, einen Schritt nach vorn zu machen!
PAMM

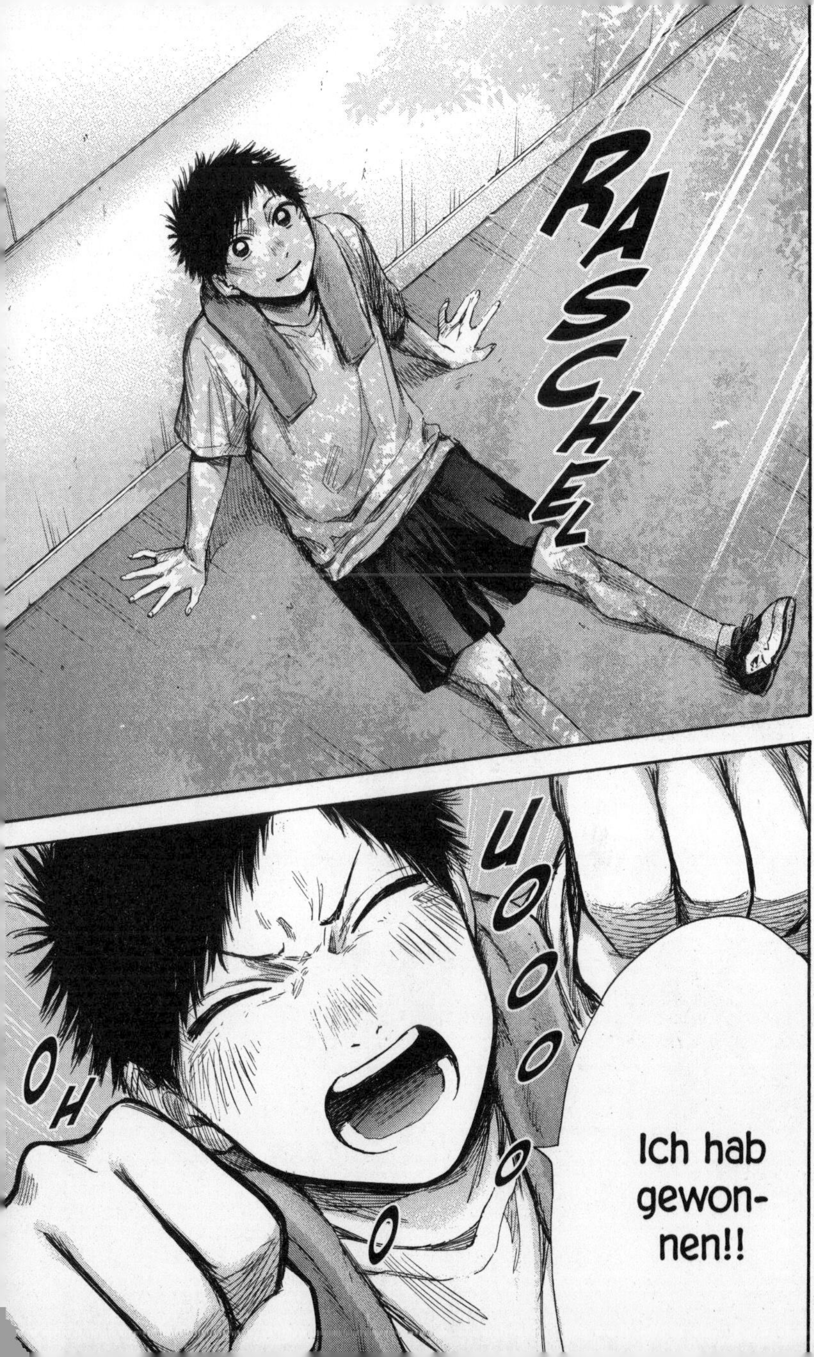
RASCHEL
UOOOOOO
Ich hab gewon-nen!!
OH

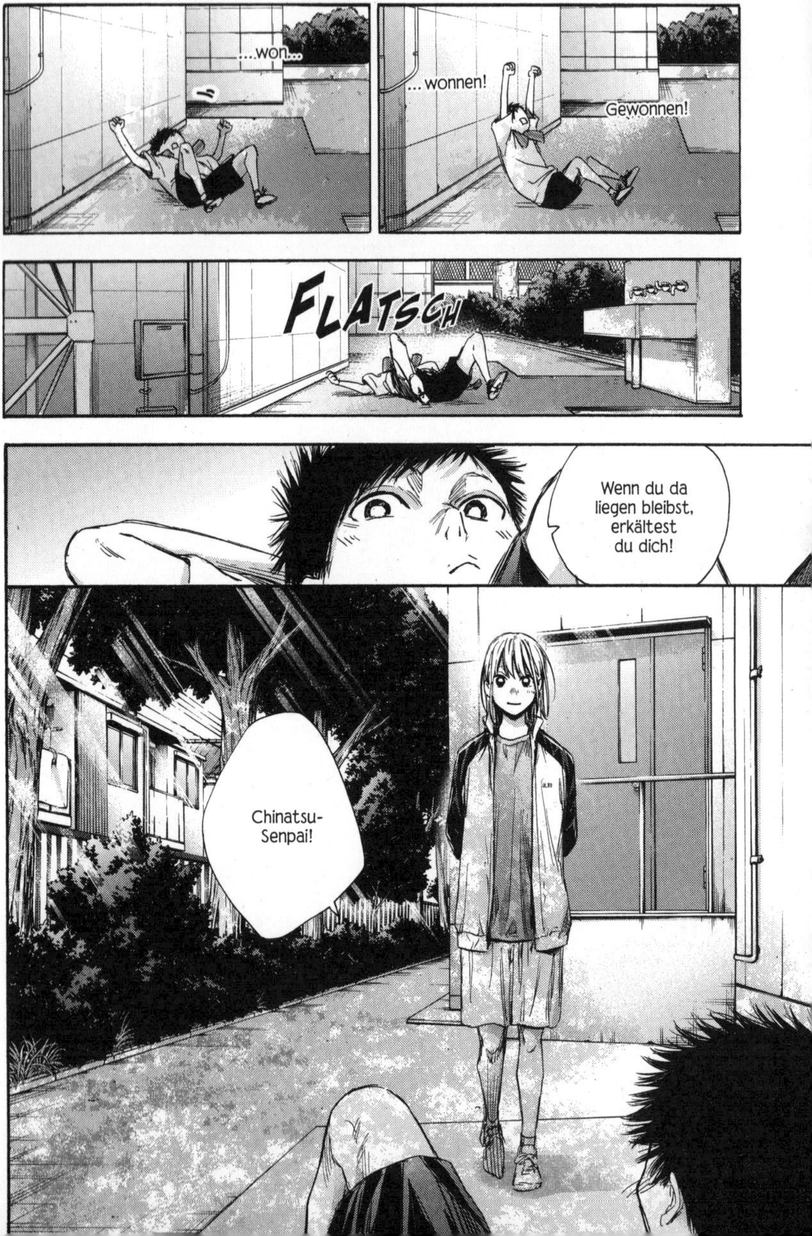
...wonnen!
Gewonnen!
....won...
FLATSCH
Wenn du da liegen bleibst, erkältest du dich!
Chinatsu-Senpai!

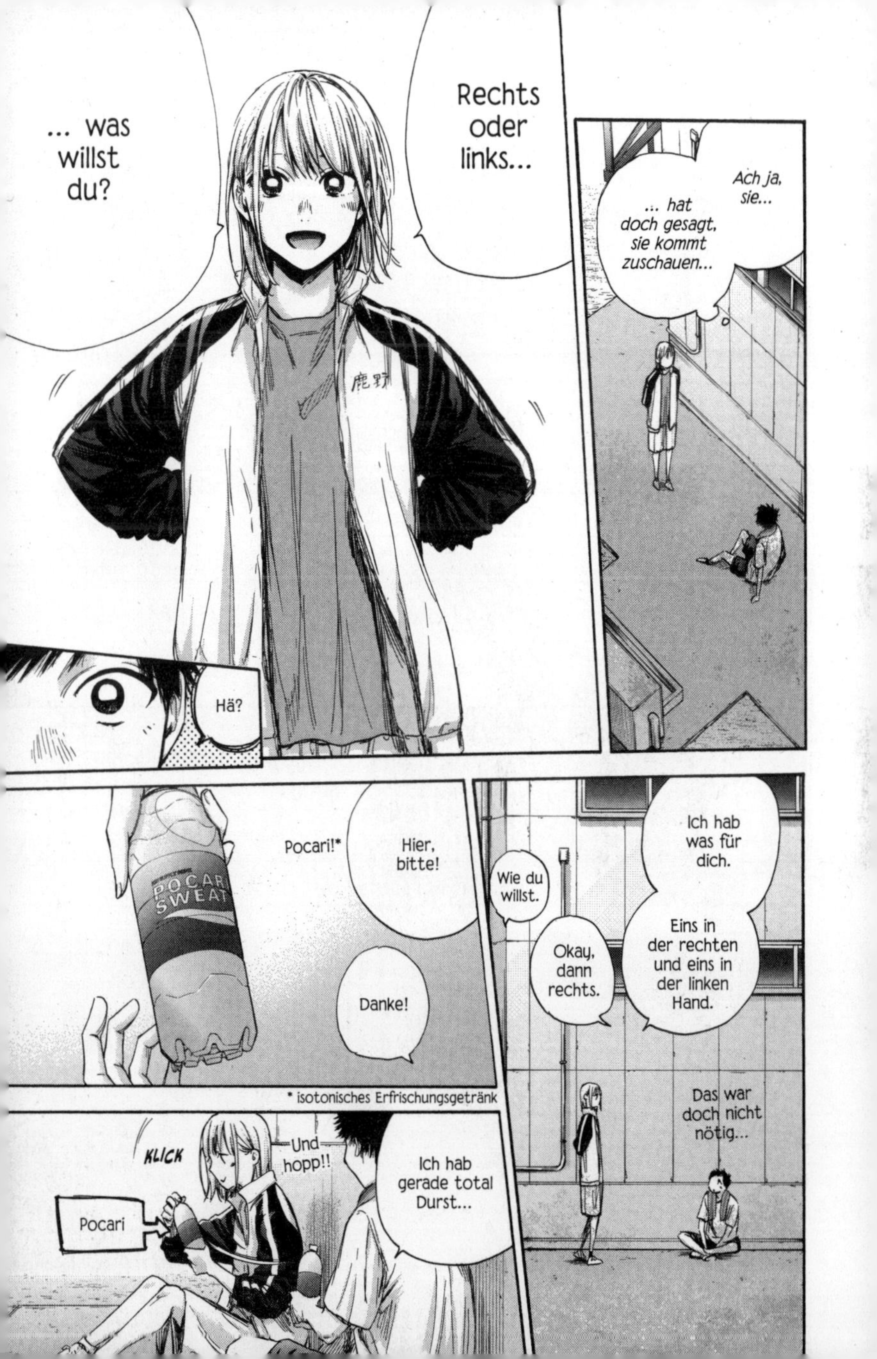

* isotonisches Erfrischungsgetränk

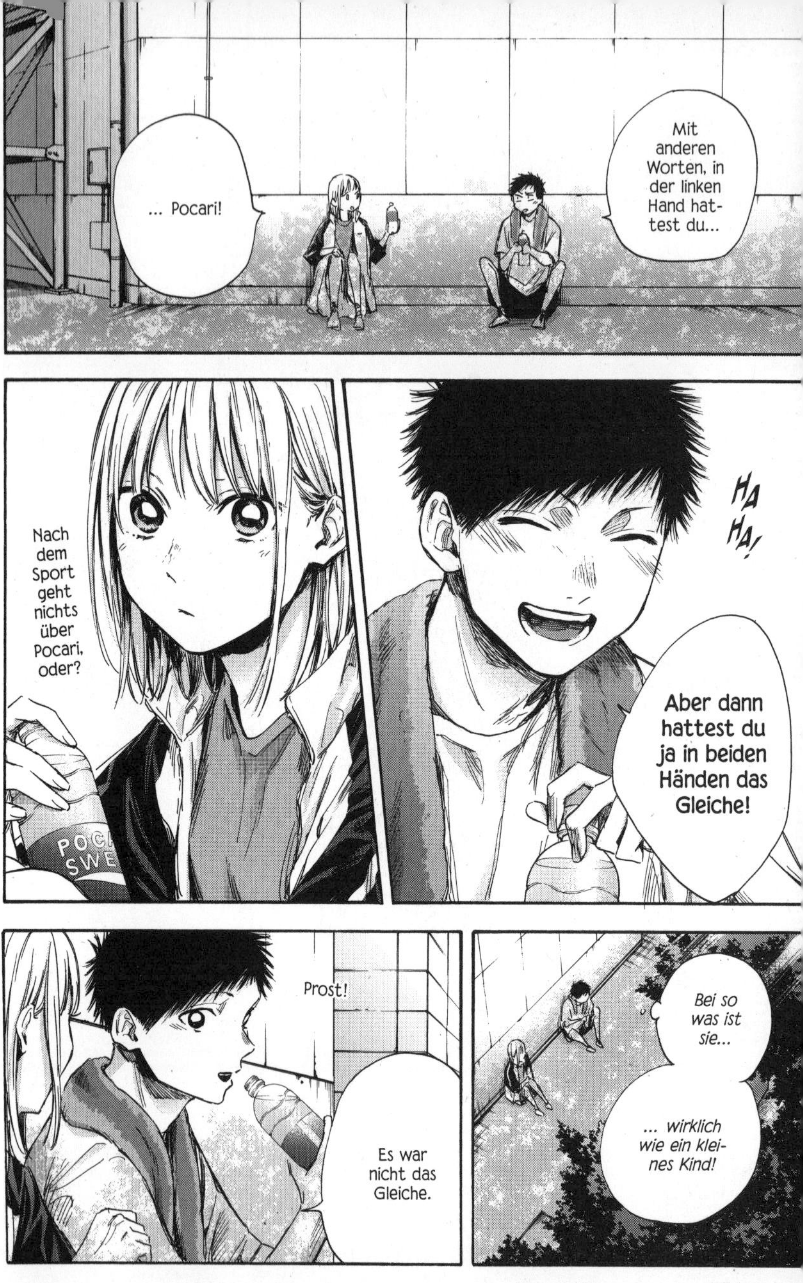
Mit anderen Worten, in der linken Hand hattest du...
... Pocari!
HA HA!
Aber dann hattest du ja in beiden Händen das Gleiche!
Nach dem Sport geht nichts über Pocari, oder?
Bei so was ist sie...
... wirklich wie ein kleines Kind!
Prost!
Es war nicht das Gleiche.

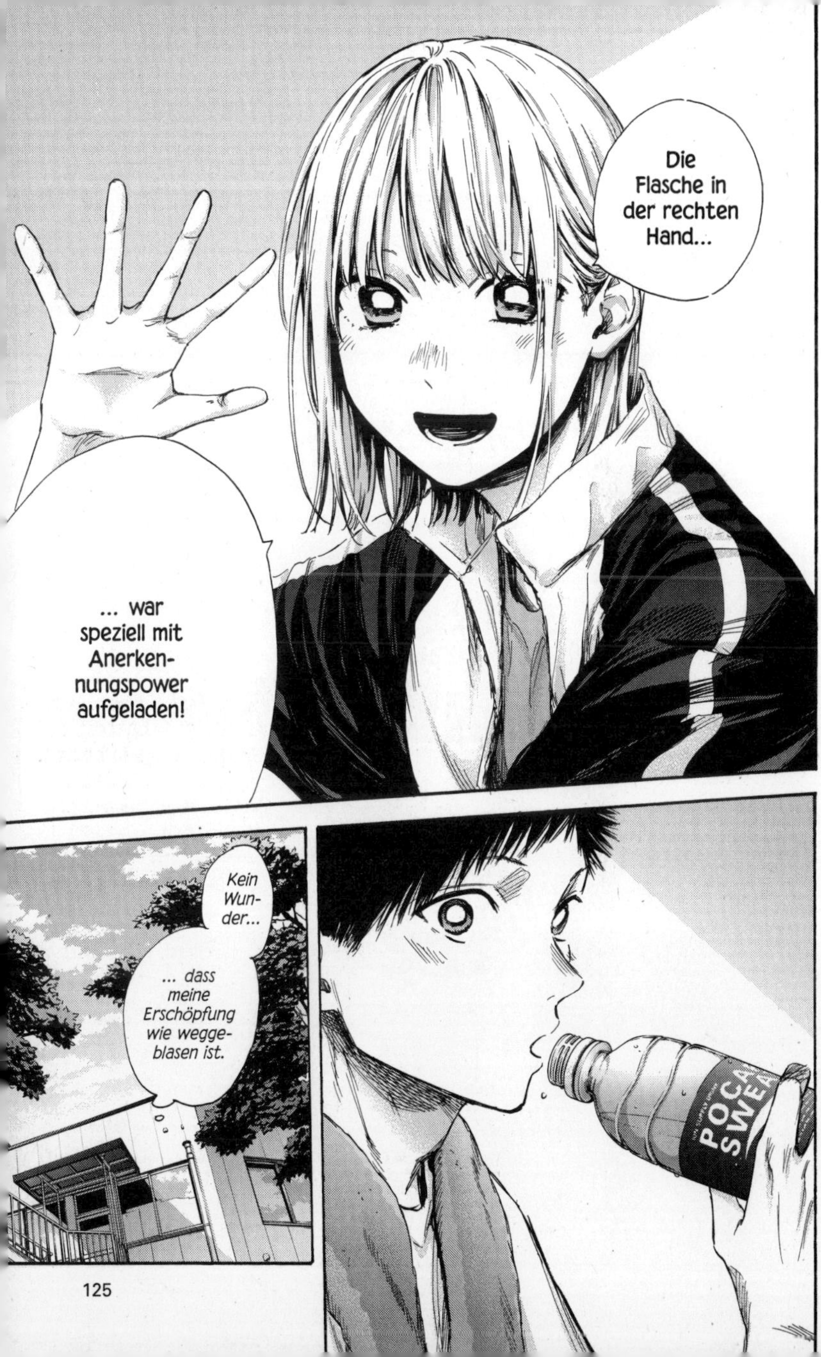
Die Flasche in der rechten Hand...
... war speziell mit Anerken-nungspower aufgeladen!
Kein Wun-der...
... dass meine Erschöpfung wie wegge-blasen ist.

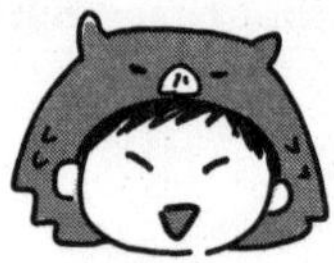

Taiki Inomata
15. Januar
Blutgruppe 0

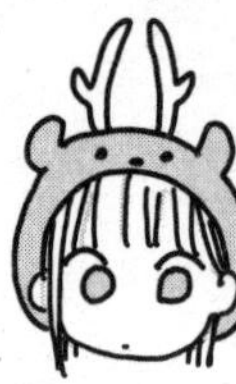

Chinatsu Kano
26. August
Blutgruppe A

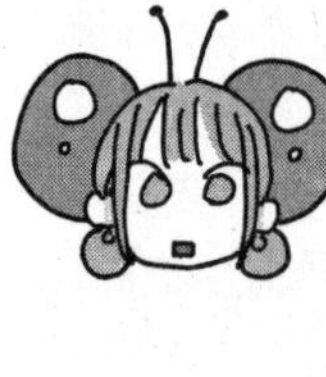

Hina Chono
2. März
Blutgruppe B

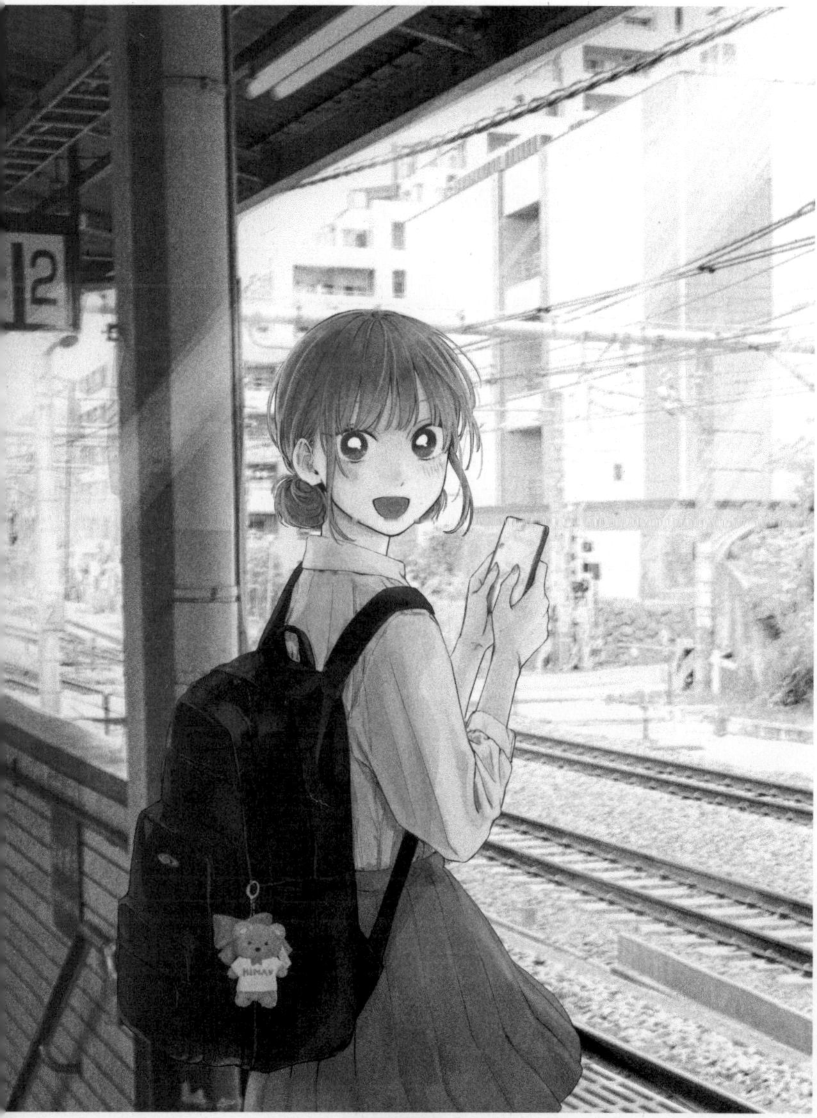

#59 Ich hab sie nicht geküsst!

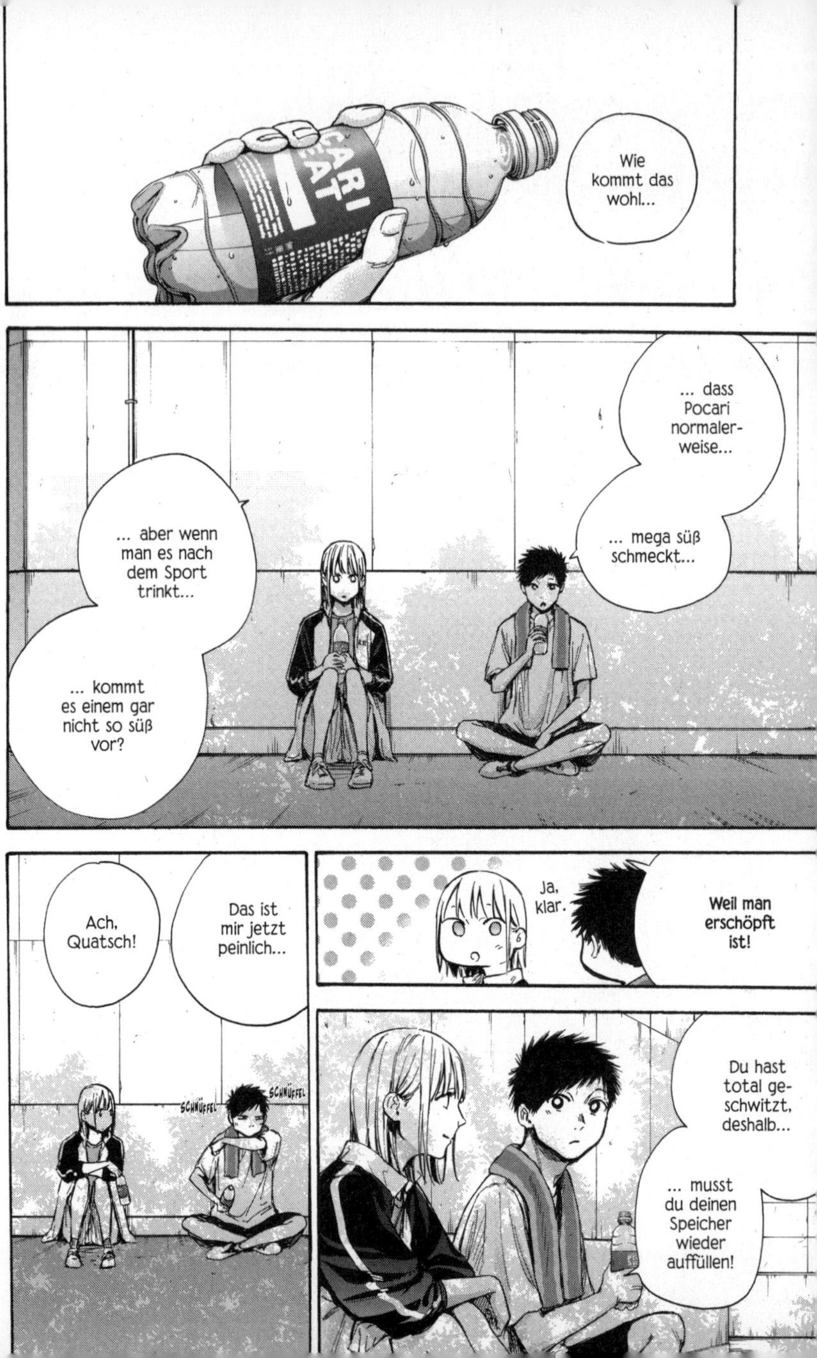
Wie kommt das wohl...
... dass Pocari normaler-weise...
... mega süß schmeckt...
... aber wenn man es nach dem Sport trinkt...
... kommt es einem gar nicht so süß vor?
Weil man erschöpft ist!
Ja, klar.
Du hast total ge-schwitzt, deshalb...
... musst du deinen Speicher wieder auffüllen!
Das ist mir jetzt peinlich...
Ach, Quatsch!
SCHNÜFFEL
SCHNÜFFEL

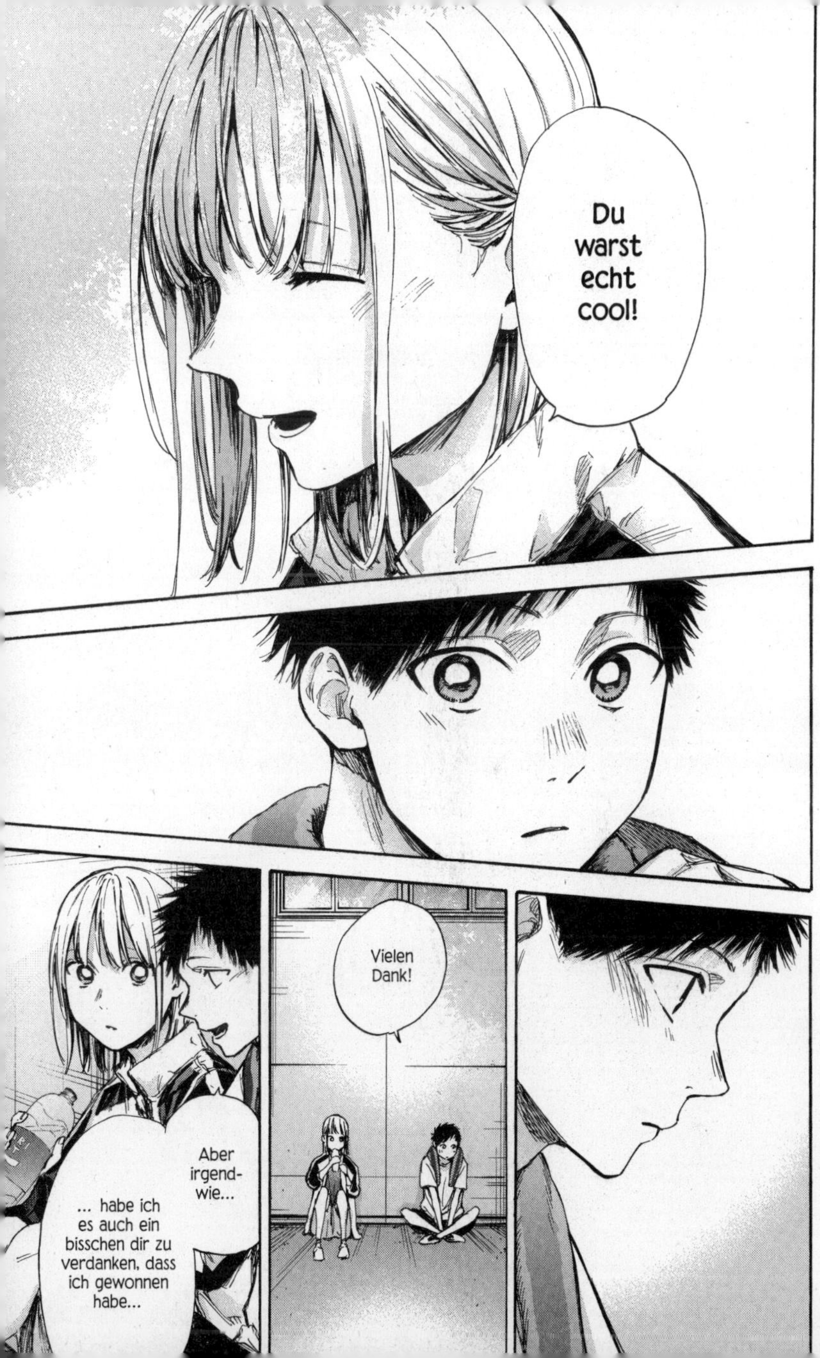
Du warst echt cool!
Vielen Dank!
Aber irgendwie...
... habe ich es auch ein bisschen dir zu verdanken, dass ich gewonnen habe...

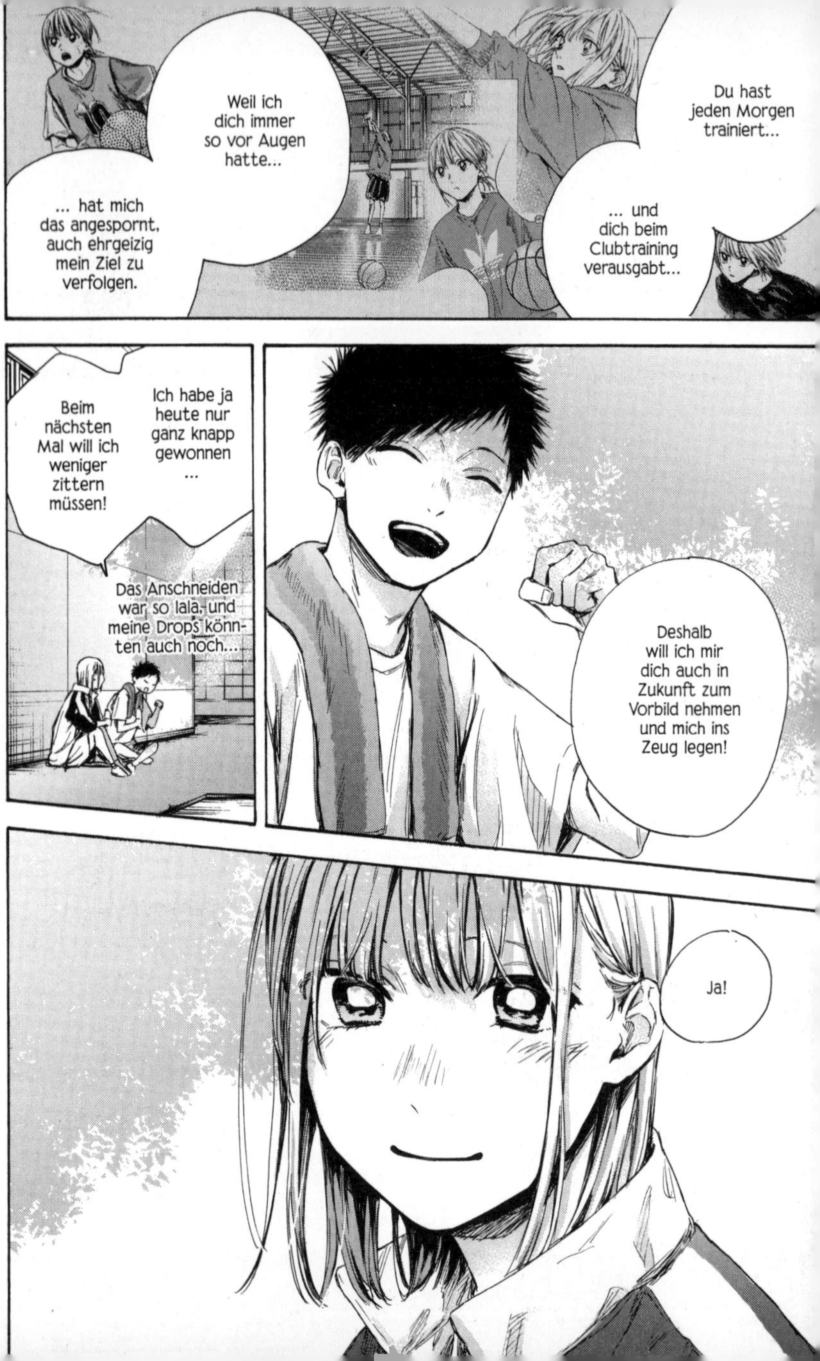
Du hast jeden Morgen trainiert...
... und dich beim Clubtraining verausgabt...
Weil ich dich immer so vor Augen hatte...
... hat mich das angespornt, auch ehrgeizig mein Ziel zu verfolgen.
Deshalb will ich mir dich auch in Zukunft zum Vorbild nehmen und mich ins Zeug legen!
Ich habe ja heute nur ganz knapp gewonnen ...
Beim nächsten Mal will ich weniger zittern müssen!
Das Anschneiden war so lala, und meine Drops könnten auch noch...
Ja!

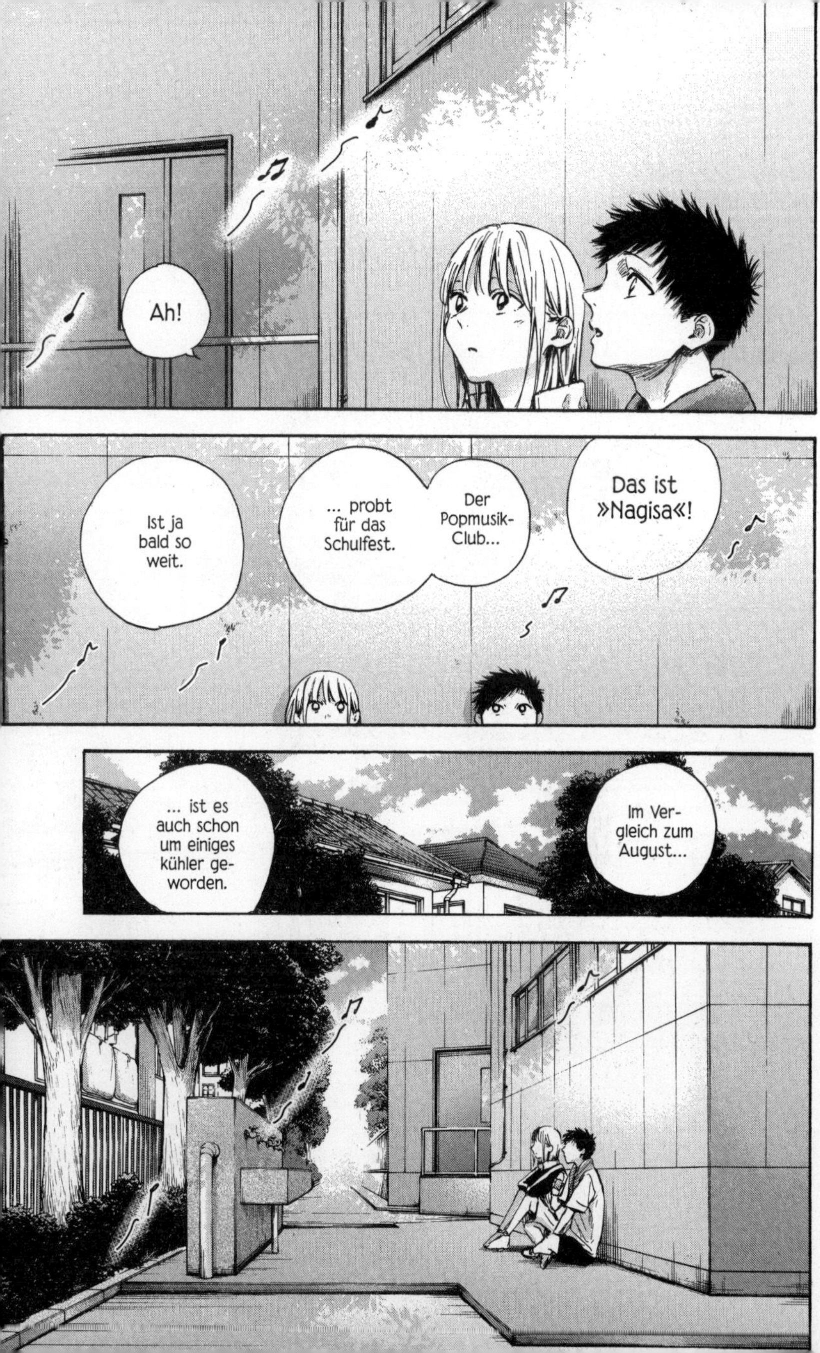
Ah!
Das ist »Nagisa«!
Der Popmusik-Club...
... probt für das Schulfest.
Ist ja bald so weit.
Im Vergleich zum August...
... ist es auch schon um einiges kühler geworden.

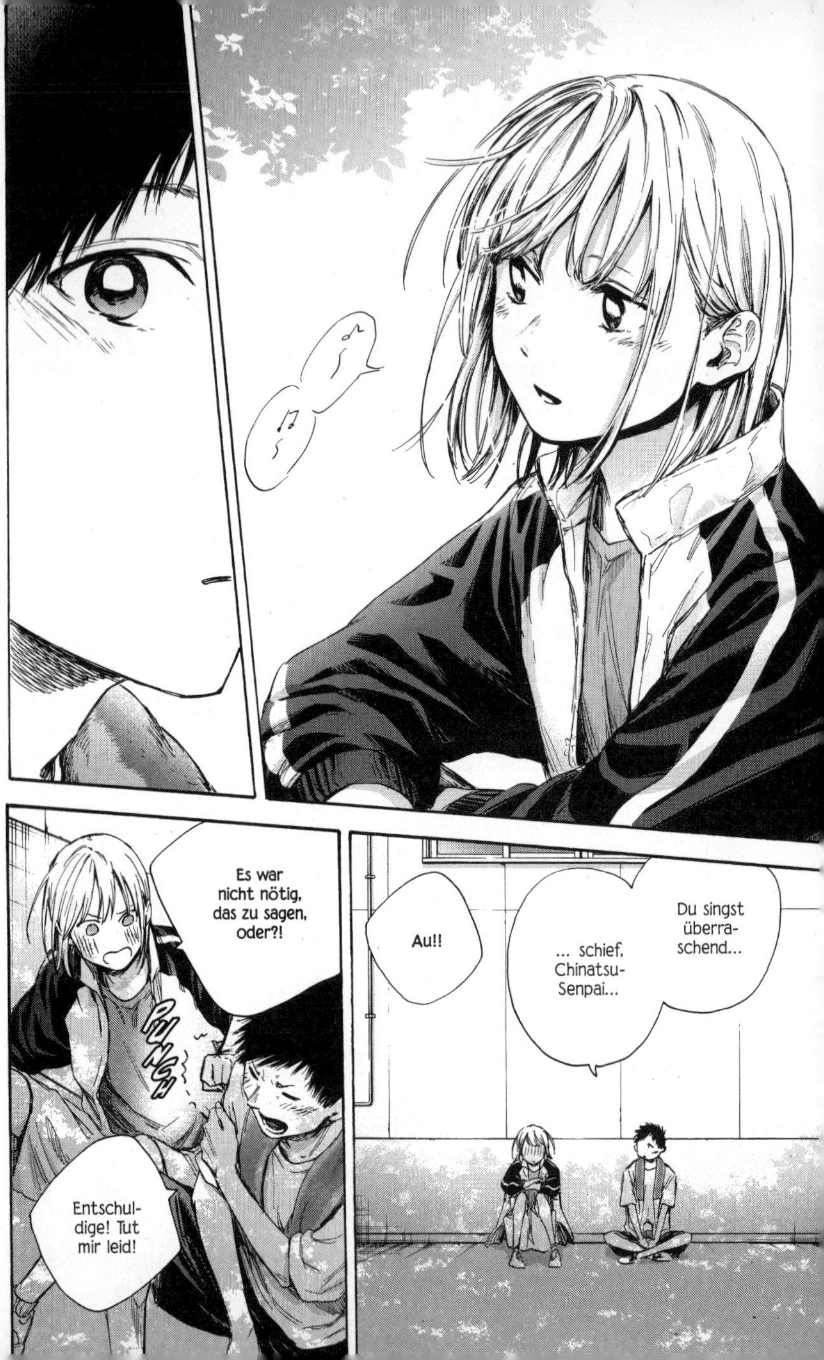
Du singst überraschend...
... schief, Chinatsu-Senpai...
Au!!
Es war nicht nötig, das zu sagen, oder?!
PUNCH
Entschuldige! Tut mir leid!

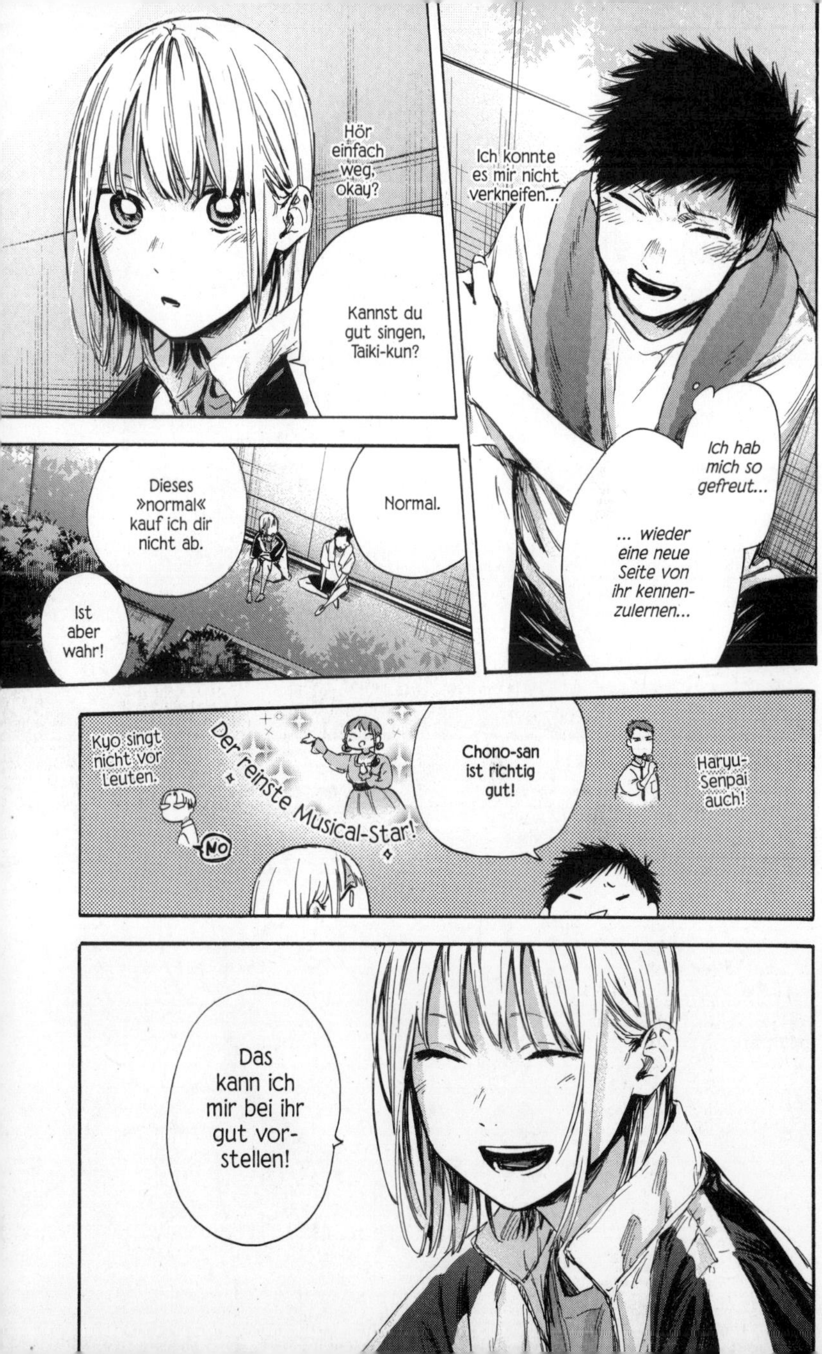
Ich konnte es mir nicht verkneifen...
Ich hab mich so gefreut...
... wieder eine neue Seite von ihr kennenzulernen...
Hör einfach weg, okay?
Kannst du gut singen, Taiki-kun?
Normal.
Dieses »normal« kauf ich dir nicht ab.
Ist aber wahr!
Haryu-Senpai auch!
Chono-san ist richtig gut!
Der reinste Musical-Star!
Kyo singt nicht vor Leuten.
NO
Das kann ich mir bei ihr gut vorstellen!

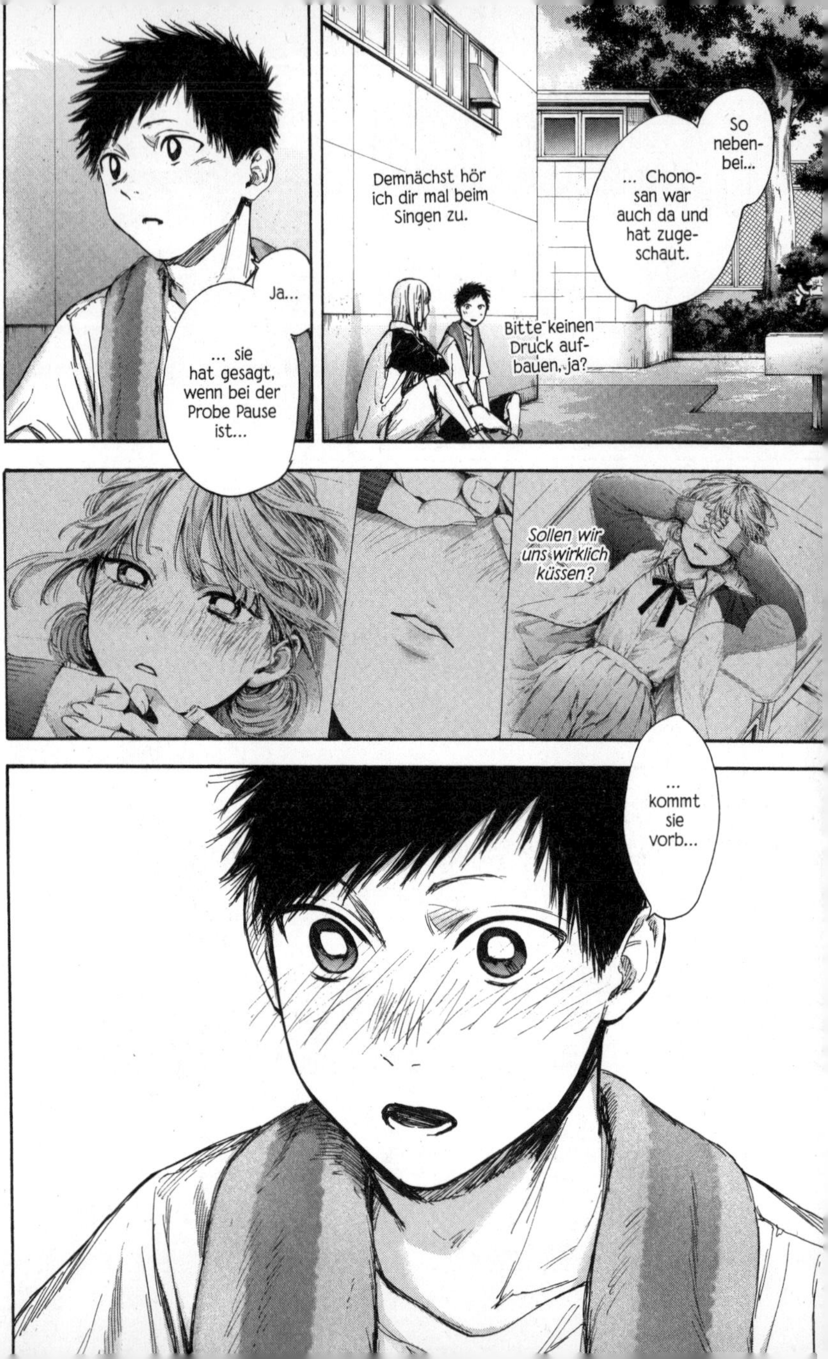

So nebenbei...
... Chono-san war auch da und hat zugeschaut.
Demnächst hör ich dir mal beim Singen zu.
Bitte keinen Druck aufbauen, ja?
Ja...
..., sie hat gesagt, wenn bei der Probe Pause ist...
Sollen wir uns wirklich küssen?
... kommt sie vorb...

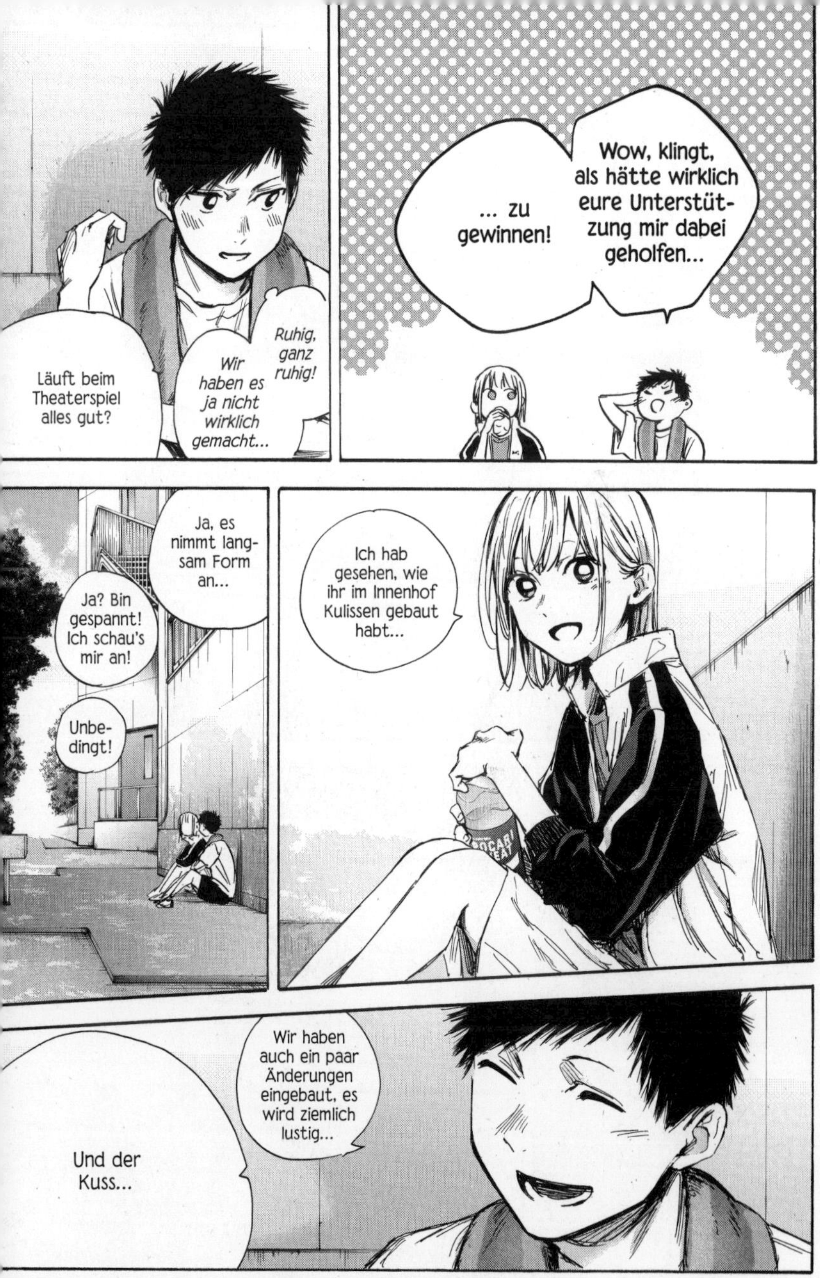
Wow, klingt, als hätte wirklich eure Unterstützung mir dabei geholfen...
... zu gewinnen!
Ruhig, ganz ruhig!
Wir haben es ja nicht wirklich gemacht...
Läuft beim Theaterspiel alles gut?
Ich hab gesehen, wie ihr im Innenhof Kulissen gebaut habt...
Ja, es nimmt langsam Form an...
Ja? Bin gespannt! Ich schau's mir an!
Unbedingt!
Wir haben auch ein paar Änderungen eingebaut, es wird ziemlich lustig...
Und der Kuss...

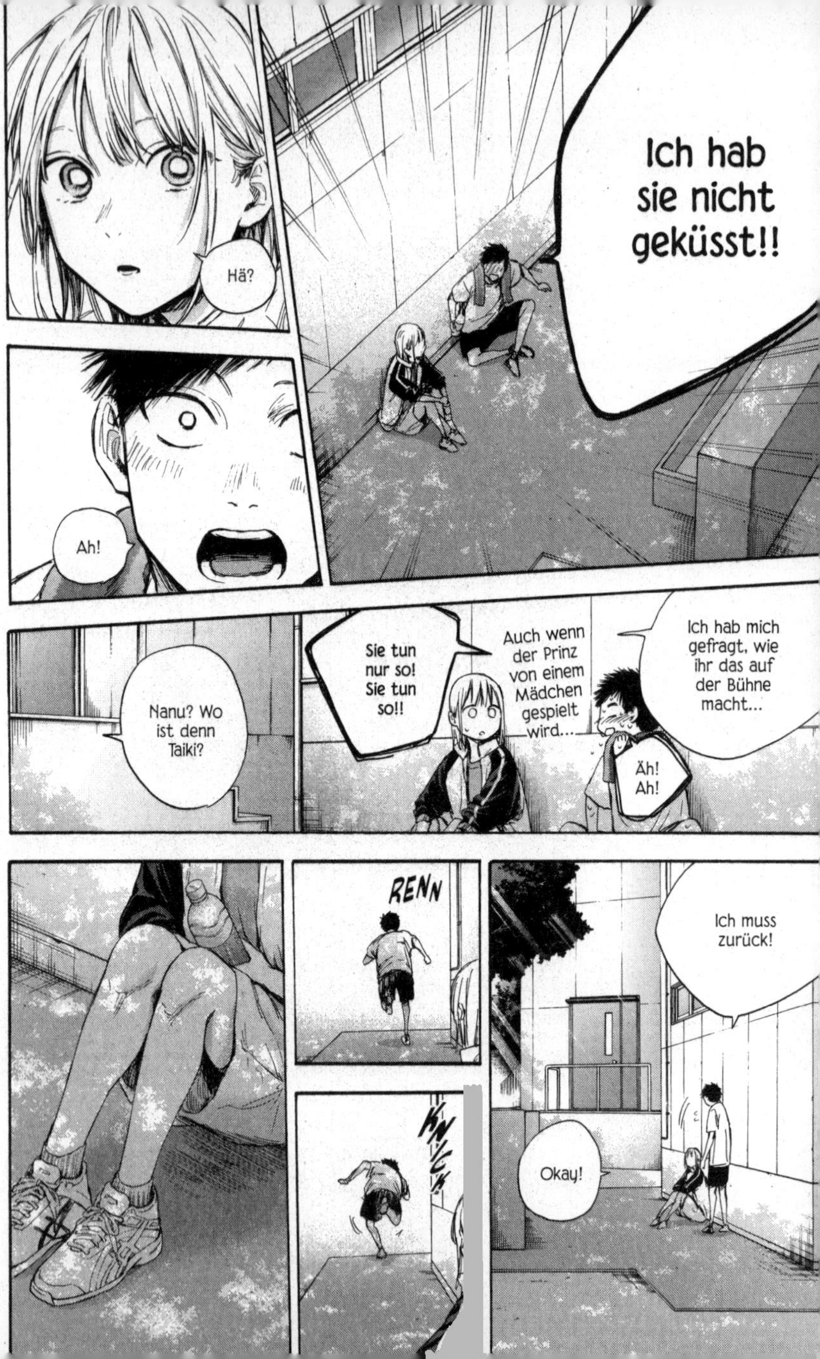
Ich hab sie nicht geküsst!!
Hä?
Ah!
Ich hab mich gefragt, wie ihr das auf der Bühne macht...
Äh! Ah!
Auch wenn der Prinz von einem Mädchen gespielt wird...
Sie tun nur so! Sie tun so!!
Nanu? Wo ist denn Taiki?
Ich muss zurück!
Okay!
RENN
KNICK

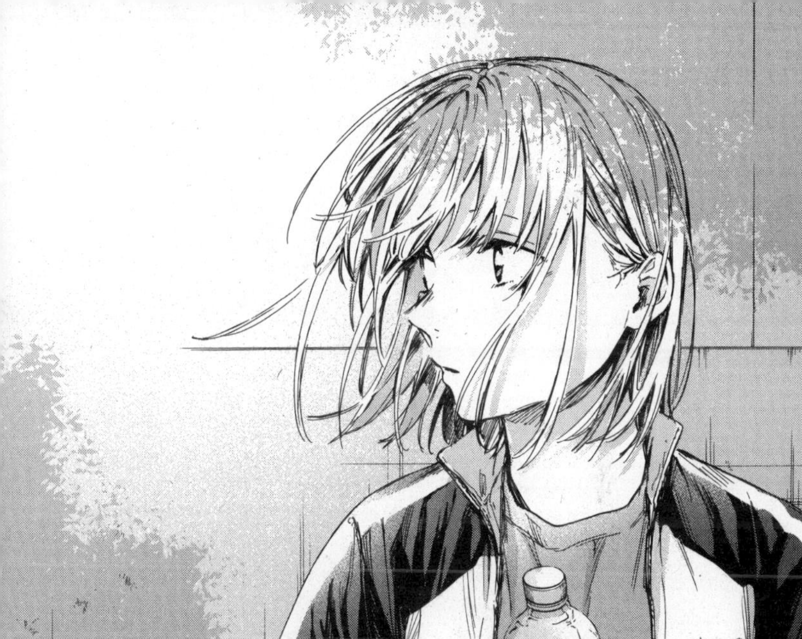

* Kano

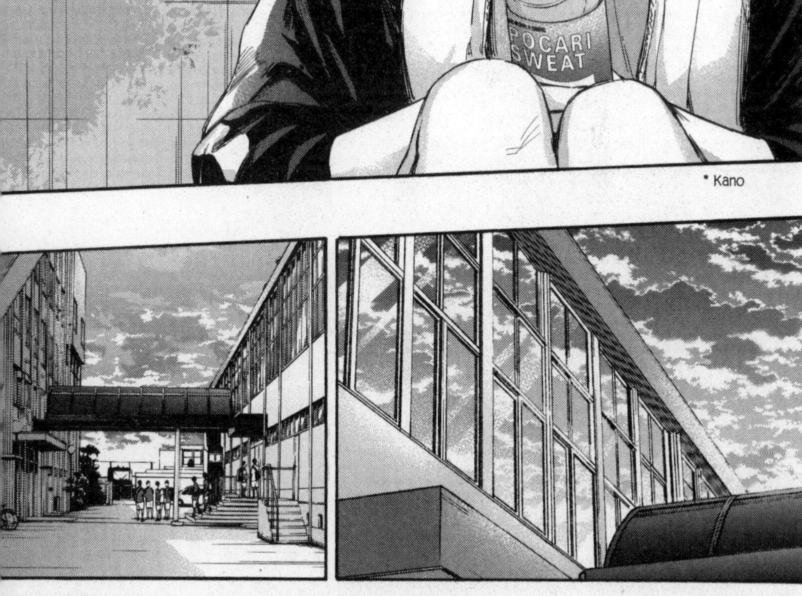

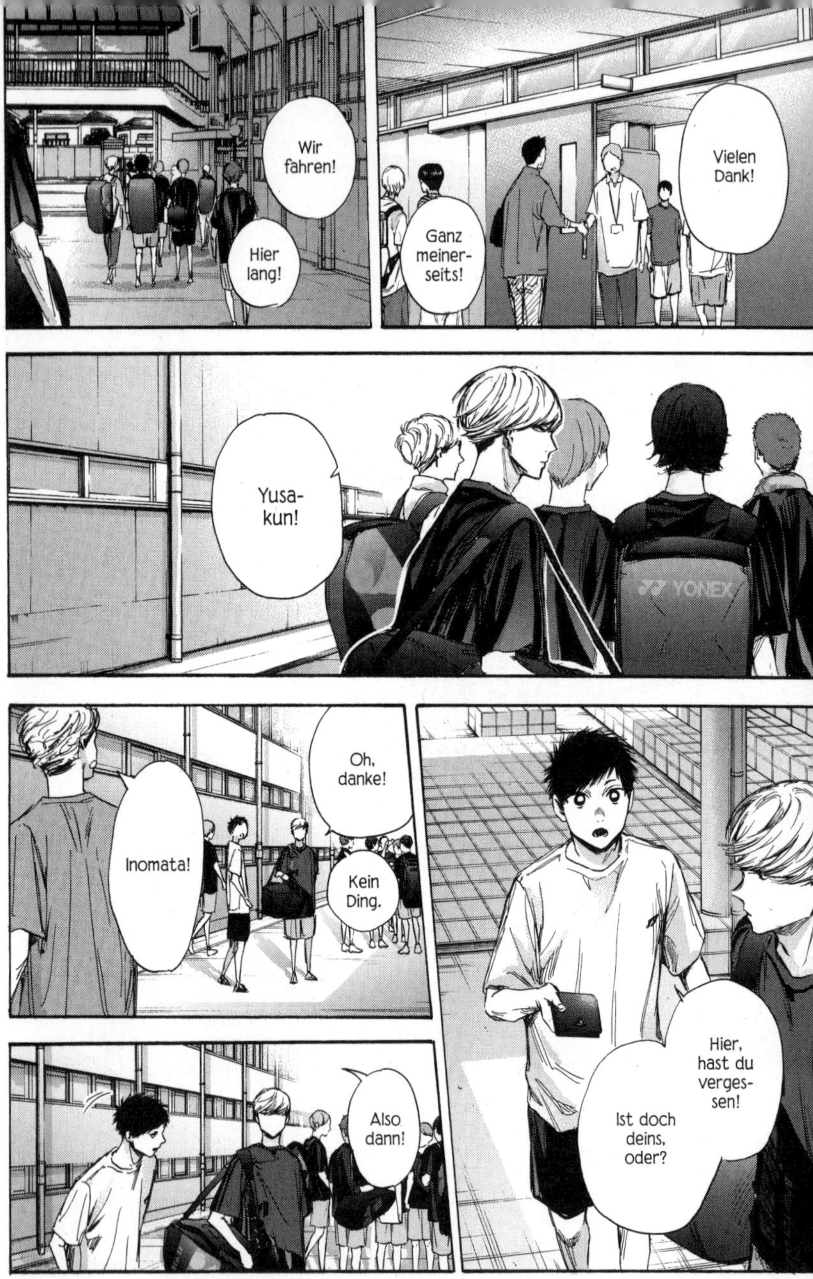
Vielen Dank!
Ganz meinerseits!
Wir fahren!
Hier lang!
Yusa-kun!
Hier, hast du vergessen!
Ist doch deins, oder?
Oh, danke!
Kein Ding.
Inomata!
Also dann!

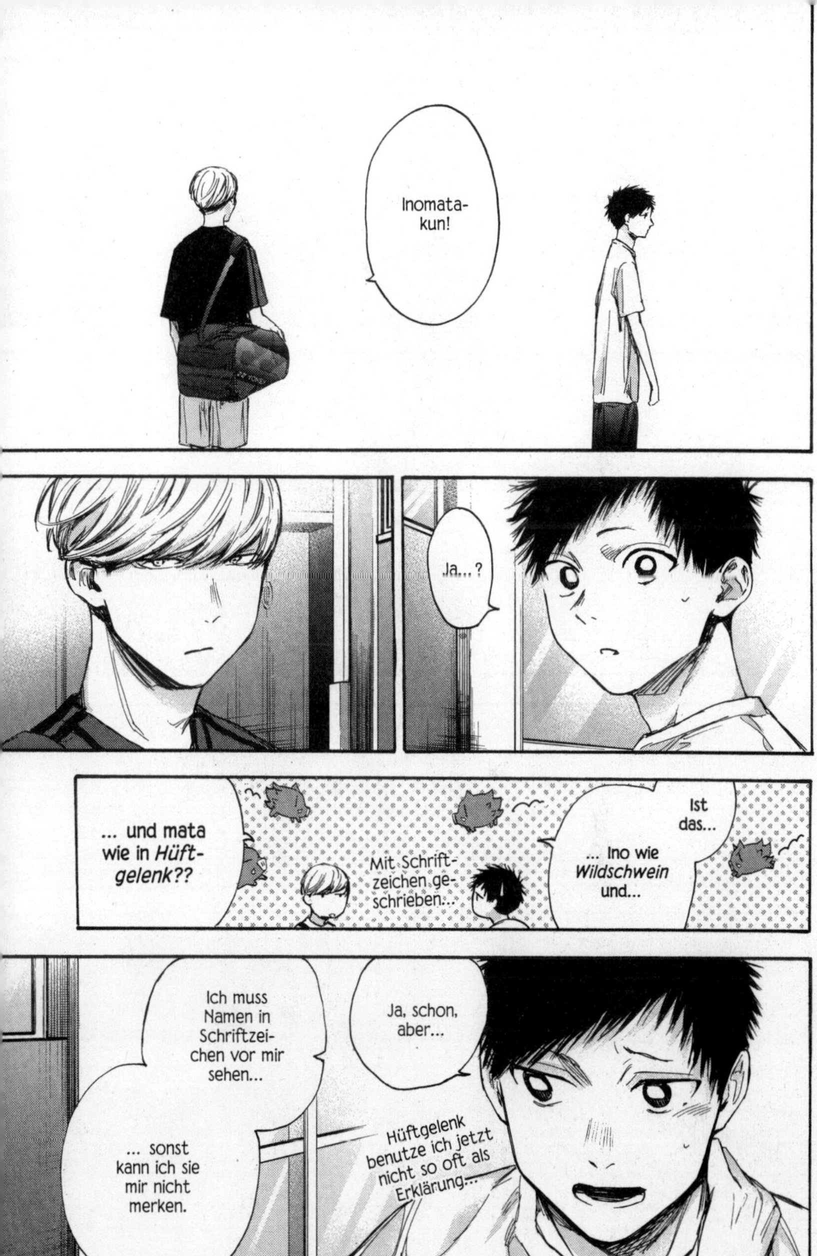
Inomata-
kun!
Ja... ?
Ist
das...
... Ino wie
Wildschwein
und...
Mit Schrift-
zeichen ge-
schrieben...
... und mata
wie in *Hüft-
gelenk*??
Ja, schon,
aber...
Hüftgelenk
benutze ich jetzt
nicht so oft als
Erklärung...
Ich muss
Namen in
Schriftzei-
chen vor mir
sehen...
... sonst
kann ich sie
mir nicht
merken.

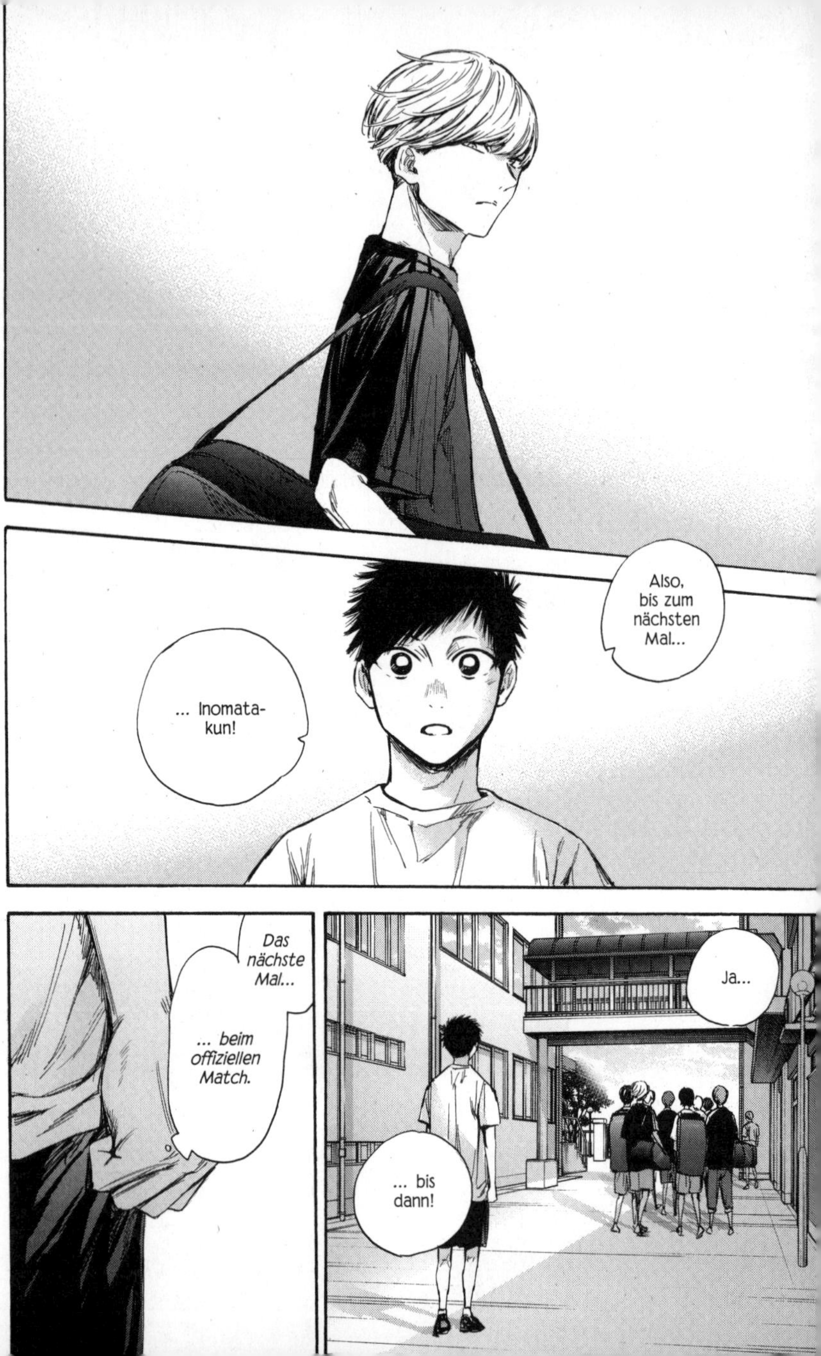
Also, bis zum nächsten Mal...
... Inomata-kun!
Ja...
Das nächste Mal...
... bis dann!
... beim offiziellen Match.

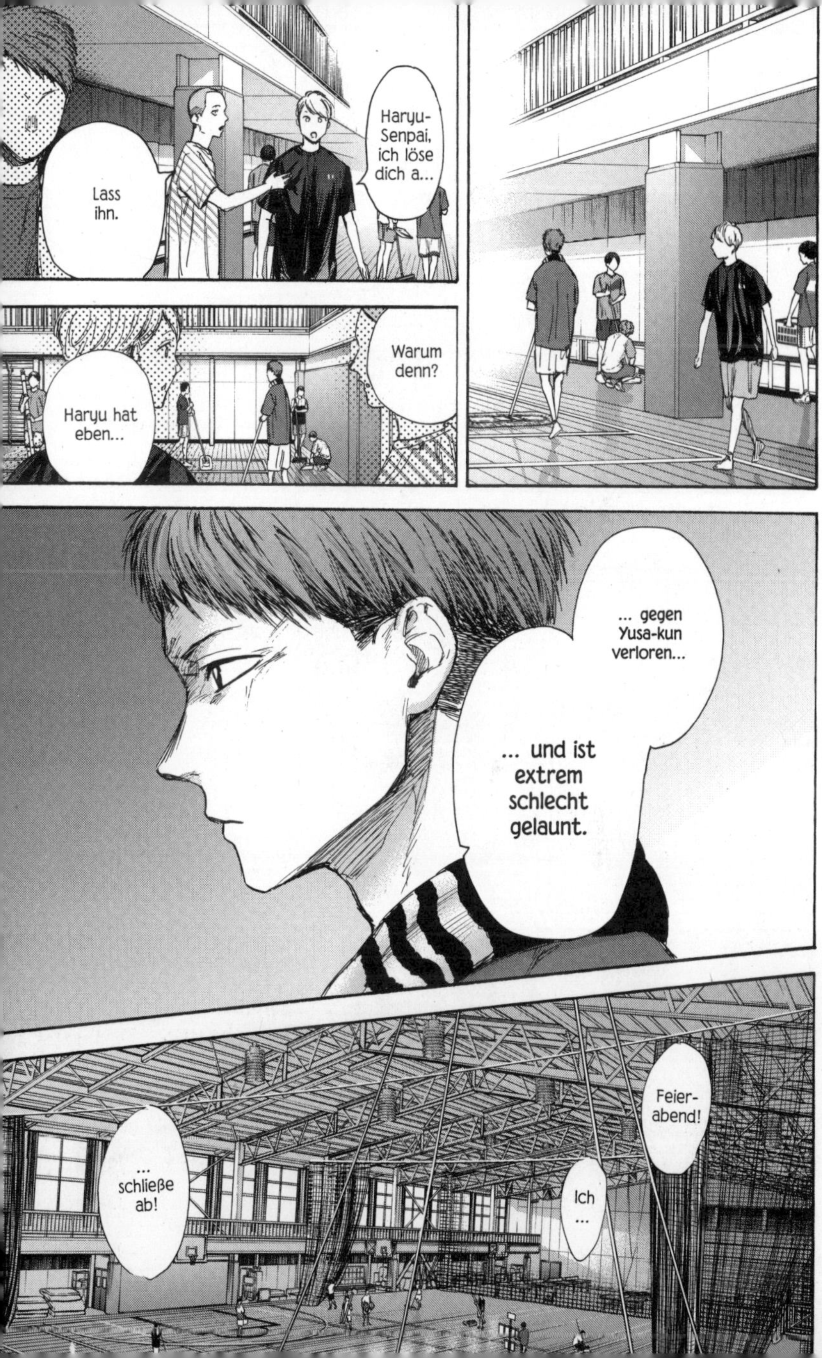
Haryu-Senpai, ich löse dich a...
Lass ihn.
Warum denn?
Haryu hat eben...
... gegen Yusa-kun verloren...
... und ist extrem schlecht gelaunt.
Feier-abend!
Ich ...
... schließe ab!

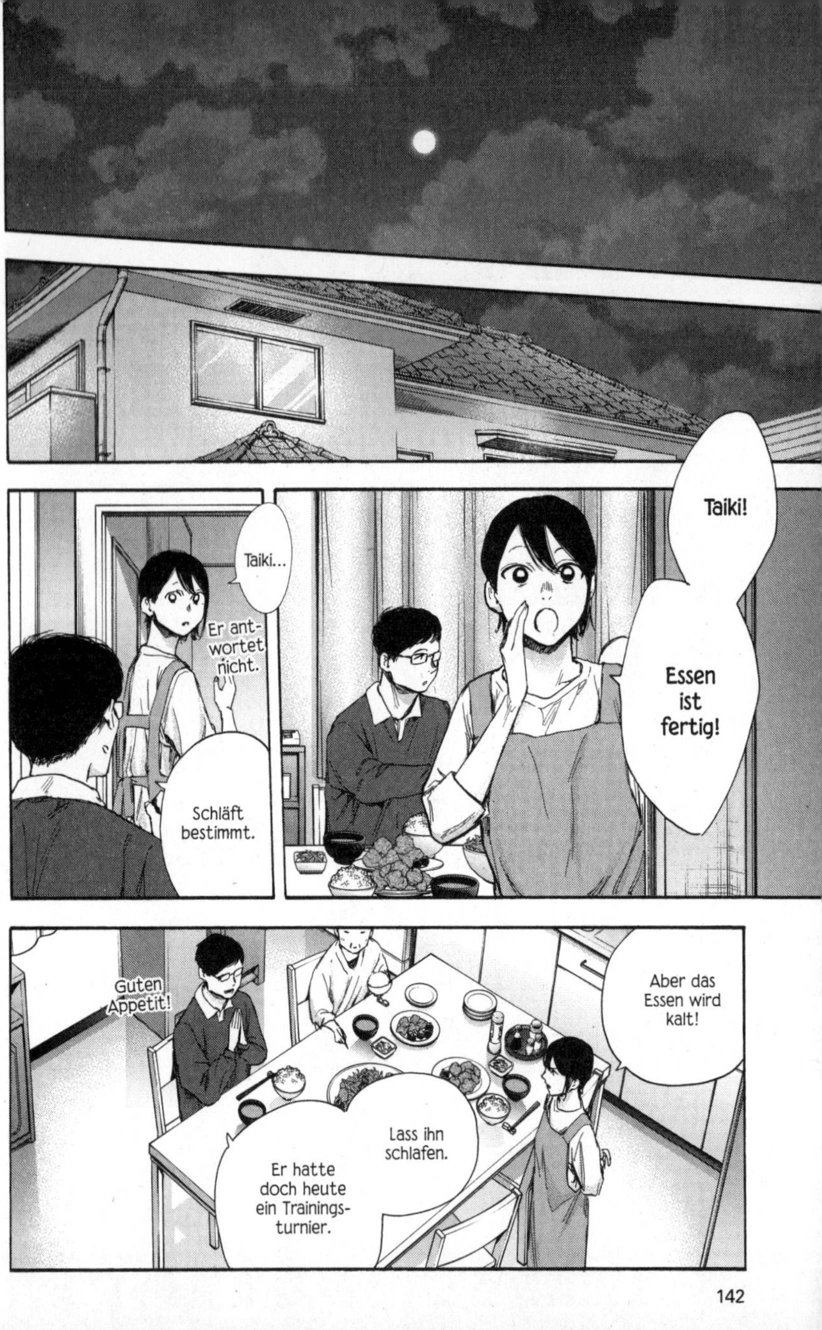

Taiki!
Essen ist fertig!
Taiki...
Er ant-wortet nicht.
Schläft bestimmt.
Aber das Essen wird kalt!
Lass ihn schlafen.
Er hatte doch heute ein Trainings-turnier.
Guten Appetit!

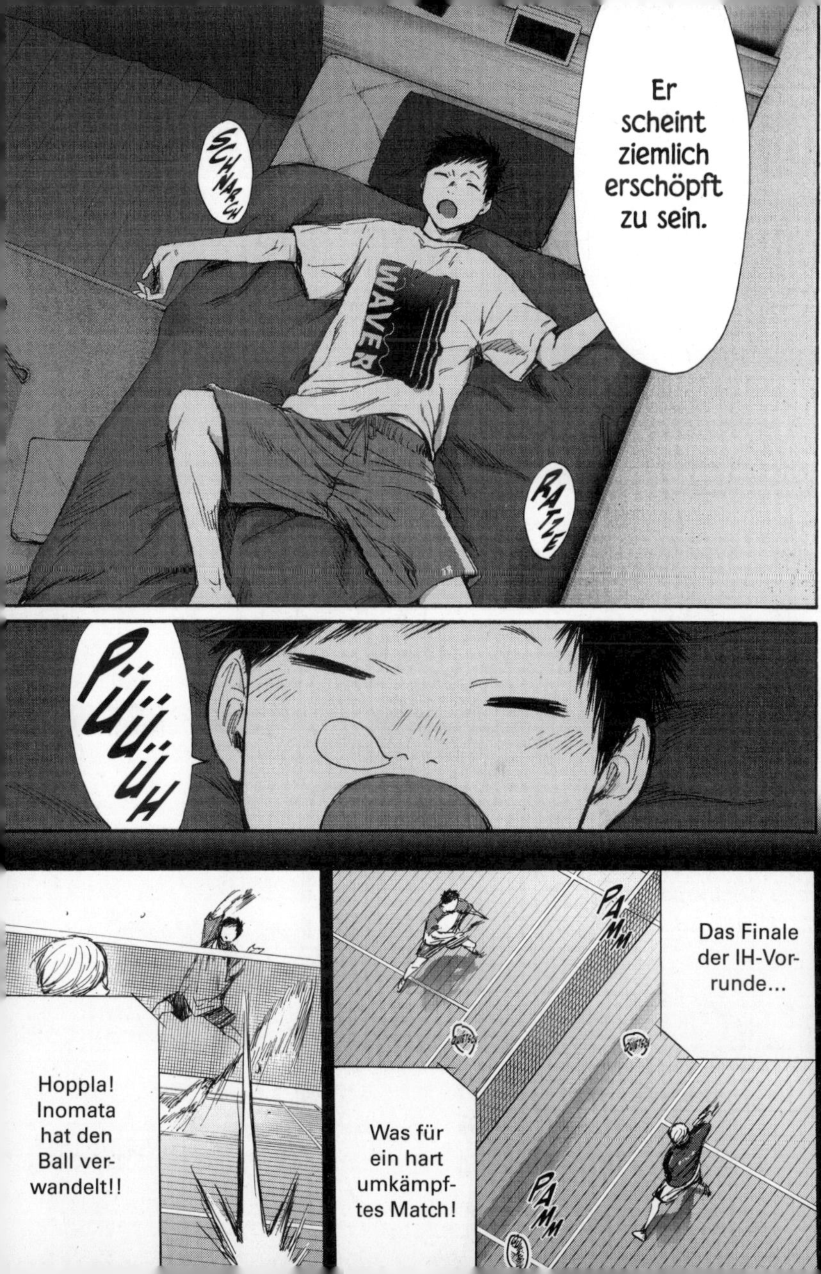
Er scheint ziemlich erschöpft zu sein.
SCHNARCH
RATZE
PÜÜÜH
PAMM
Das Finale der IH-Vorrunde...
Was für ein hart umkämpftes Match!
PAMM
Hoppla! Inomata hat den Ball verwandelt!!

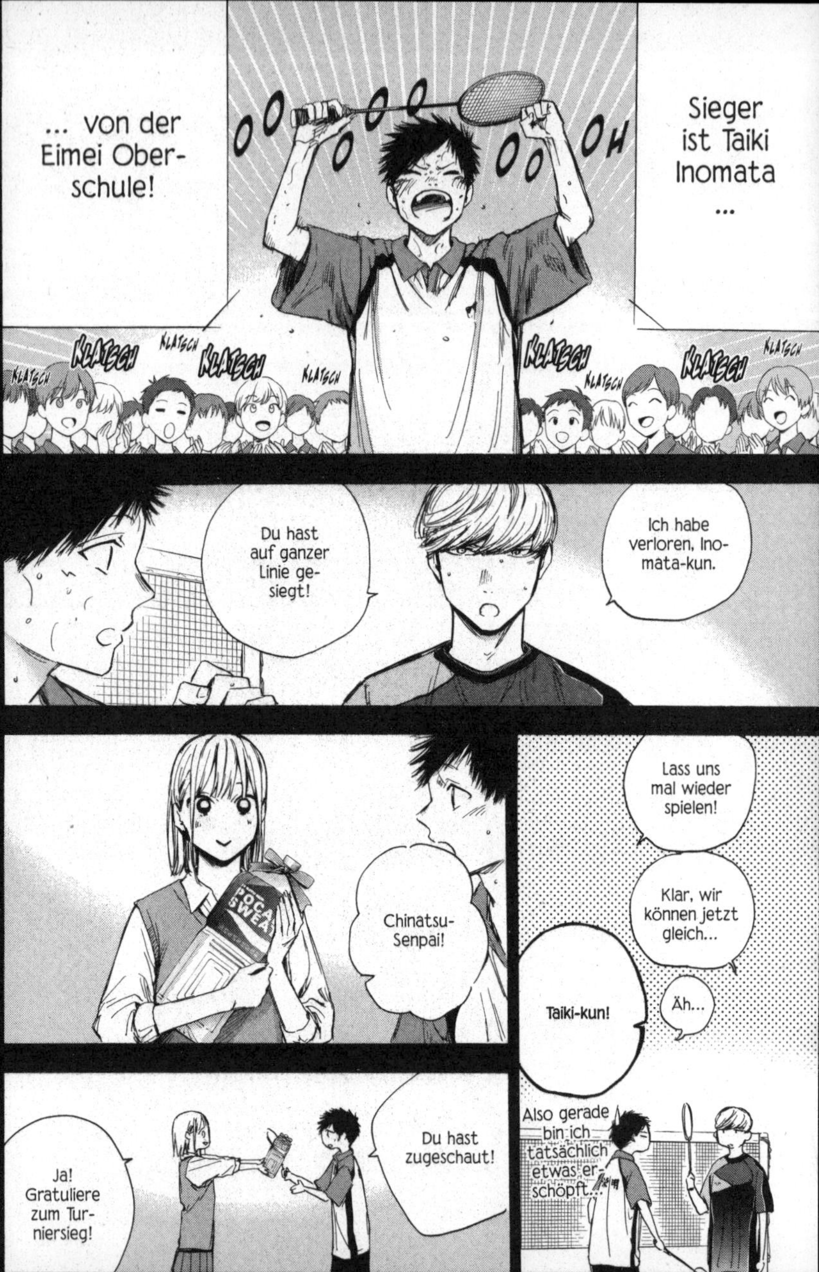
Sieger ist Taiki Inomata ...
... von der Eimei Oberschule!
OOOOOOOOOOOH
KLATSCH
KLATSCH
KLATSCH
KLATSCH
KLATSCH
KLATSCH
KLATSCH
KLATSCH
KLATSCH
Ich habe verloren, Inomata-kun.
Du hast auf ganzer Linie gesiegt!
Lass uns mal wieder spielen!
Klar, wir können jetzt gleich...
Äh...
Taiki-kun!
Chinatsu-Senpai!
Also gerade bin ich tatsächlich etwas erschöpft...
Du hast zugeschaut!
Ja! Gratuliere zum Turniersieg!

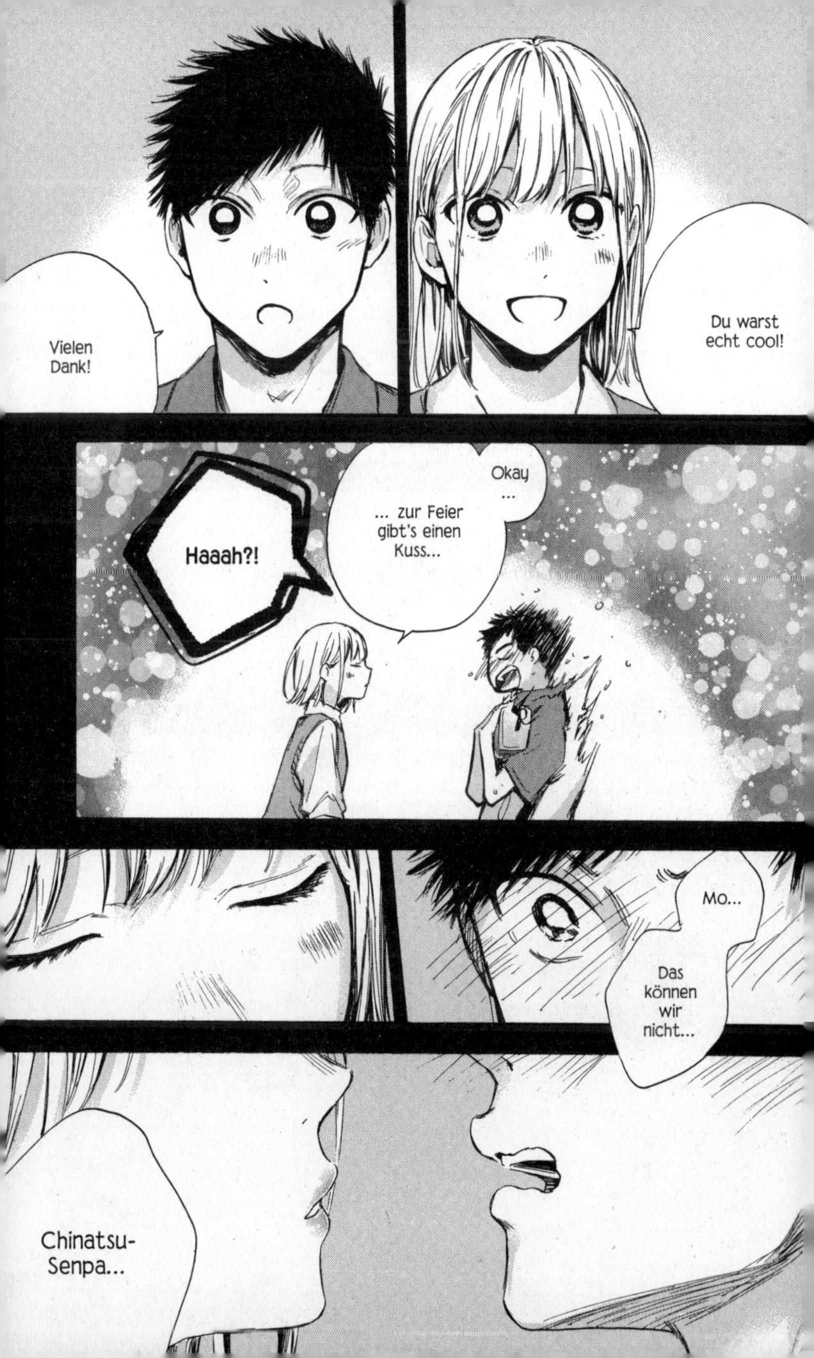
Du warst echt cool!
Vielen Dank!
Okay ...
... zur Feier gibt's einen Kuss...
Haaah?!
Mo...
Das können wir nicht...
Chinatsu-Senpa...

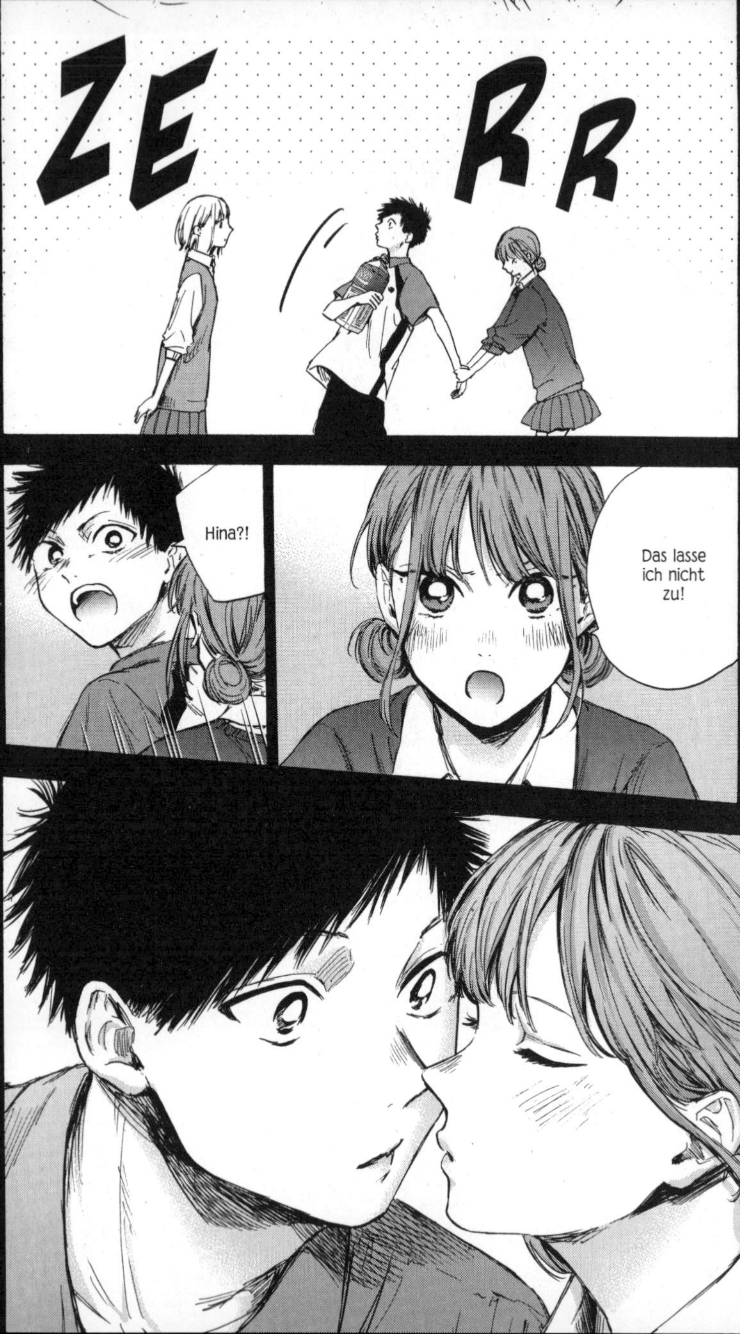
ZERR
Hina?!
Das lasse ich nicht zu!

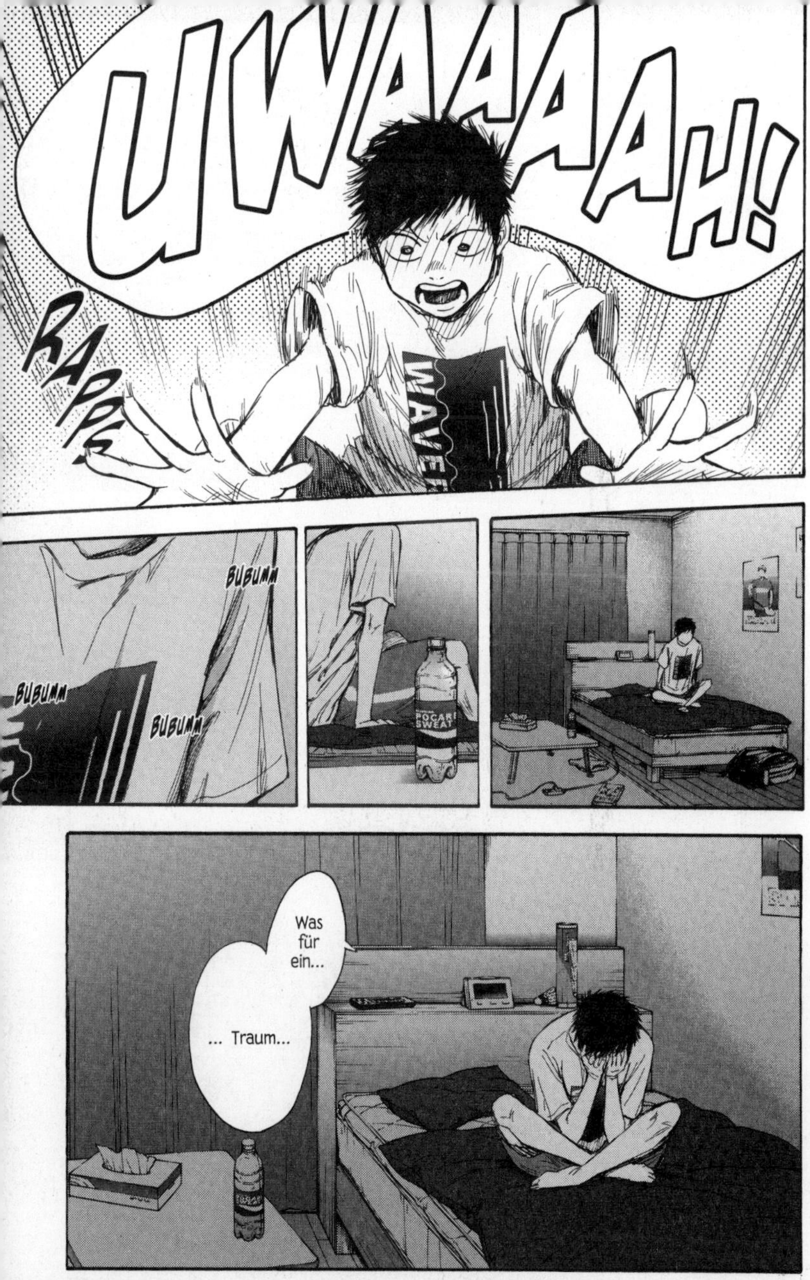
UWAAAAH!
BUBUMM
BUBUMM
BUBUMM
Was für ein...
... Traum...

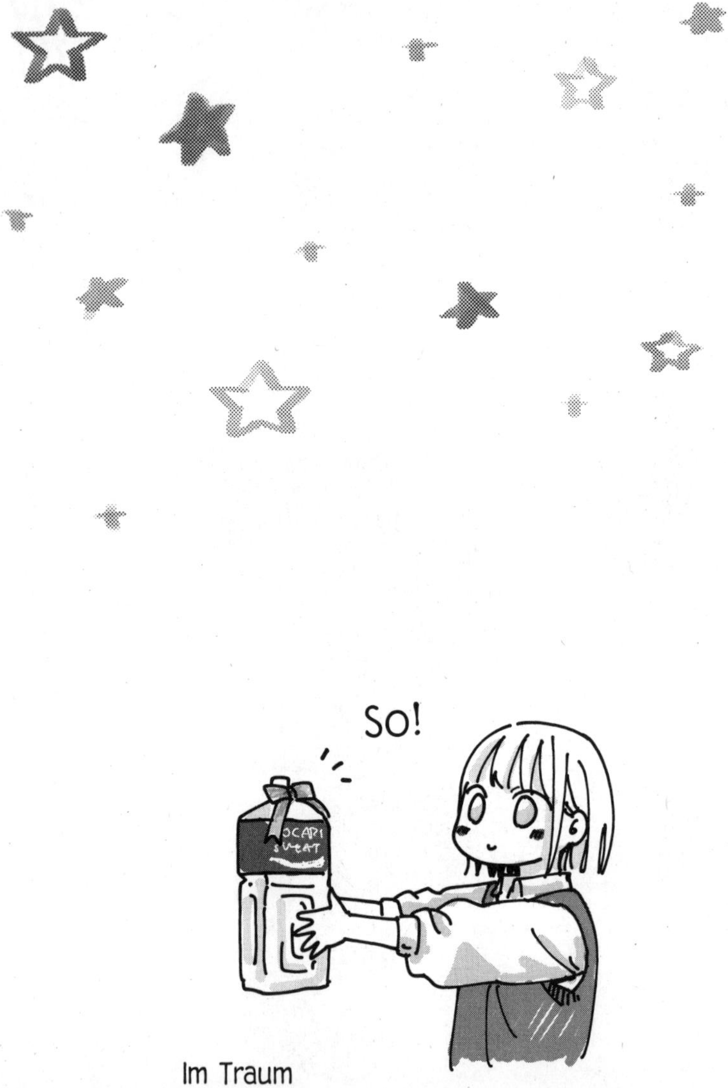

Im Traum

#60 Lass uns zusammen hingehen!

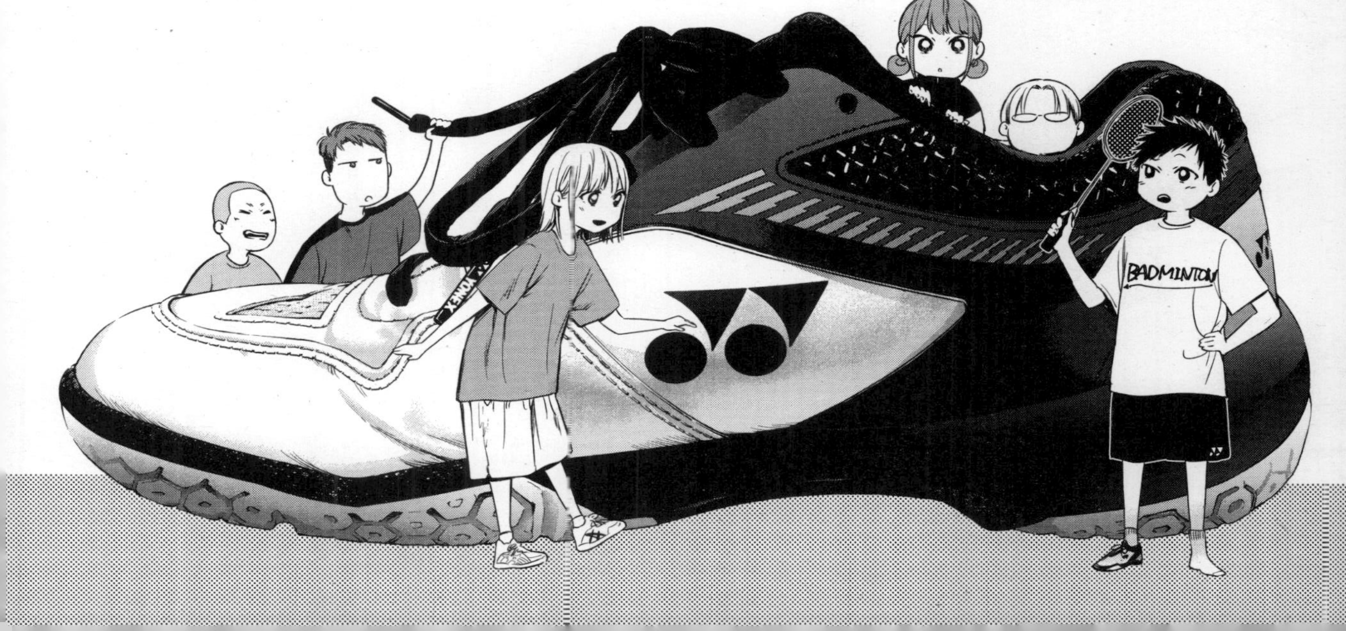

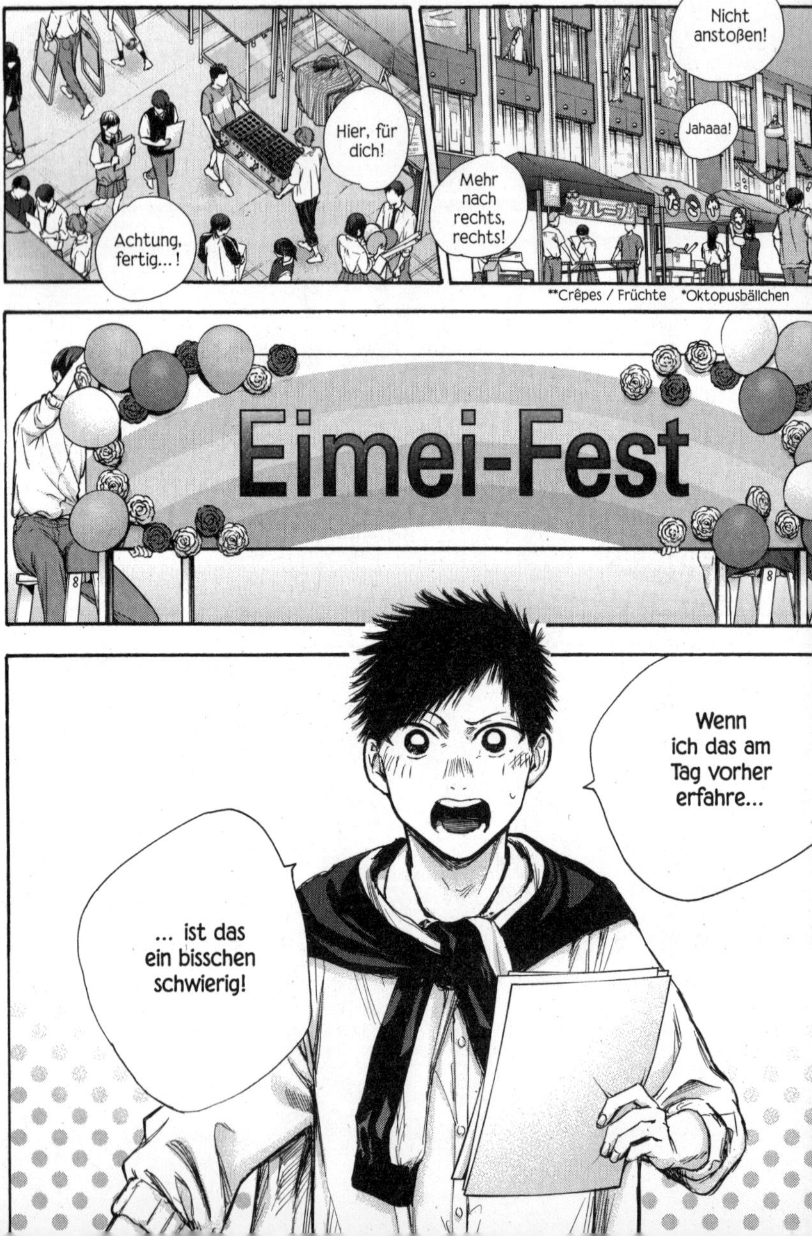
Nicht anstoßen!
Jahaaa!
Mehr nach rechts, rechts!
Hier, für dich!
Achtung, fertig...!
**Crêpes / Früchte *Oktopusbällchen
Eimei-Fest
Wenn ich das am Tag vorher erfahre...
... ist das ein bisschen schwierig!

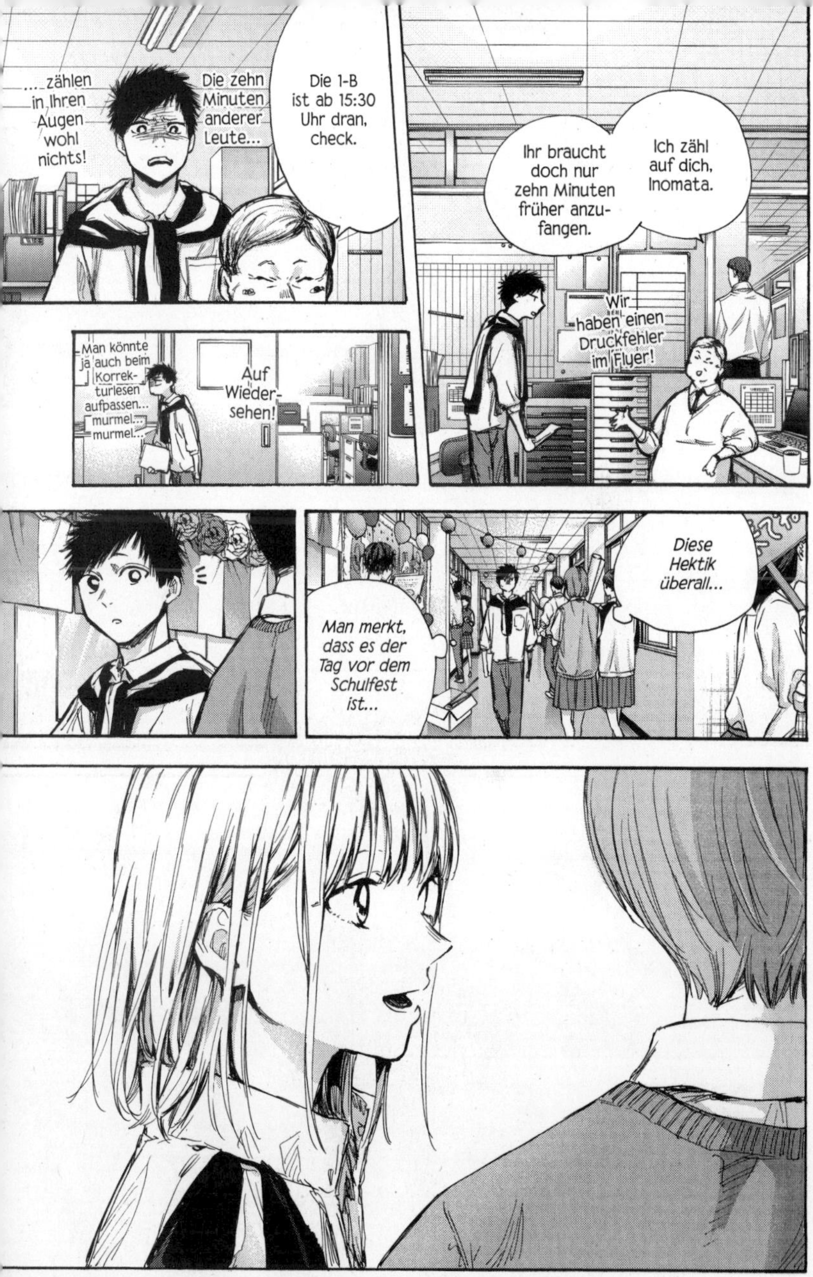
Ich zähl auf dich, Inomata.
Ihr braucht doch nur zehn Minuten früher anzufangen.
Wir haben einen Druckfehler im Flyer!
Die 1-B ist ab 15:30 Uhr dran, check.
Die zehn Minuten anderer Leute...
...zählen in Ihren Augen wohl nichts!
Auf Wiedersehen!
Man könnte ja auch beim Korrekturlesen aufpassen... murmel... murmel...
Diese Hektik überall...
Man merkt, dass es der Tag vor dem Schulfest ist...

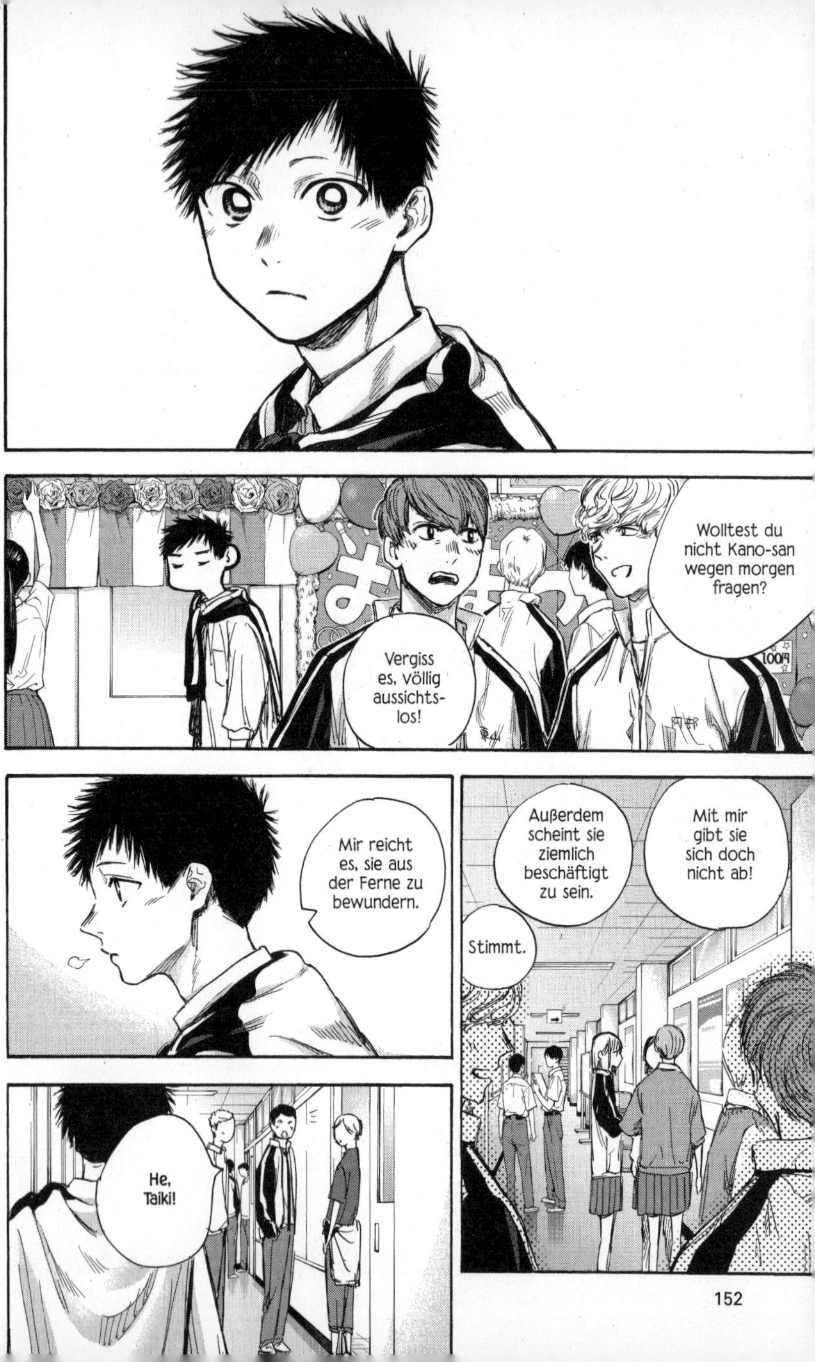
Wolltest du nicht Kano-san wegen morgen fragen?
Vergiss es, völlig aussichtslos!
Mit mir gibt sie sich doch nicht ab!
Außerdem scheint sie ziemlich beschäftigt zu sein.
Stimmt.
Mir reicht es, sie aus der Ferne zu bewundern.
He, Taiki!

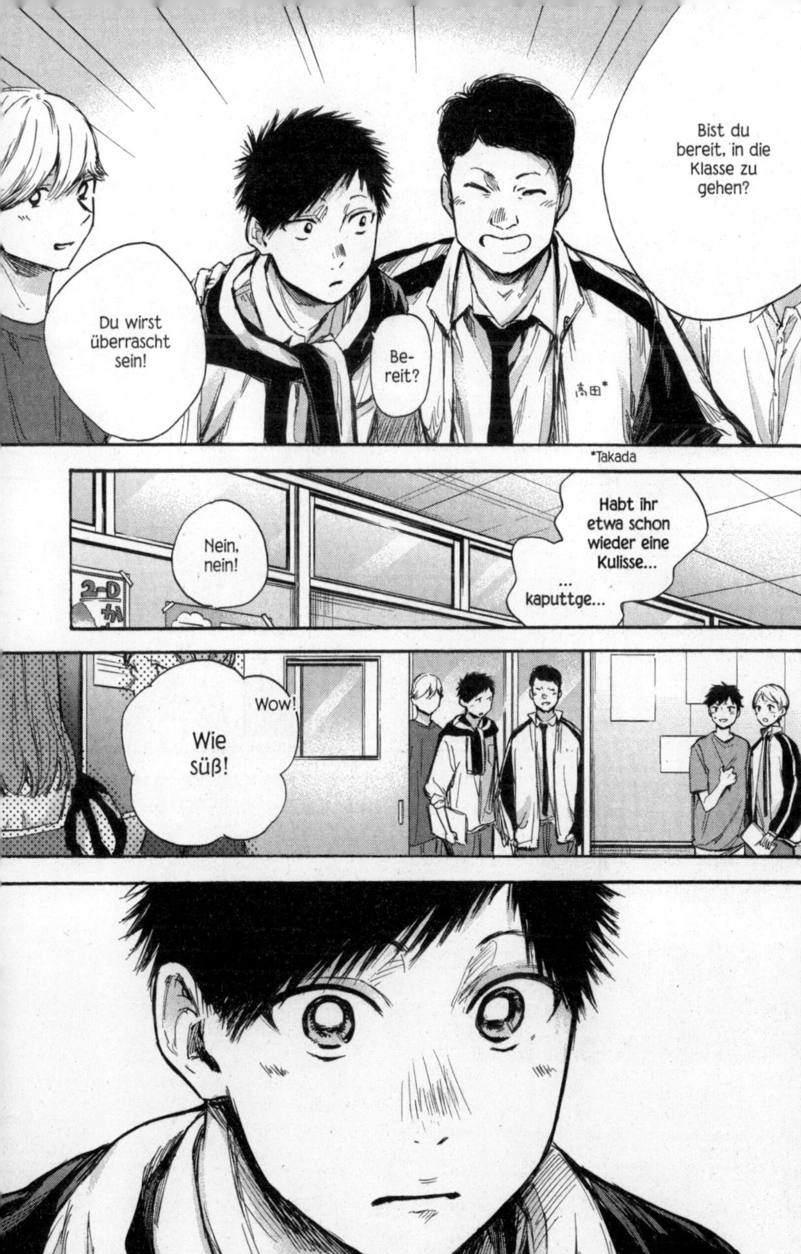
Bist du bereit, in die Klasse zu gehen?
Be-reit?
Du wirst überrascht sein!
高田*
*Takada
Habt ihr etwa schon wieder eine Kulisse...
... kaputtge...
Nein, nein!
2-D
Wow!
Wie süß!

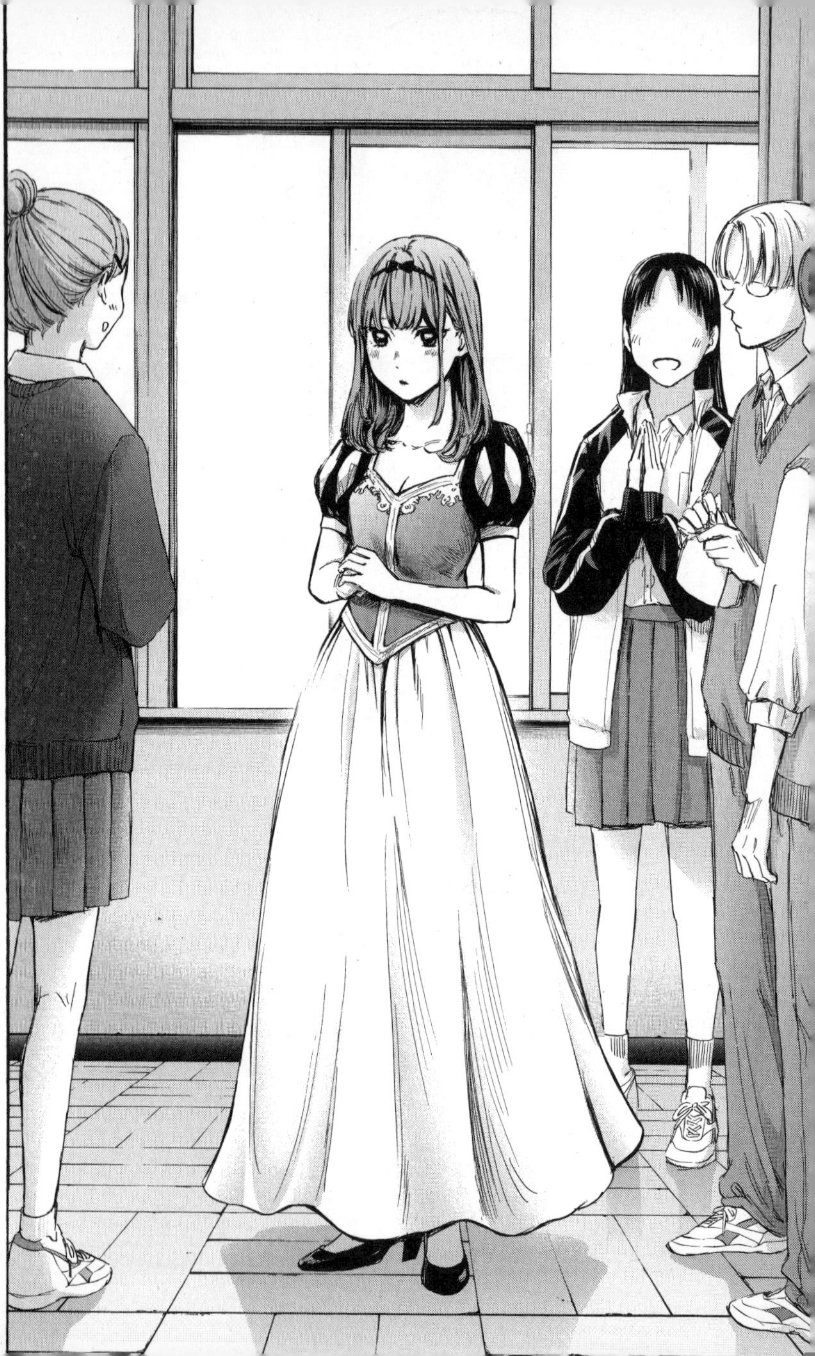

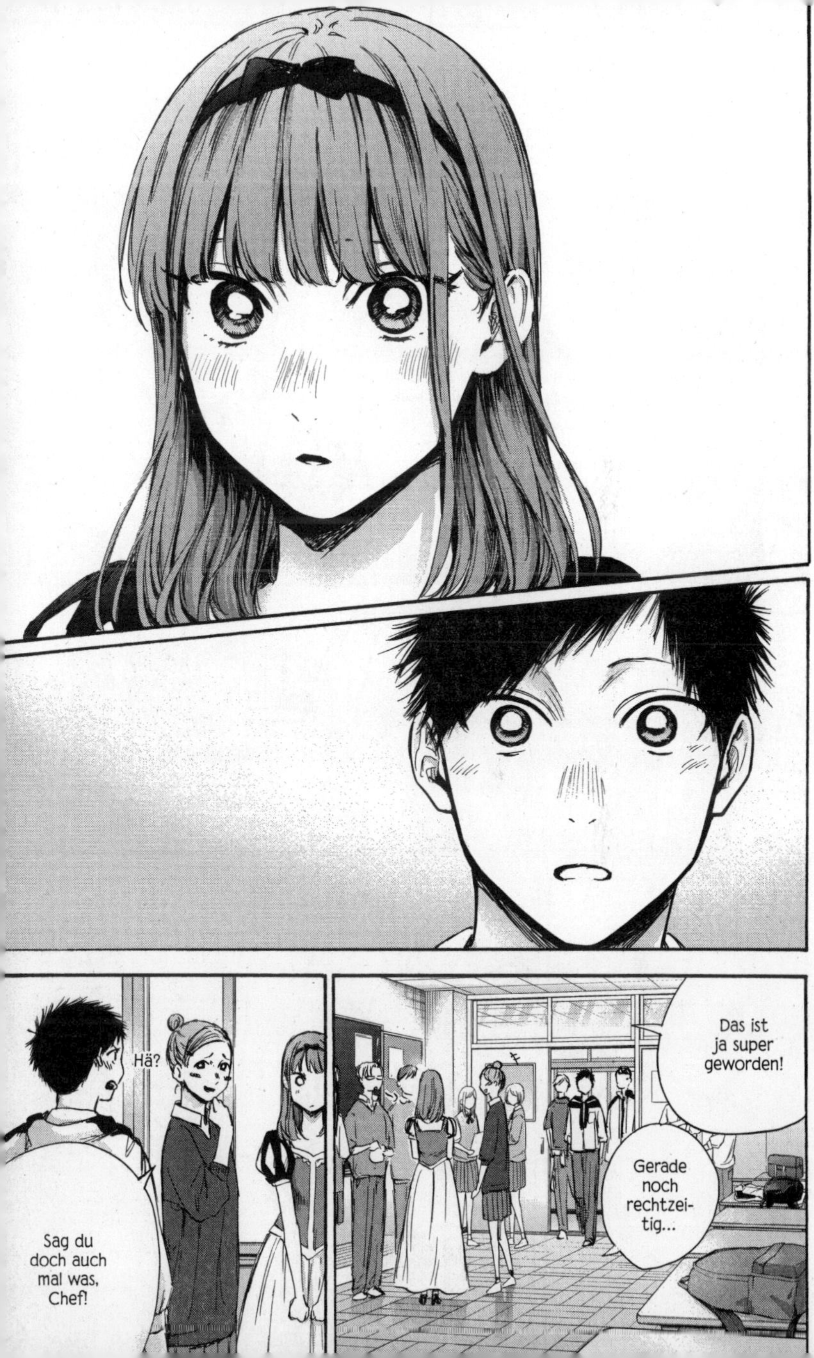
Das ist ja super geworden!
Gerade noch rechtzei-tig...
Hä?
Sag du doch auch mal was, Chef!

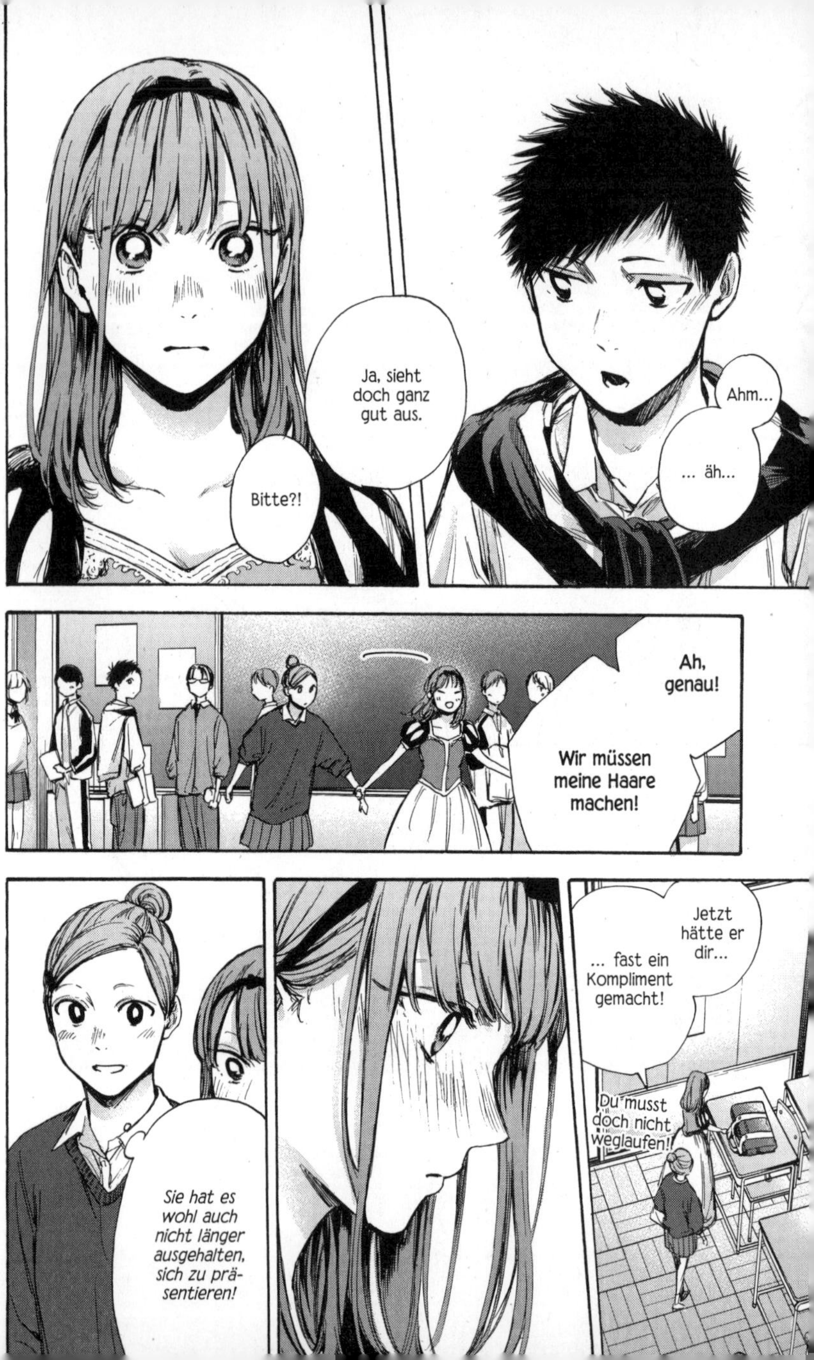
Ahm...
... äh...
Ja, sieht doch ganz gut aus.
Bitte?!
Ah, genau!
Wir müssen meine Haare machen!
Jetzt hätte er dir...
... fast ein Kompliment gemacht!
Du musst doch nicht weglaufen!
Sie hat es wohl auch nicht länger ausgehalten, sich zu präsentieren!

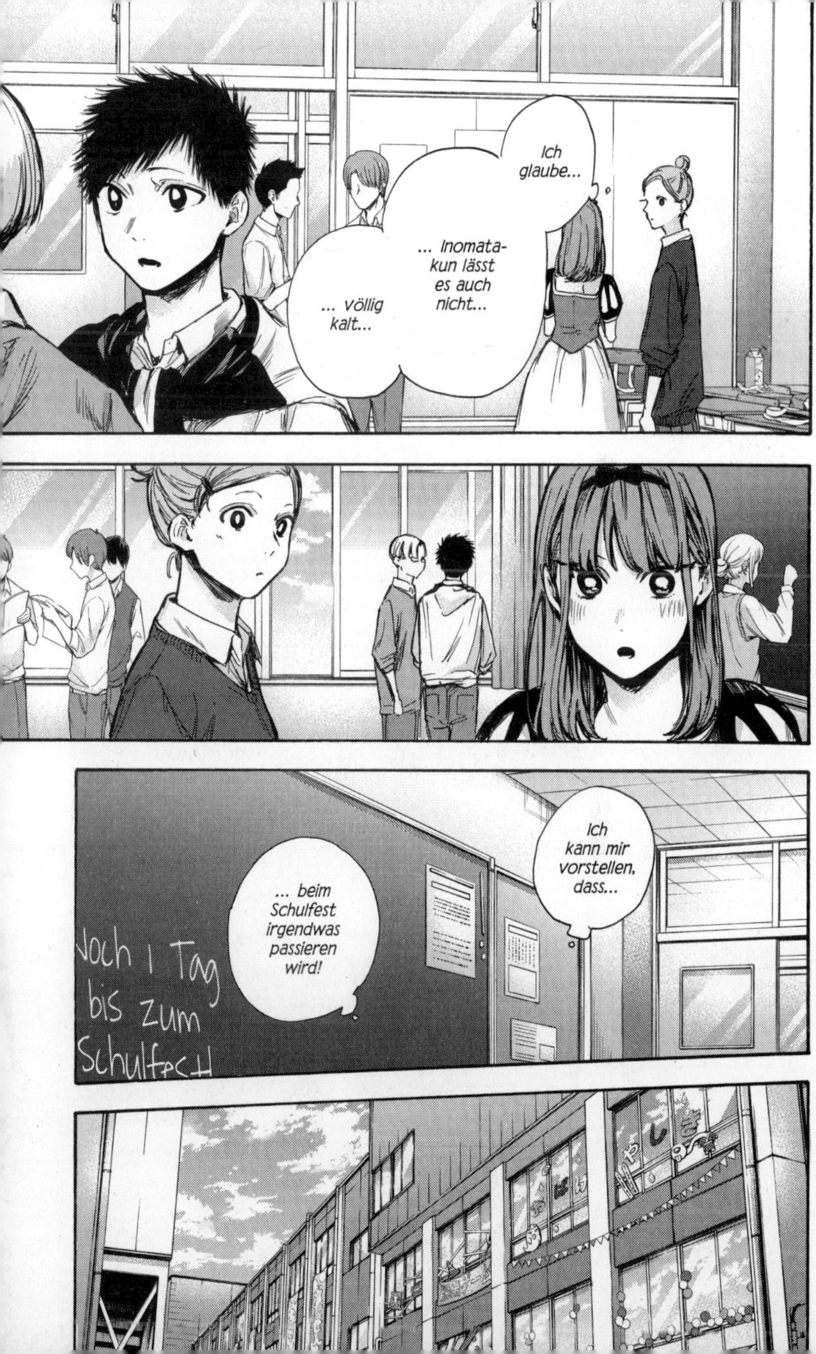
Ich glaube...
... Inomata-kun lässt es auch nicht...
... völlig kalt...
Ich kann mir vorstellen, dass...
... beim Schulfest irgendwas passieren wird!
Noch 1 Tag bis zum Schulfest

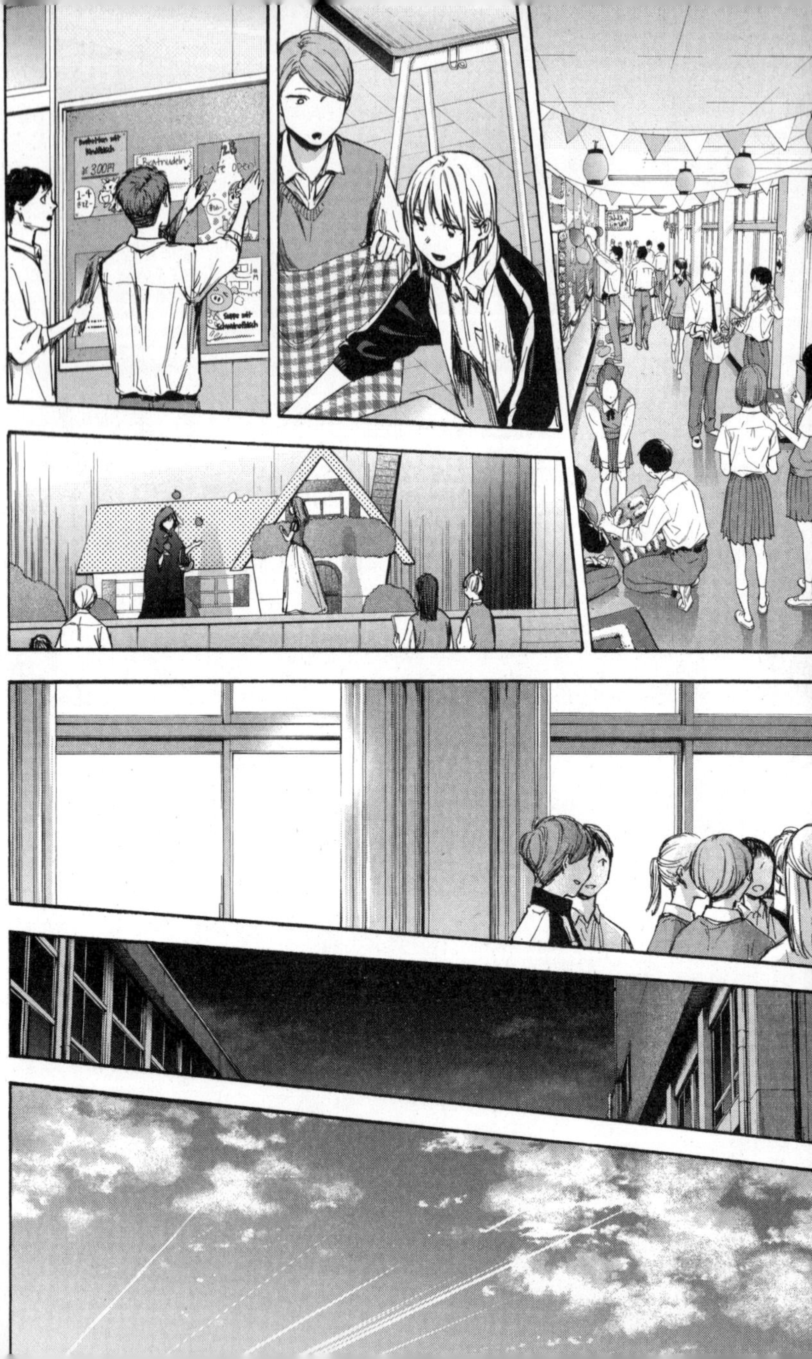
Bratnudeln
¥300円
Cafe open!
1-4

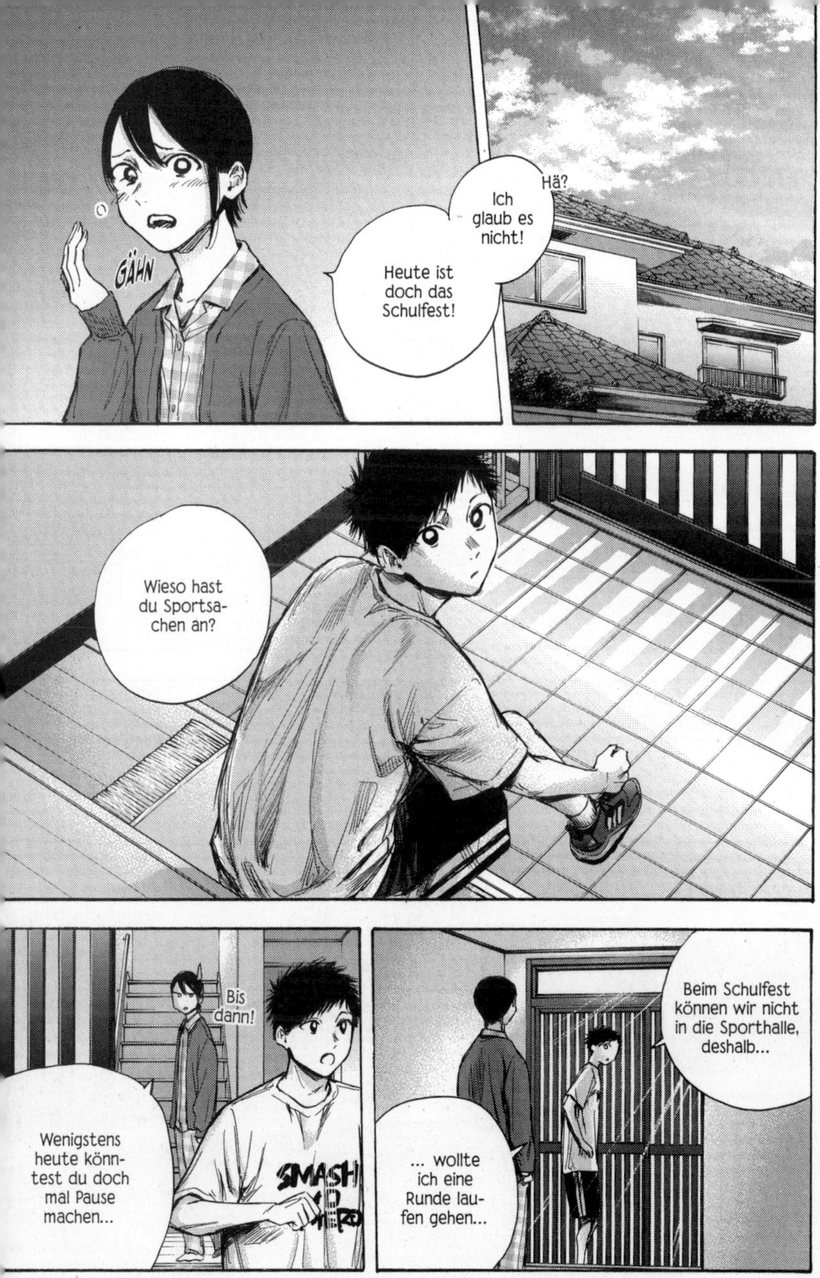
Hä?
Ich glaub es nicht!
Heute ist doch das Schulfest!
GÄHN
Wieso hast du Sportsachen an?
Beim Schulfest können wir nicht in die Sporthalle, deshalb...
... wollte ich eine Runde laufen gehen...
Bis dann!
Wenigstens heute könntest du doch mal Pause machen...

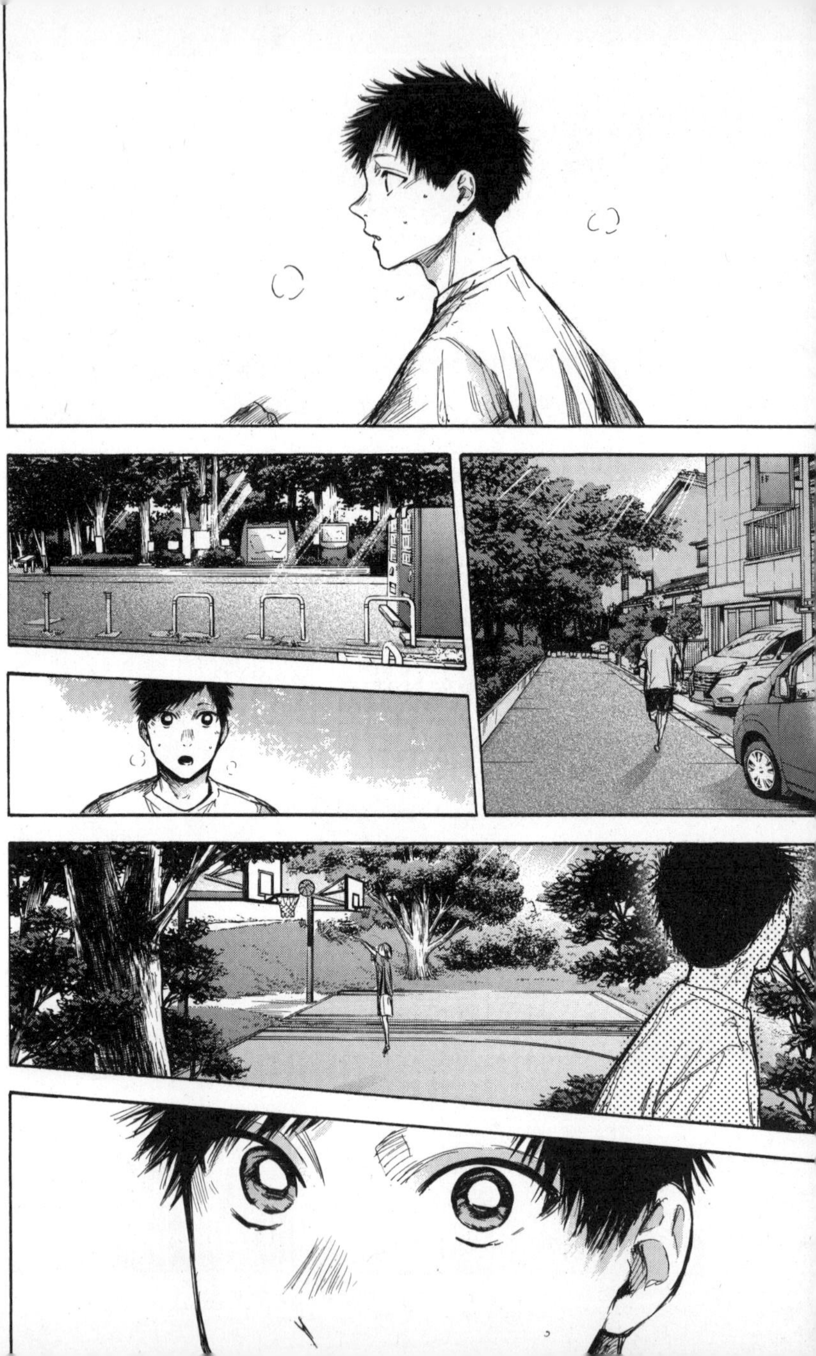

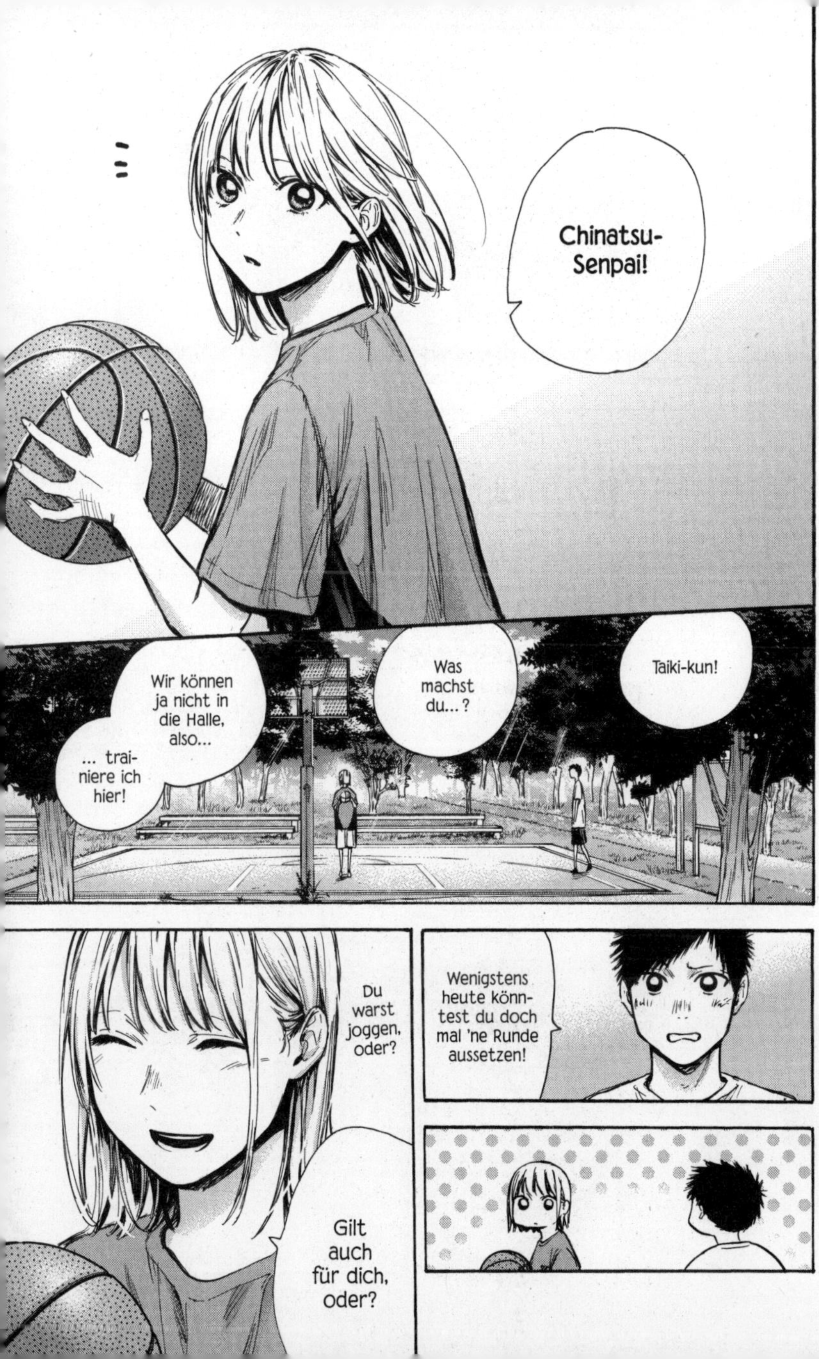
Chinatsu-Senpai!
Taiki-kun!
Was machst du...?
Wir können ja nicht in die Halle, also...
... trainiere ich hier!
Wenigstens heute könntest du doch mal 'ne Runde aussetzen!
Du warst joggen, oder?
Gilt auch für dich, oder?

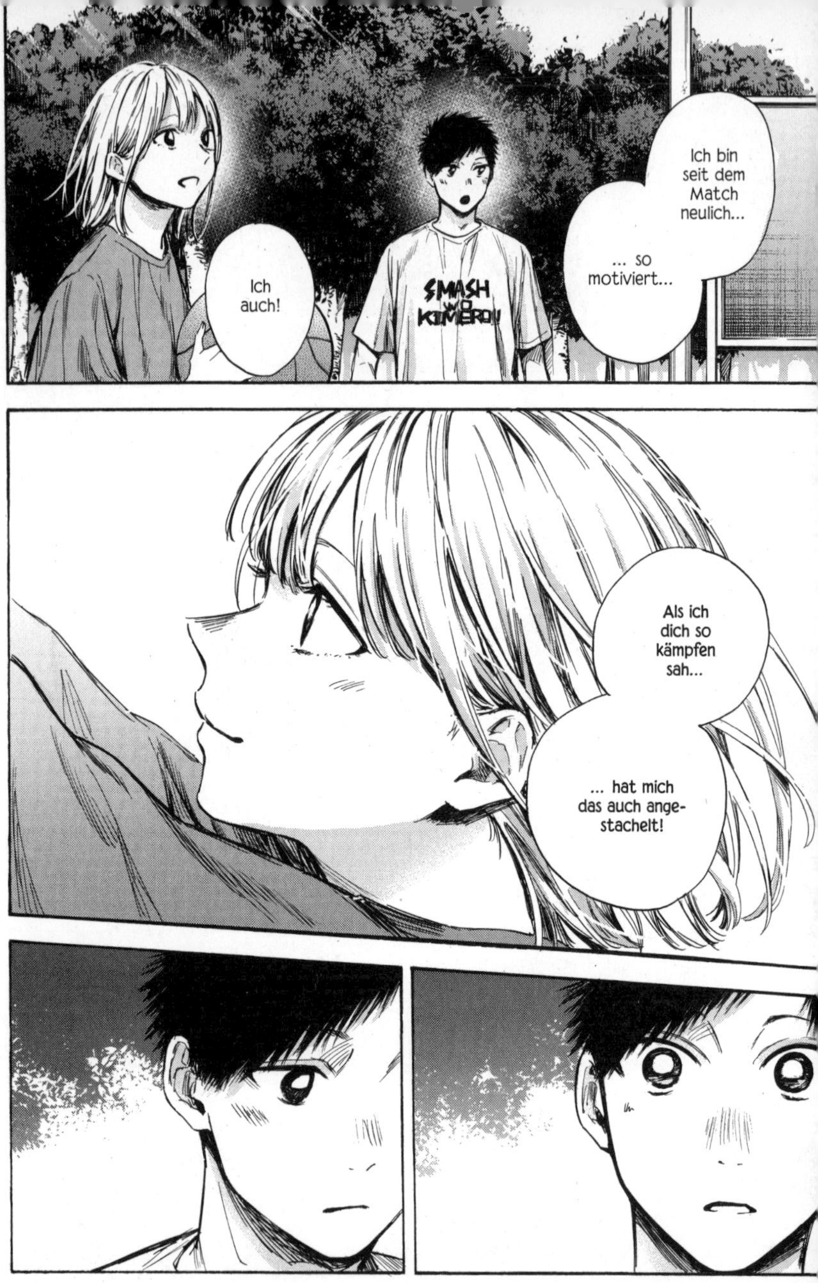
Ich bin seit dem Match neulich...
... so motiviert...
SMASH WO KIMERO!!
Ich auch!
Als ich dich so kämpfen sah...
... hat mich das auch ange-stachelt!

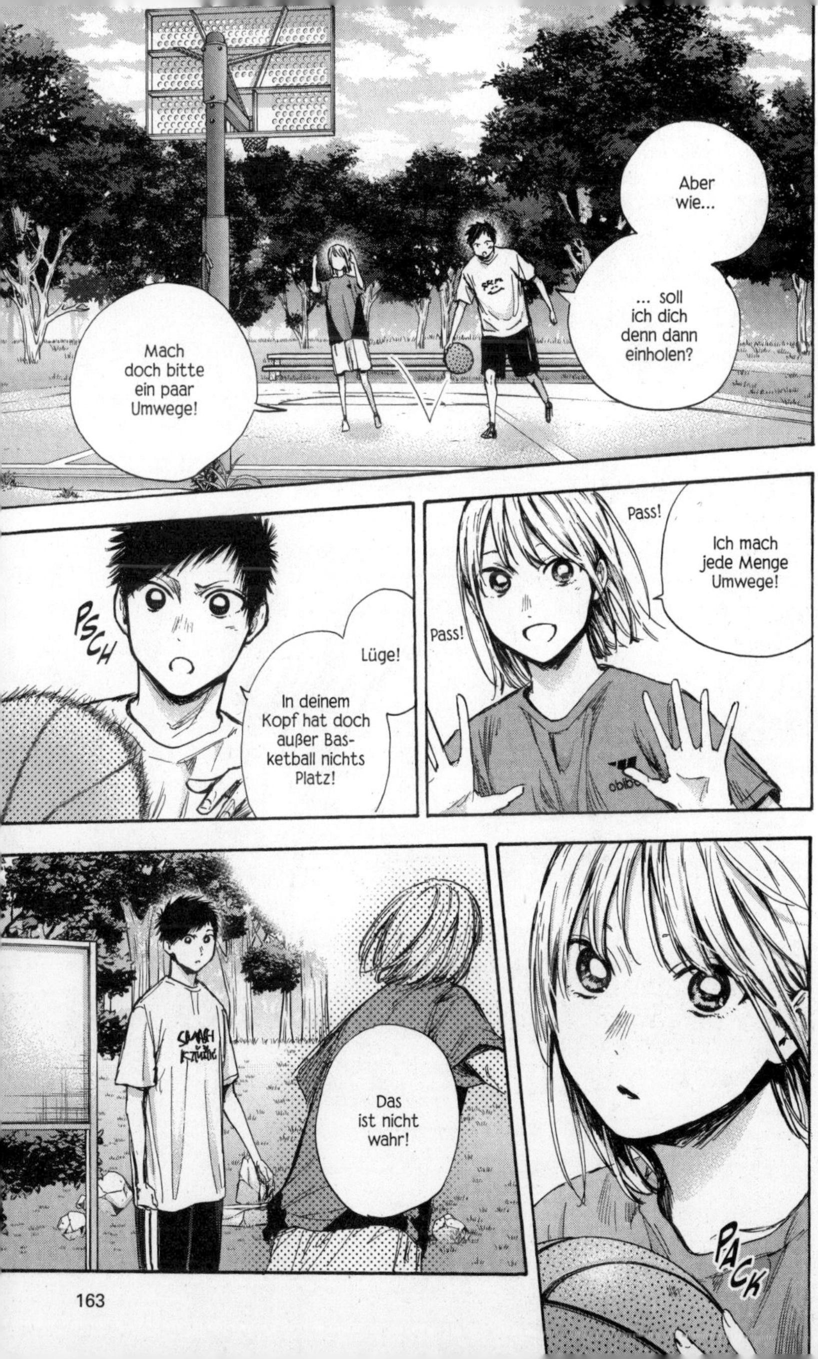
Aber wie...
... soll ich dich denn dann einholen?
Mach doch bitte ein paar Umwege!
Pass!
Ich mach jede Menge Umwege!
Pass!
Lüge!
In deinem Kopf hat doch außer Basketball nichts Platz!
PSCH
PACK
Das ist nicht wahr!

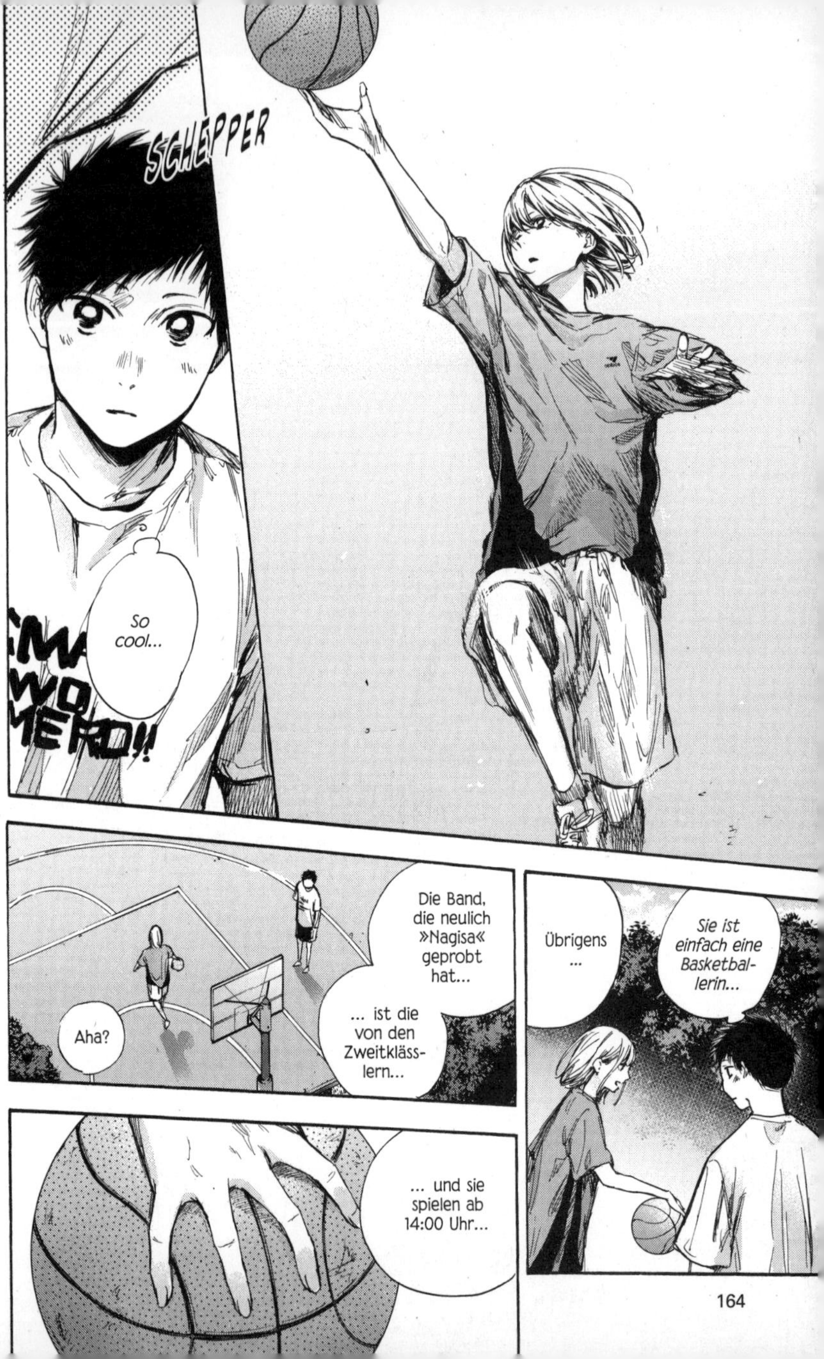
SCHEPPER
So cool...
Sie ist einfach eine Basketbal-lerin...
Übrigens ...
Die Band, die neulich »Nagisa« geprobt hat...
... ist die von den Zweitkläss-lern...
Aha?
... und sie spielen ab 14:00 Uhr...

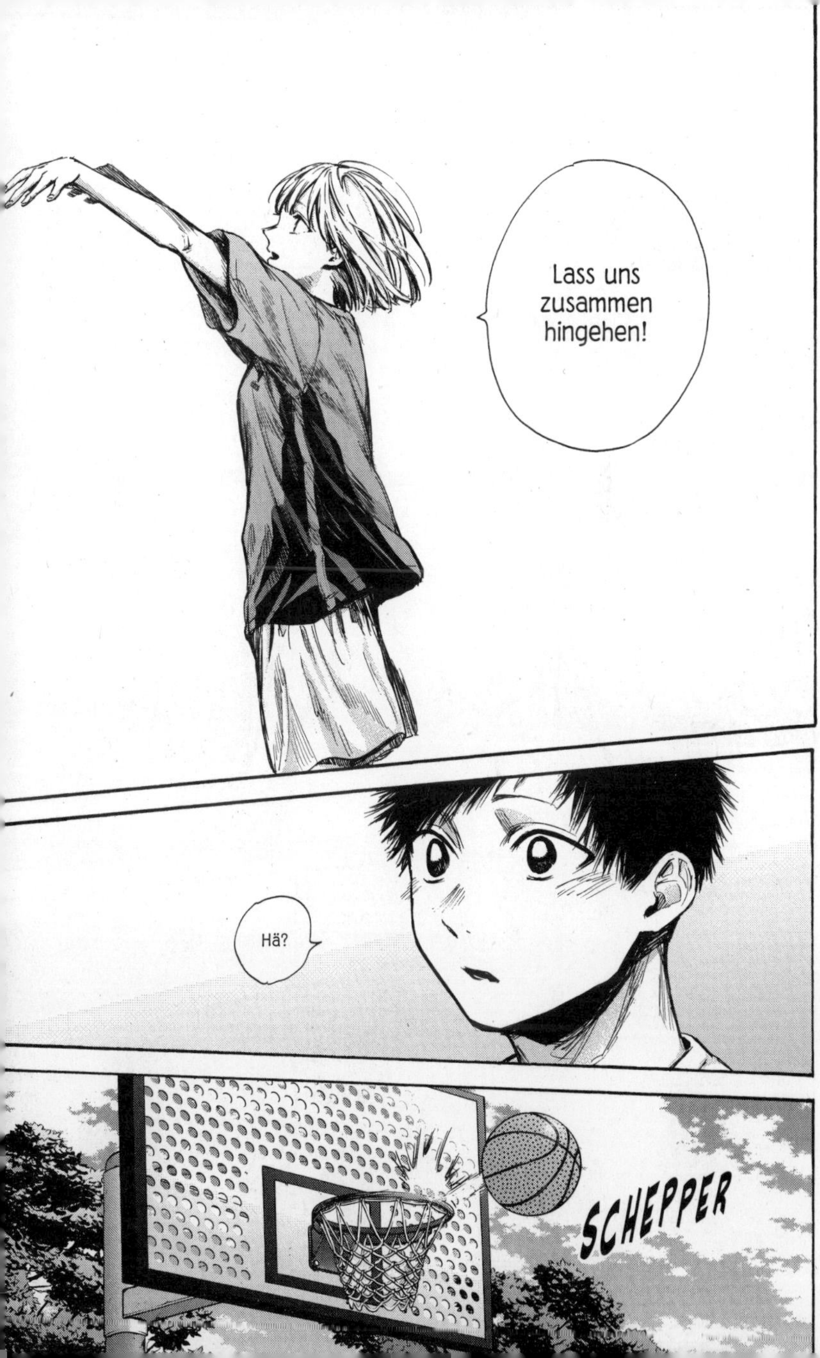
Lass uns zusammen hingehen!
Hä?
SCHEPPER

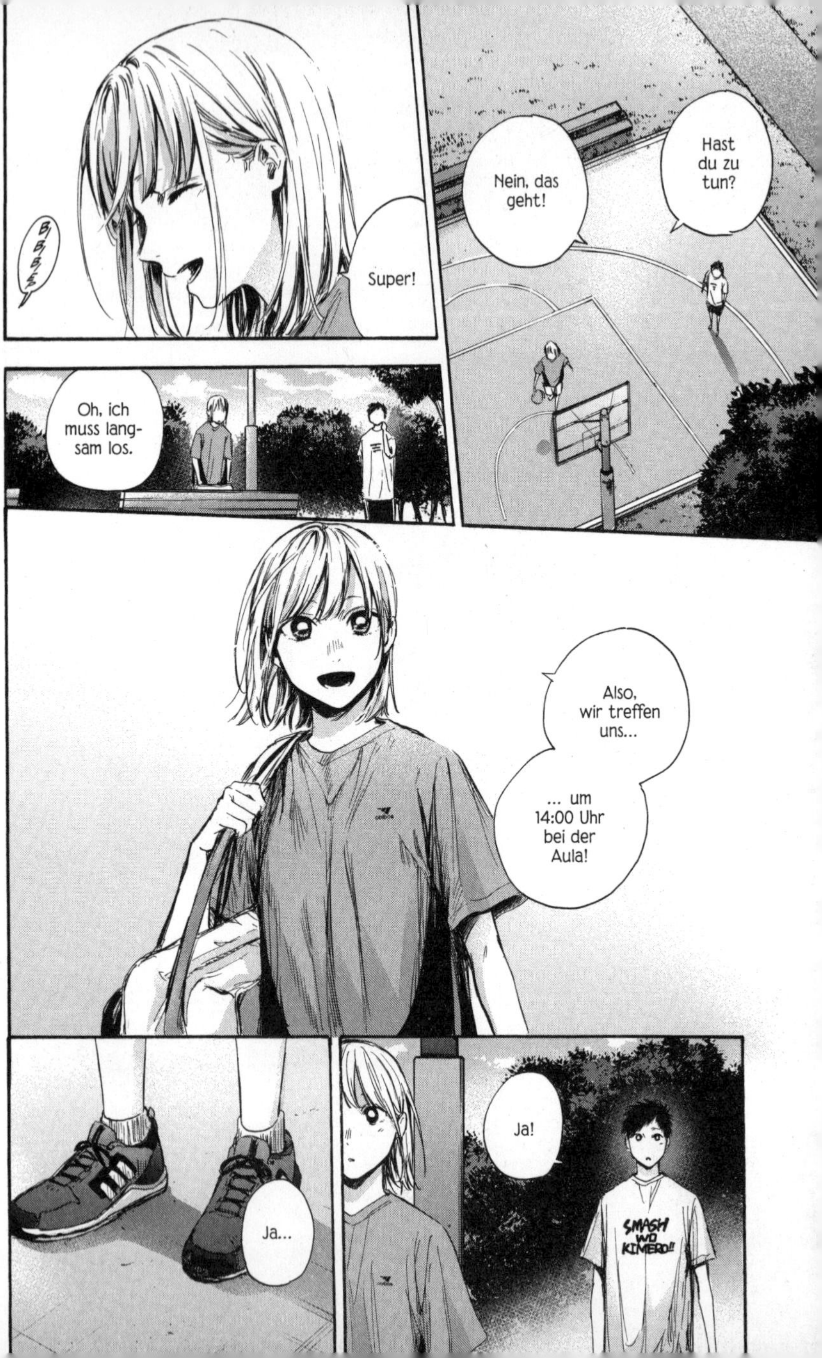
Hast du zu tun?
Nein, das geht!
Super!
Oh, ich muss langsam los.
Also, wir treffen uns...
... um 14:00 Uhr bei der Aula!
Ja!
SMASH WO KIMERO!!
Ja...

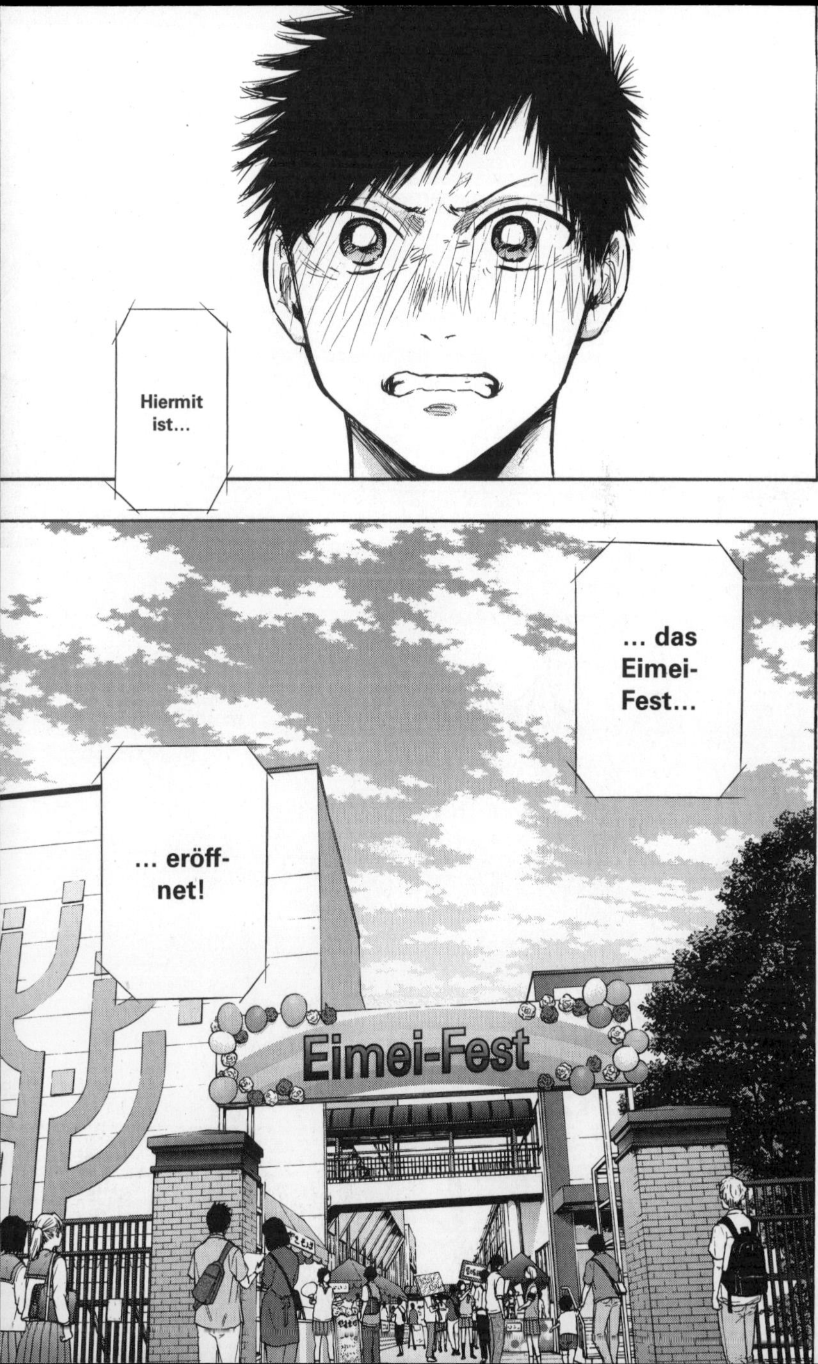
Hiermit ist…
… das Eimei-Fest…
… eröff-net!
Eimei-Fest

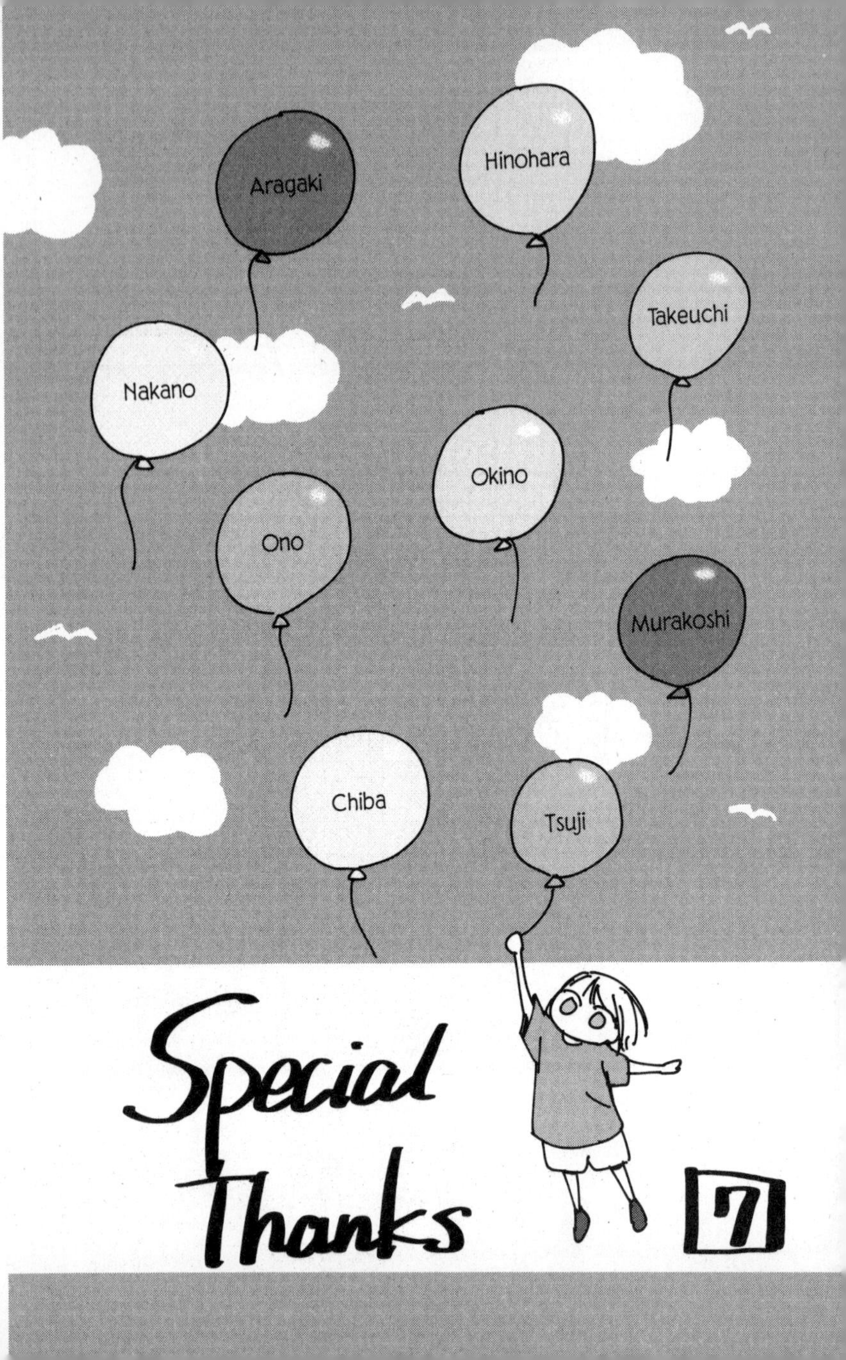
Aragaki
Hinohara
Takeuchi
Nakano
Okino
Ono
Murakoshi
Chiba
Tsuji
Special Thanks
7

#61 Ich hab was vor

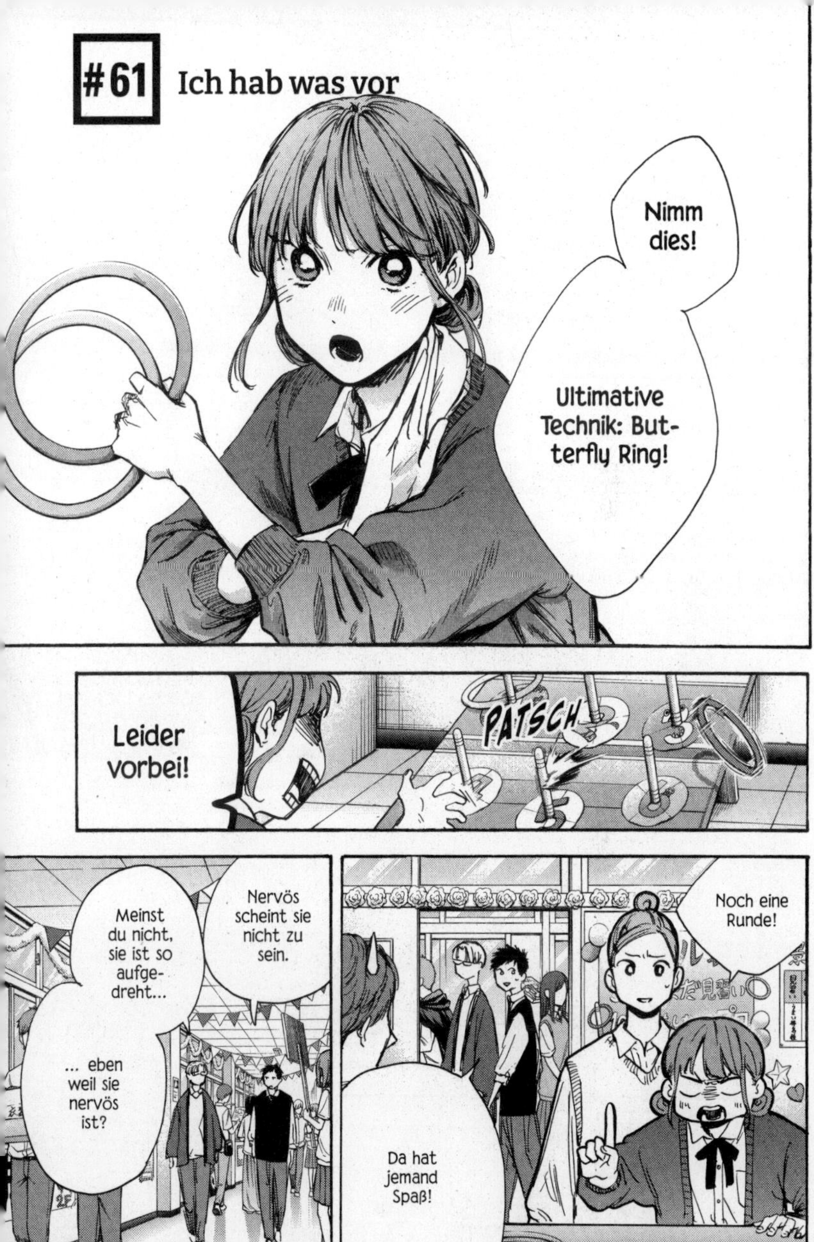

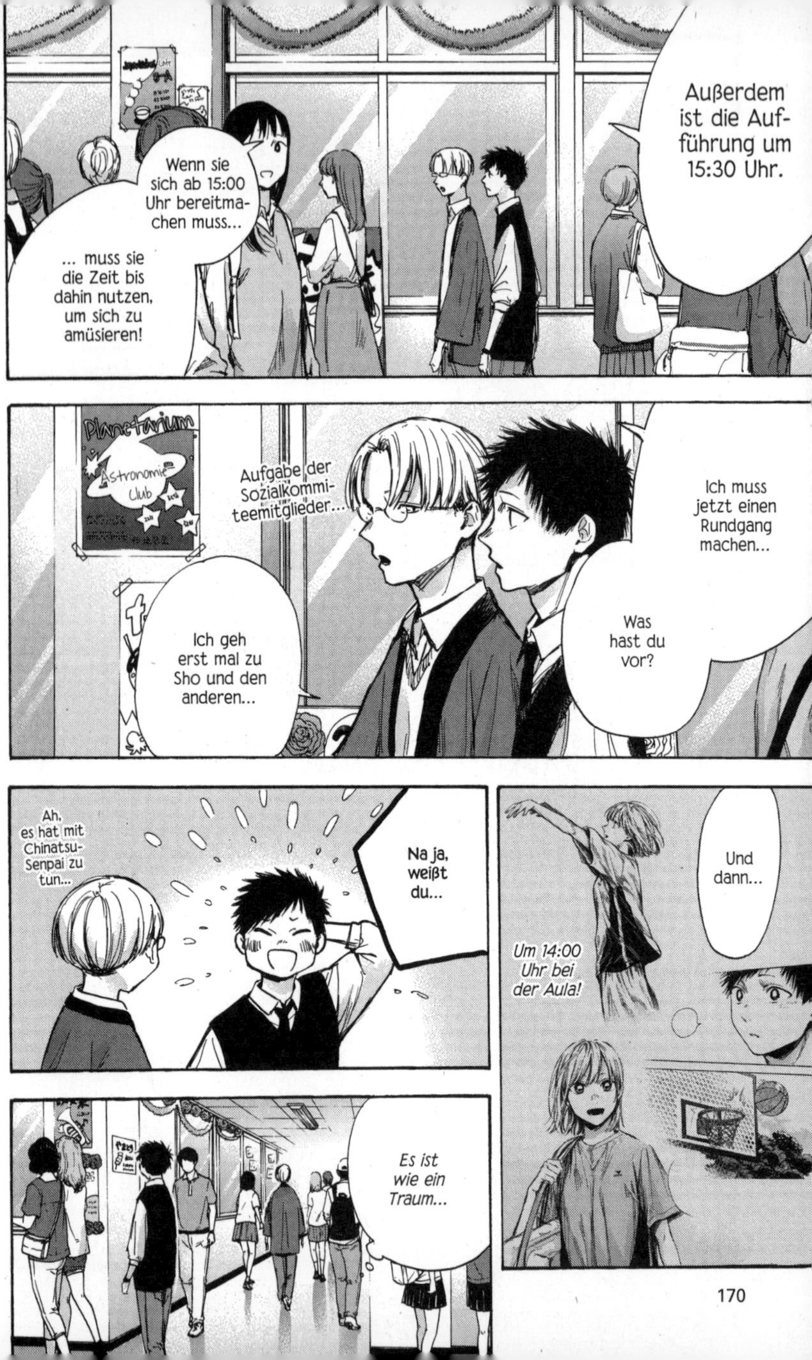
Außerdem ist die Aufführung um 15:30 Uhr.
Wenn sie sich ab 15:00 Uhr bereitmachen muss...
... muss sie die Zeit bis dahin nutzen, um sich zu amüsieren!
Planetarium
Astronomie Club
Ich muss jetzt einen Rundgang machen...
Was hast du vor?
Aufgabe der Sozialkommiteemitglieder...
Ich geh erst mal zu Sho und den anderen...
Und dann...
Um 14:00 Uhr bei der Aula!
Na ja, weißt du...
Ah, es hat mit Chinatsu-Senpai zu tun...
Es ist wie ein Traum...

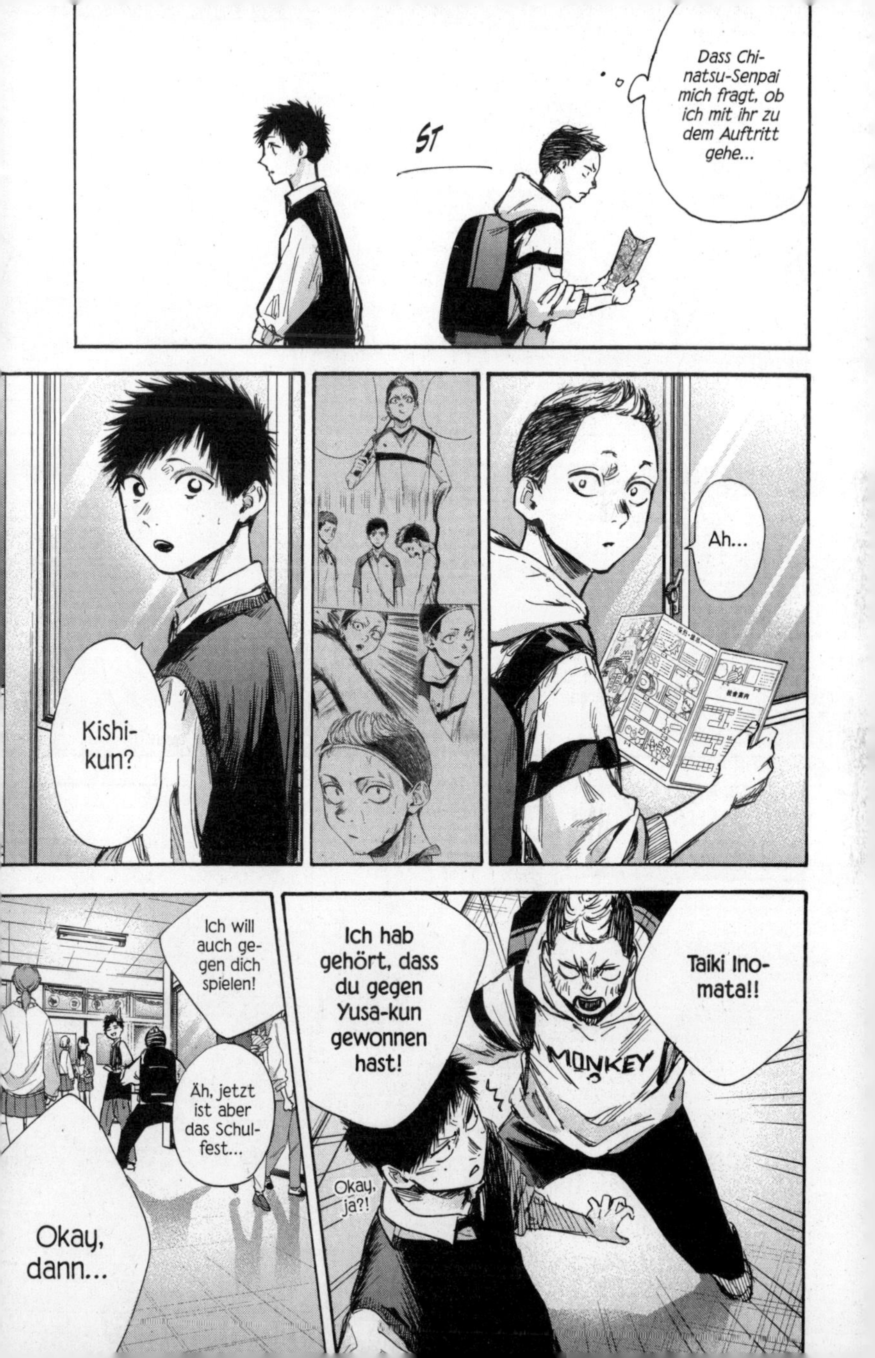
Dass Chinatsu-Senpai mich fragt, ob ich mit ihr zu dem Auftritt gehe...
ST
Ah...
Kishi-kun?
Taiki Inomata!!
Ich hab gehört, dass du gegen Yusa-kun gewonnen hast!
Okay, ja?!
Ich will auch gegen dich spielen!
Äh, jetzt ist aber das Schulfest...
Okay, dann...

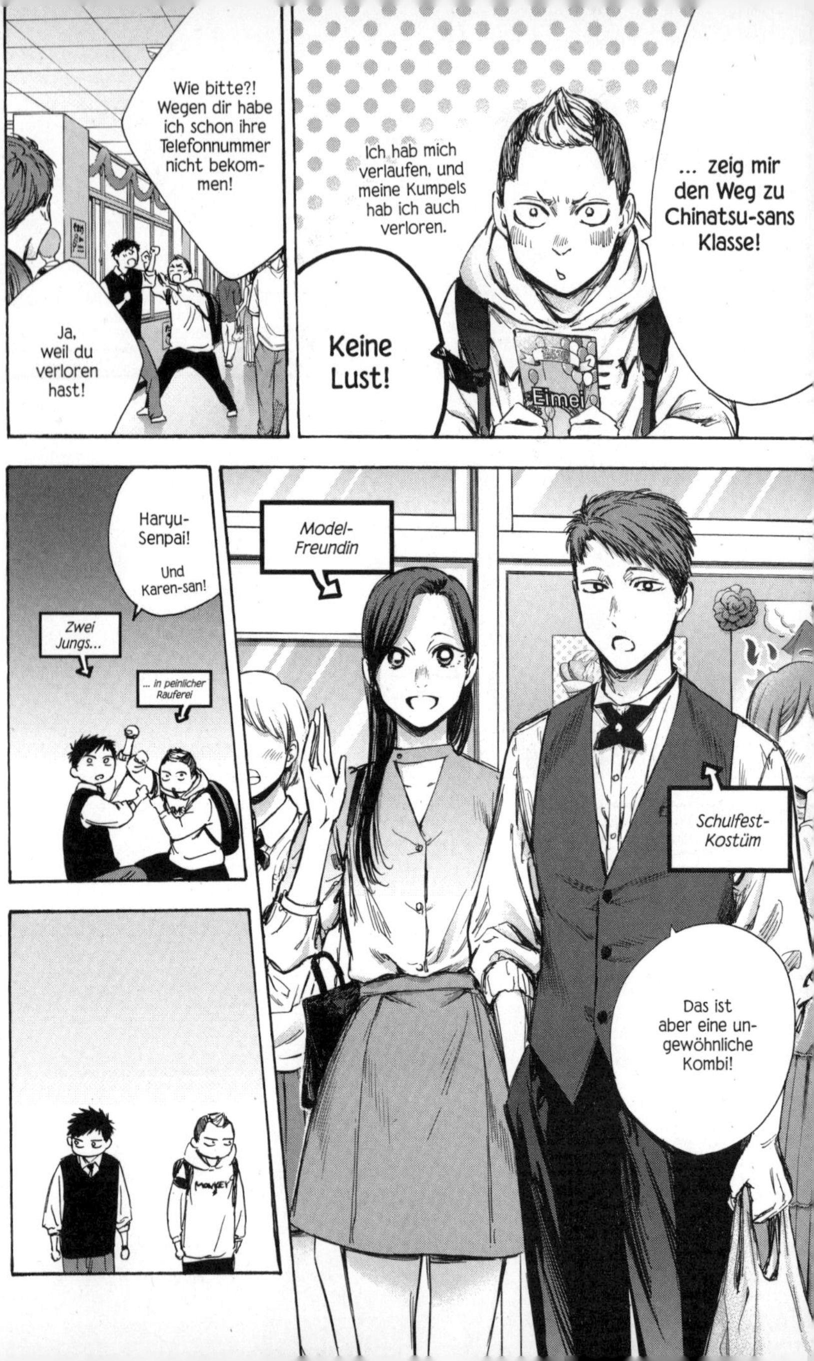
... zeig mir den Weg zu Chinatsu-sans Klasse!
Ich hab mich verlaufen, und meine Kumpels hab ich auch verloren.
Keine Lust!
Eimei
Wie bitte?! Wegen dir habe ich schon ihre Telefonnummer nicht bekommen!
Ja, weil du verloren hast!
Model-Freundin
Schulfest-Kostüm
Das ist aber eine ungewöhnliche Kombi!
Haryu-Senpai!
Und Karen-san!
Zwei Jungs...
... in peinlicher Rauferei

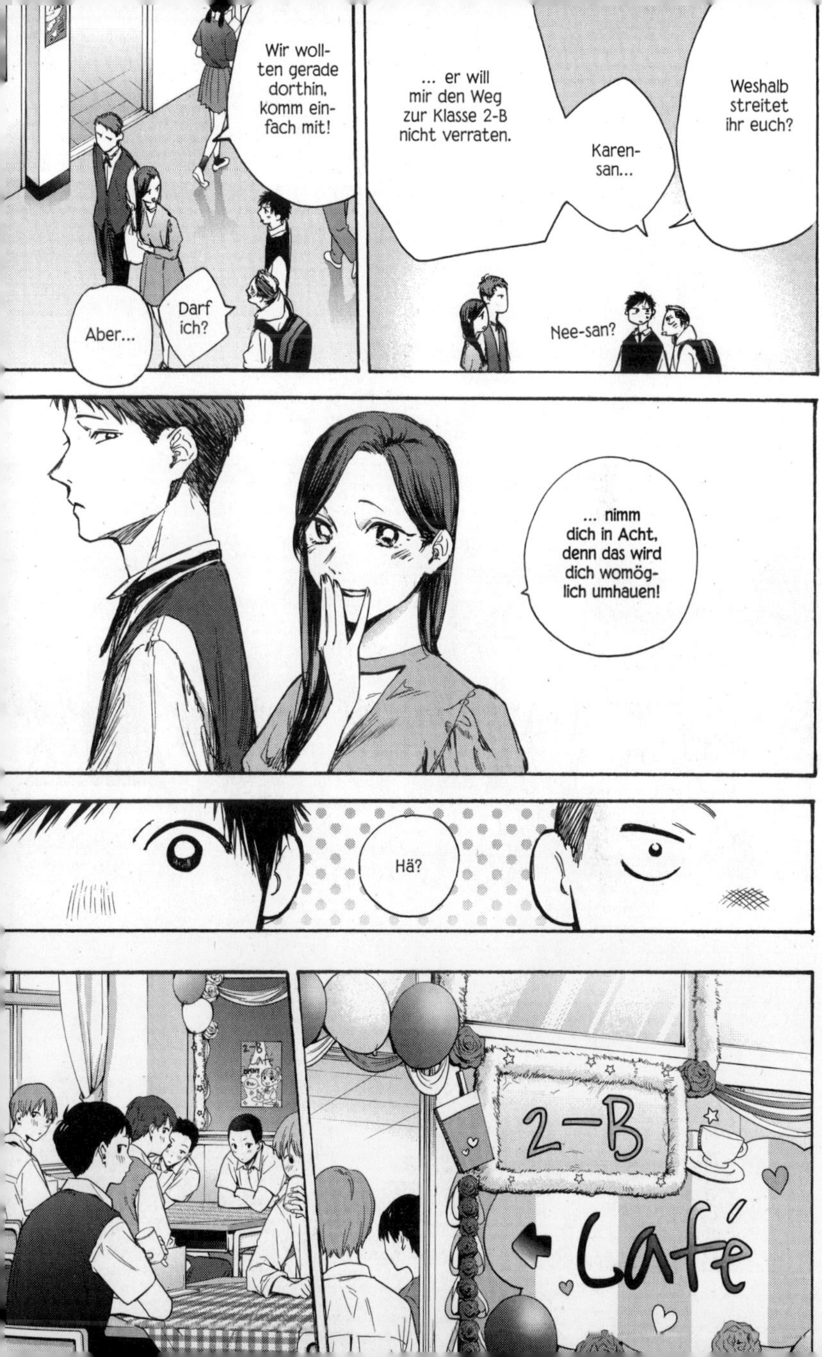

Weshalb streitet ihr euch?
Karen-san...
... er will mir den Weg zur Klasse 2-B nicht verraten.
Nee-san?
Wir wollten gerade dorthin, komm einfach mit!
Darf ich?
Aber...
... nimm dich in Acht, denn das wird dich womöglich umhauen!
Hä?
2-B
Café

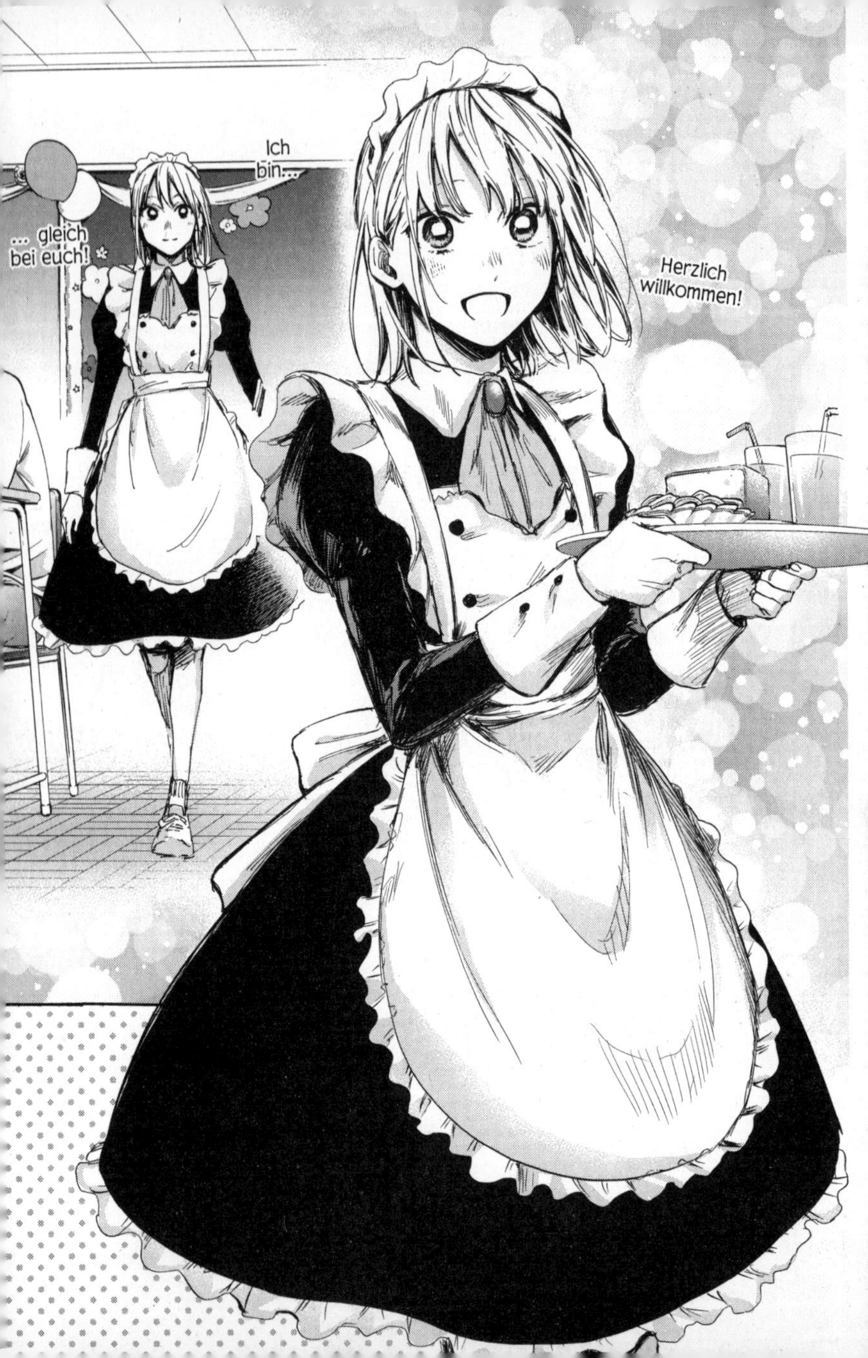
Herzlich willkommen!
Ich bin...
... gleich bei euch!

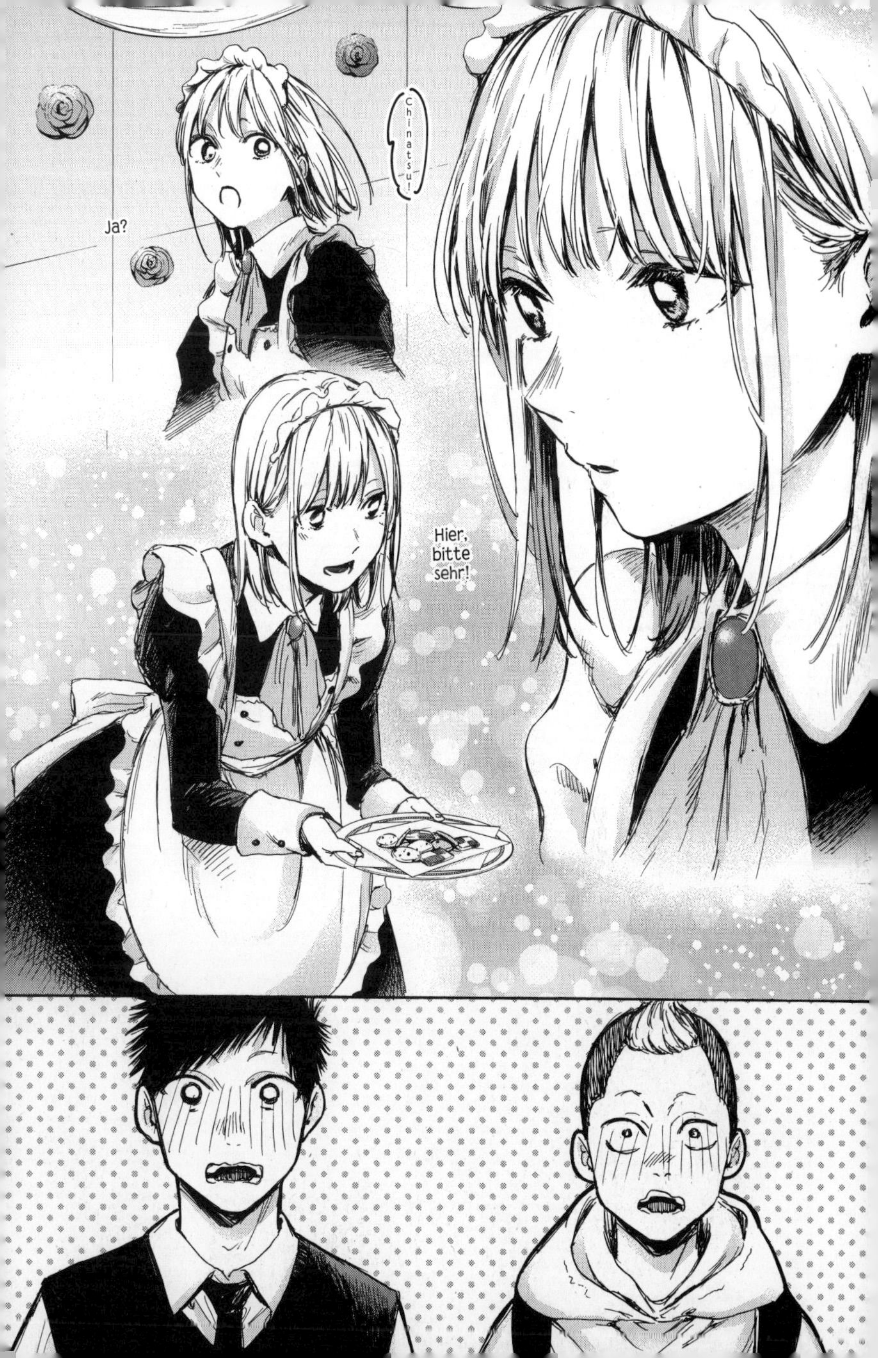
Chinatsu!
Ja?
Hier, bitte sehr!

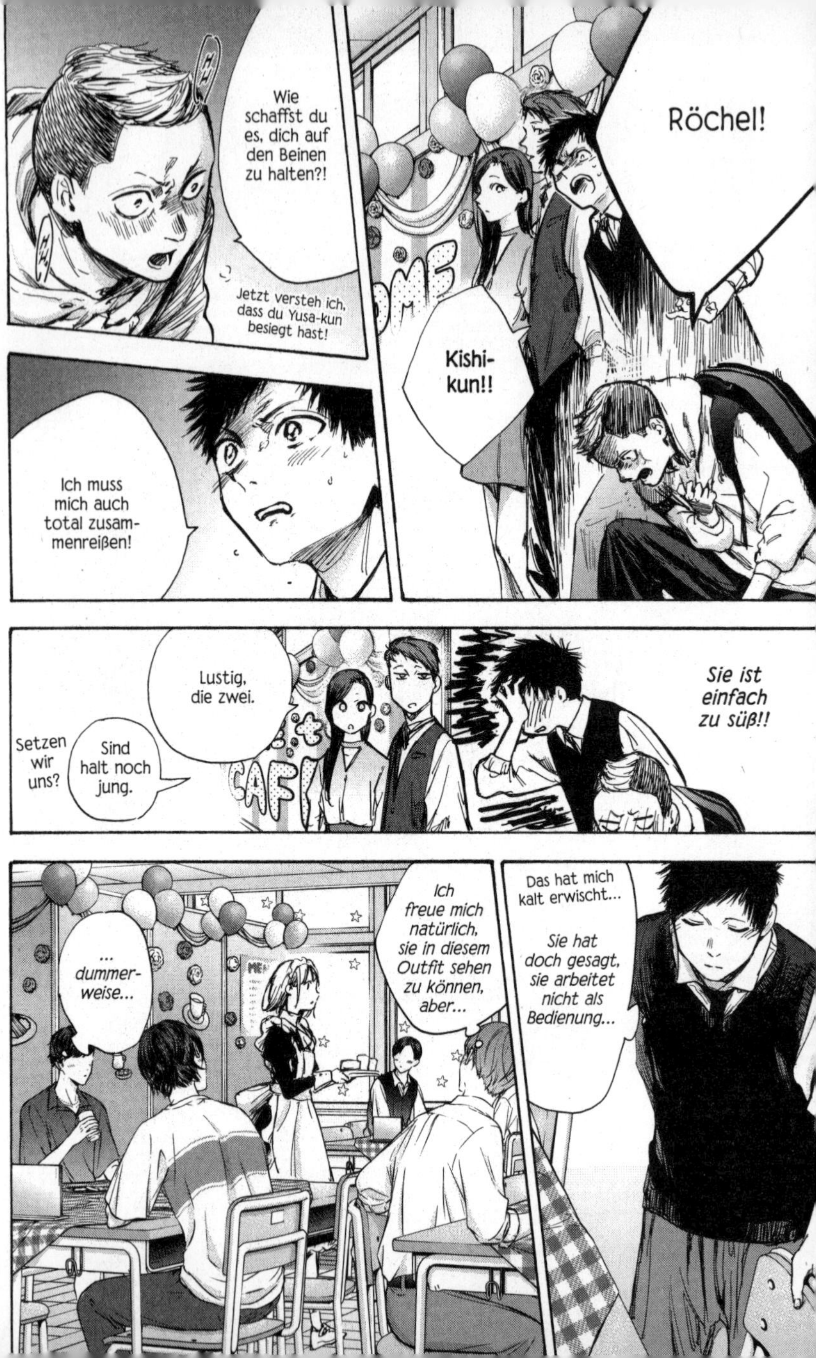
Röchel!
Kishi-kun!!
Wie schaffst du es, dich auf den Beinen zu halten?!
Jetzt versteh ich, dass du Yusa-kun besiegt hast!
Ich muss mich auch total zusammenreißen!
Sie ist einfach zu süß!!
Lustig, die zwei.
Sind halt noch jung.
Setzen wir uns?
Das hat mich kalt erwischt...
Sie hat doch gesagt, sie arbeitet nicht als Bedienung...
Ich freue mich natürlich, sie in diesem Outfit sehen zu können, aber...
... dummerweise...

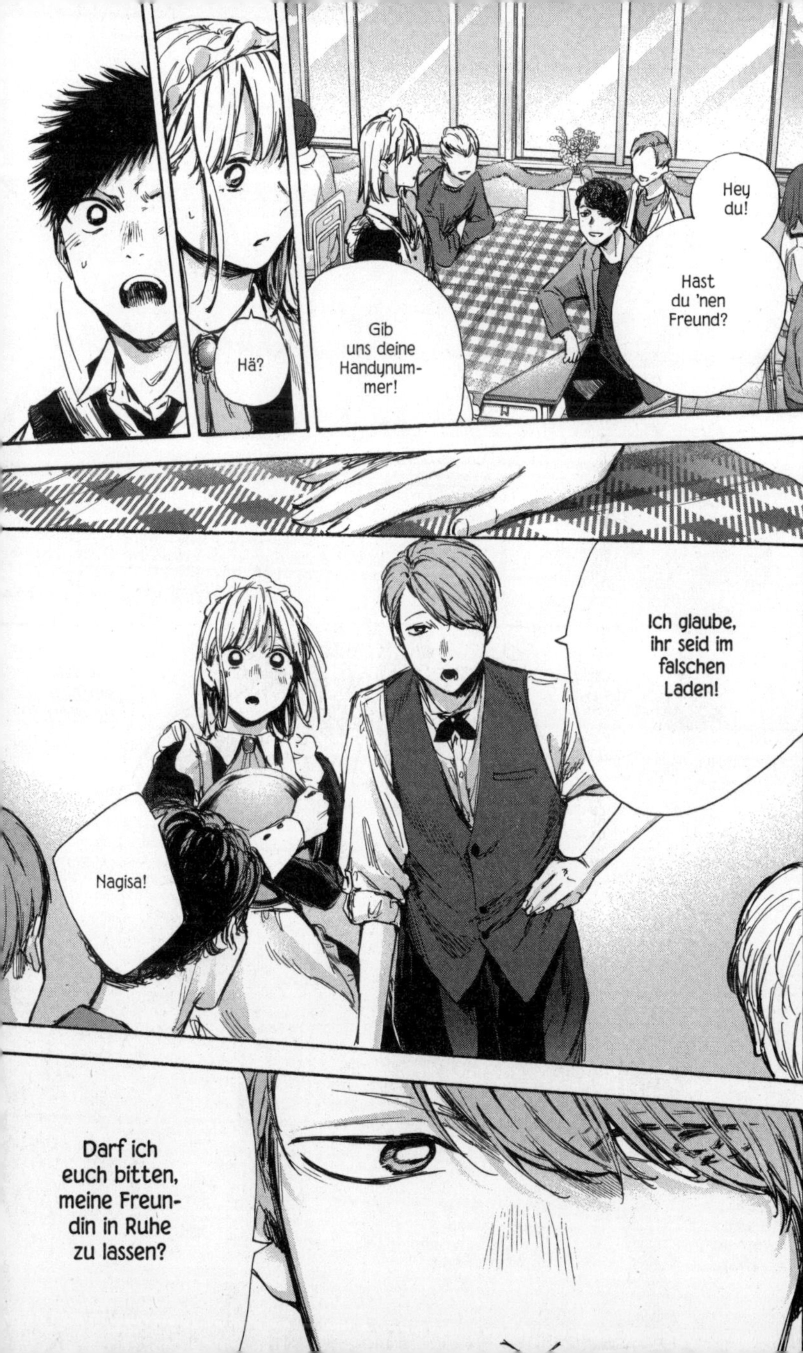
Hey du!
Hast du 'nen Freund?
Gib uns deine Handynummer!
Hä?
Ich glaube, ihr seid im falschen Laden!
Nagisa!
Darf ich euch bitten, meine Freundin in Ruhe zu lassen?

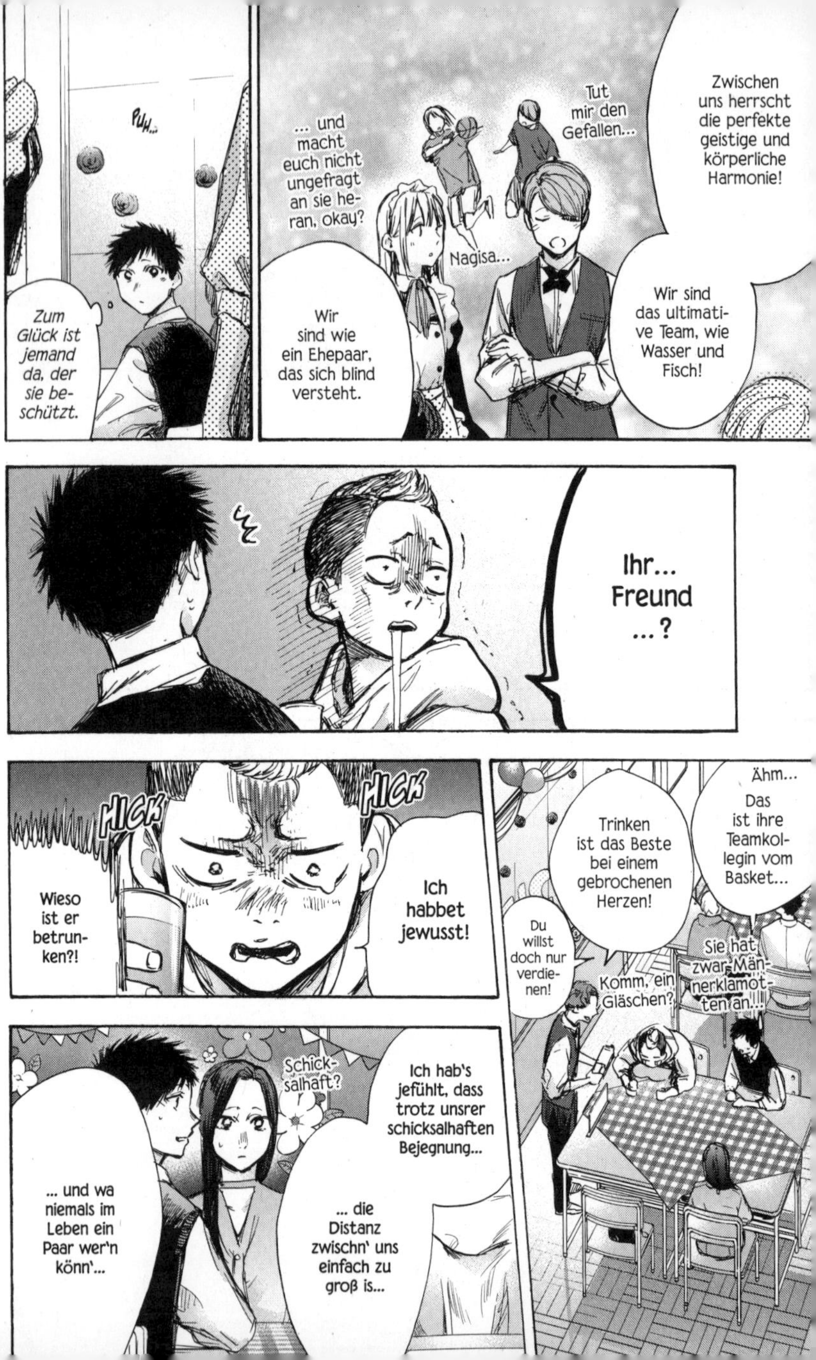
Zwischen uns herrscht die perfekte geistige und körperliche Harmonie!
Wir sind das ultimative Team, wie Wasser und Fisch!
Tut mir den Gefallen...
Nagisa...
... und macht euch nicht ungefragt an sie heran, okay?
Wir sind wie ein Ehepaar, das sich blind versteht.
PUH...
Zum Glück ist jemand da, der sie beschützt.
Ihr... Freund ...?
Ähm... Das ist ihre Teamkollegin vom Basket...
Sie hat zwar Männerklamotten an...
Trinken ist das Beste bei einem gebrochenen Herzen!
Komm, ein Gläschen?
Du willst doch nur verdienen!
HICK
HICK
Ich habbet jewusst!
Wieso ist er betrunken?!
Ich hab's jefühlt, dass trotz unsrer schicksalhaften Bejegnung...
Schicksalhaft?
... die Distanz zwischn' uns einfach zu groß is...
... und wa niemals im Leben ein Paar wer'n könn'...

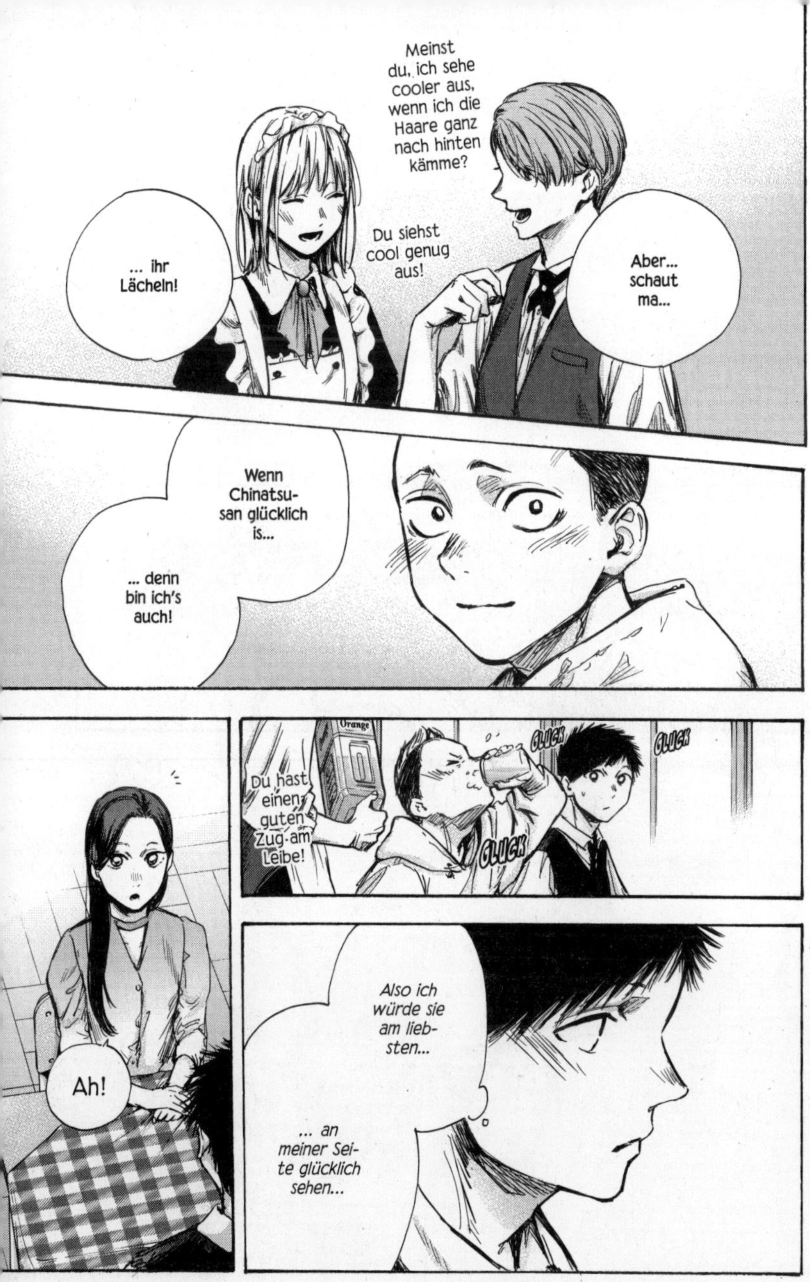
Meinst du, ich sehe cooler aus, wenn ich die Haare ganz nach hinten kämme?
Du siehst cool genug aus!
Aber... schaut ma...
... ihr Lächeln!
Wenn Chinatsu-san glücklich is...
... denn bin ich's auch!
GLUCK
GLUCK
Du hast einen guten Zug am Leibe!
GLUCK
Orange
Also ich würde sie am liebsten...
... an meiner Seite glücklich sehen...
Ah!

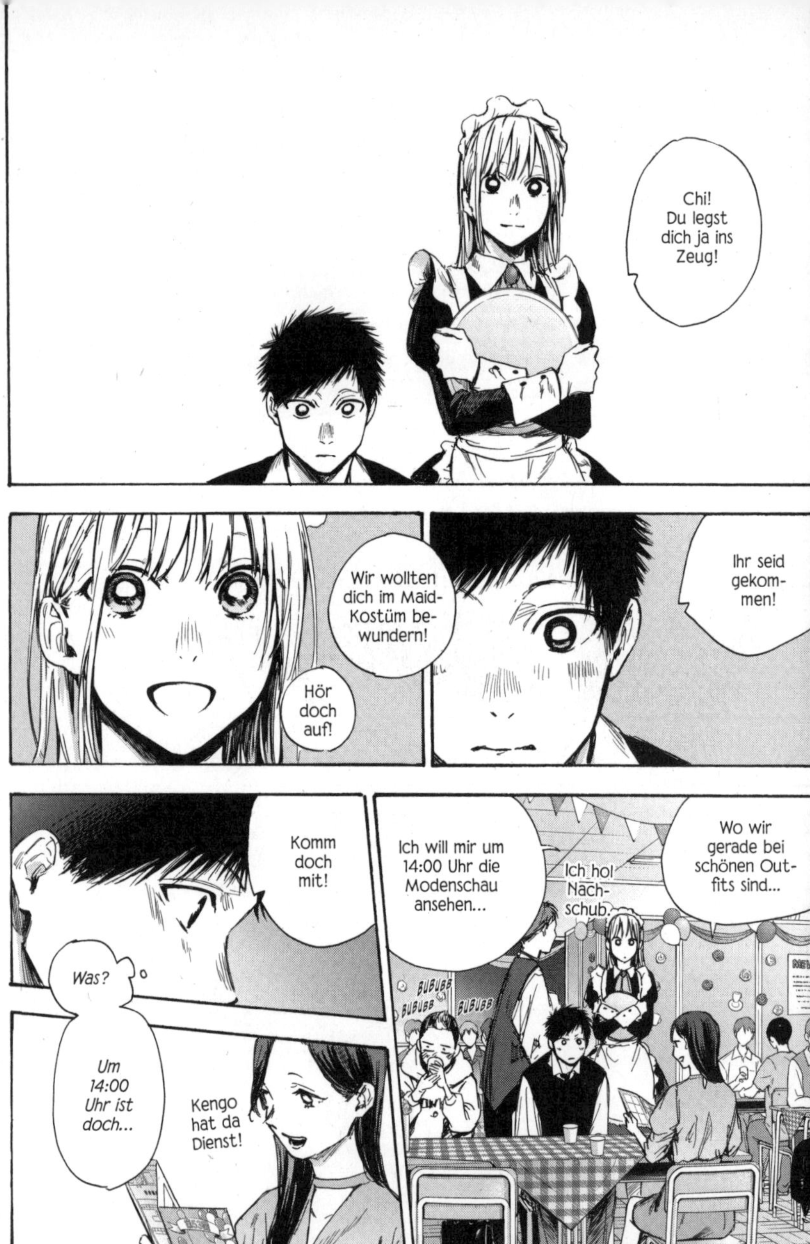
Chi! Du legst dich ja ins Zeug!
Ihr seid gekommen!
Wir wollten dich im Maid-Kostüm bewundern!
Hör doch auf!
Wo wir gerade bei schönen Outfits sind...
Ich hol Nachschub.
Ich will mir um 14:00 Uhr die Modenschau ansehen...
BUBUBB
BUBUBB
BUBUBB
Komm doch mit!
Was?
Um 14:00 Uhr ist doch...
Kengo hat da Dienst!

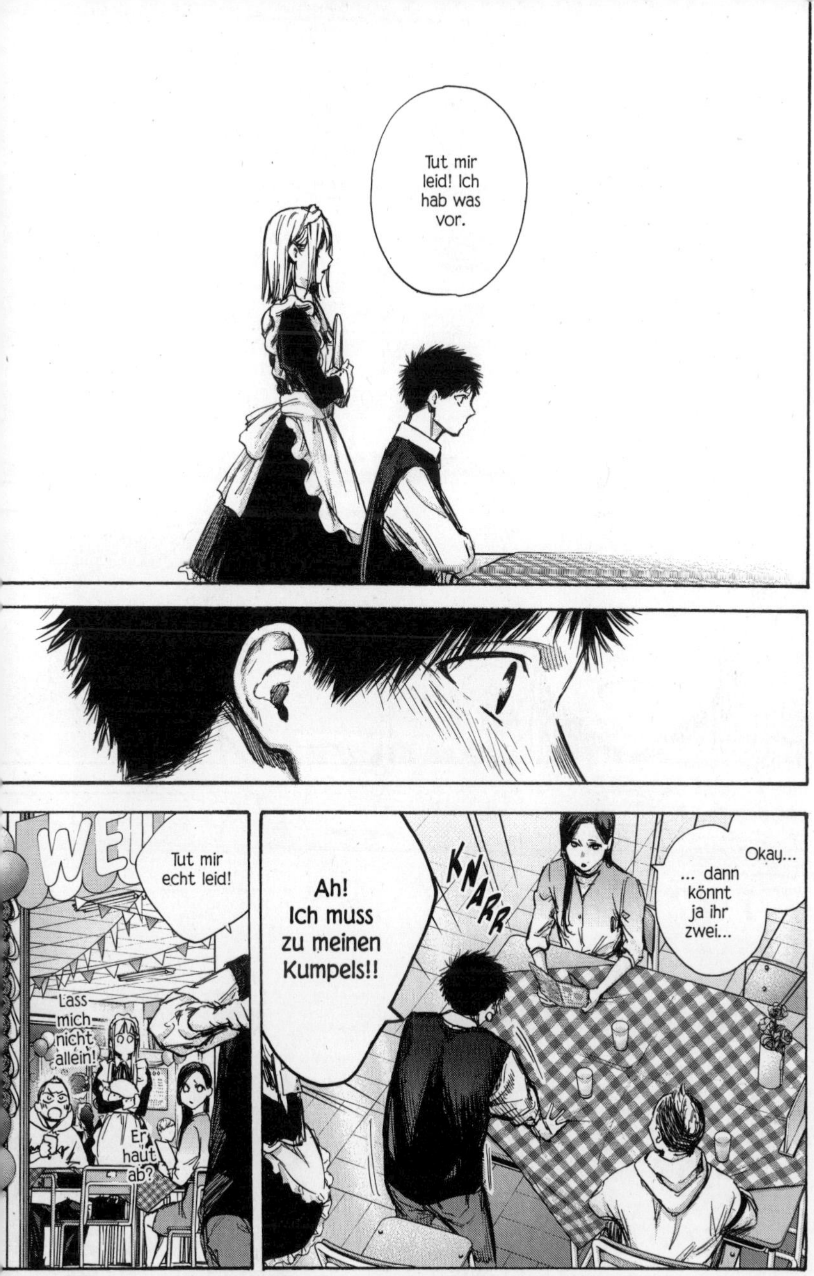
Tut mir leid! Ich hab was vor.
Okay...
... dann könnt ja ihr zwei...
KNARR
Ah! Ich muss zu meinen Kumpels!!
Tut mir echt leid!
Lass mich nicht allein!
Er haut ab?

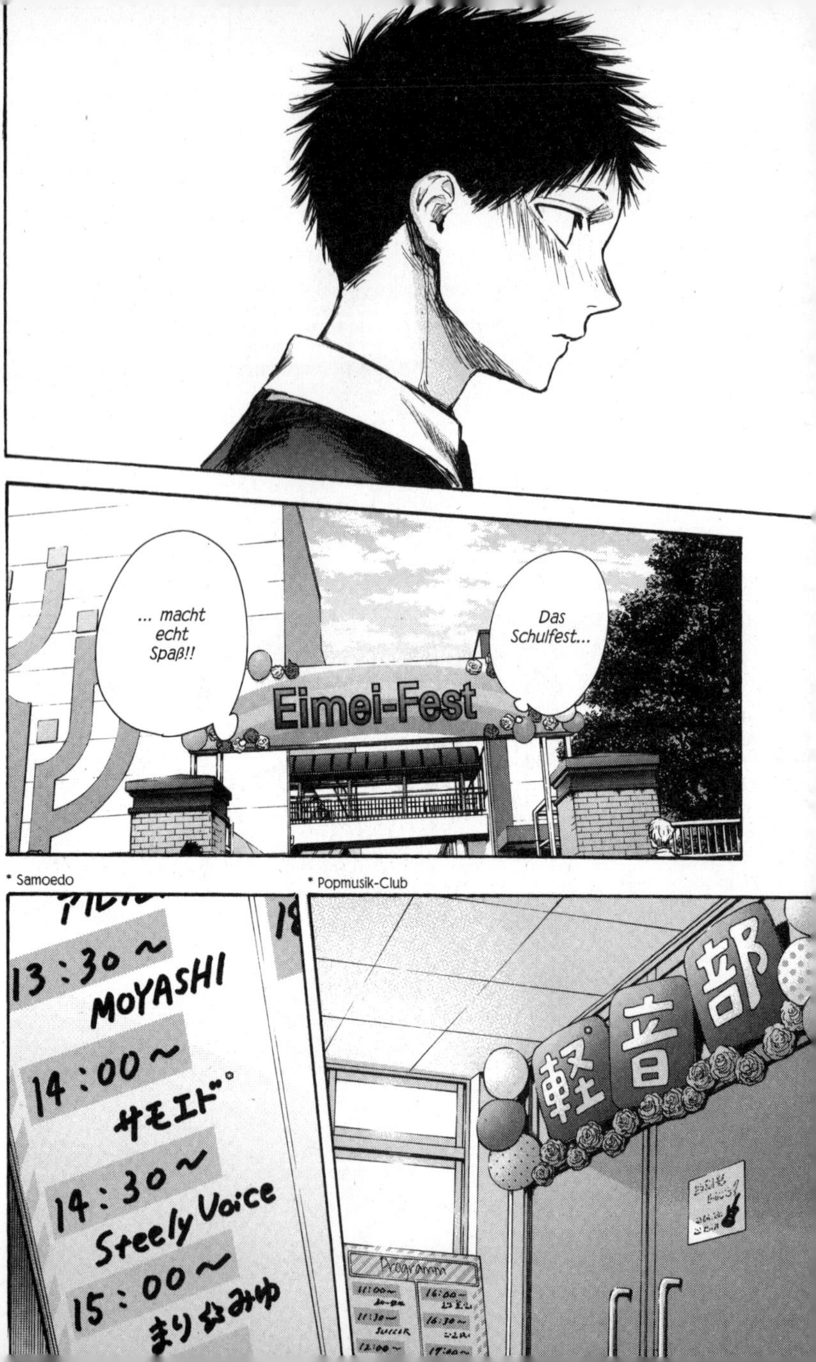

* Samoedo

* Popmusik-Club

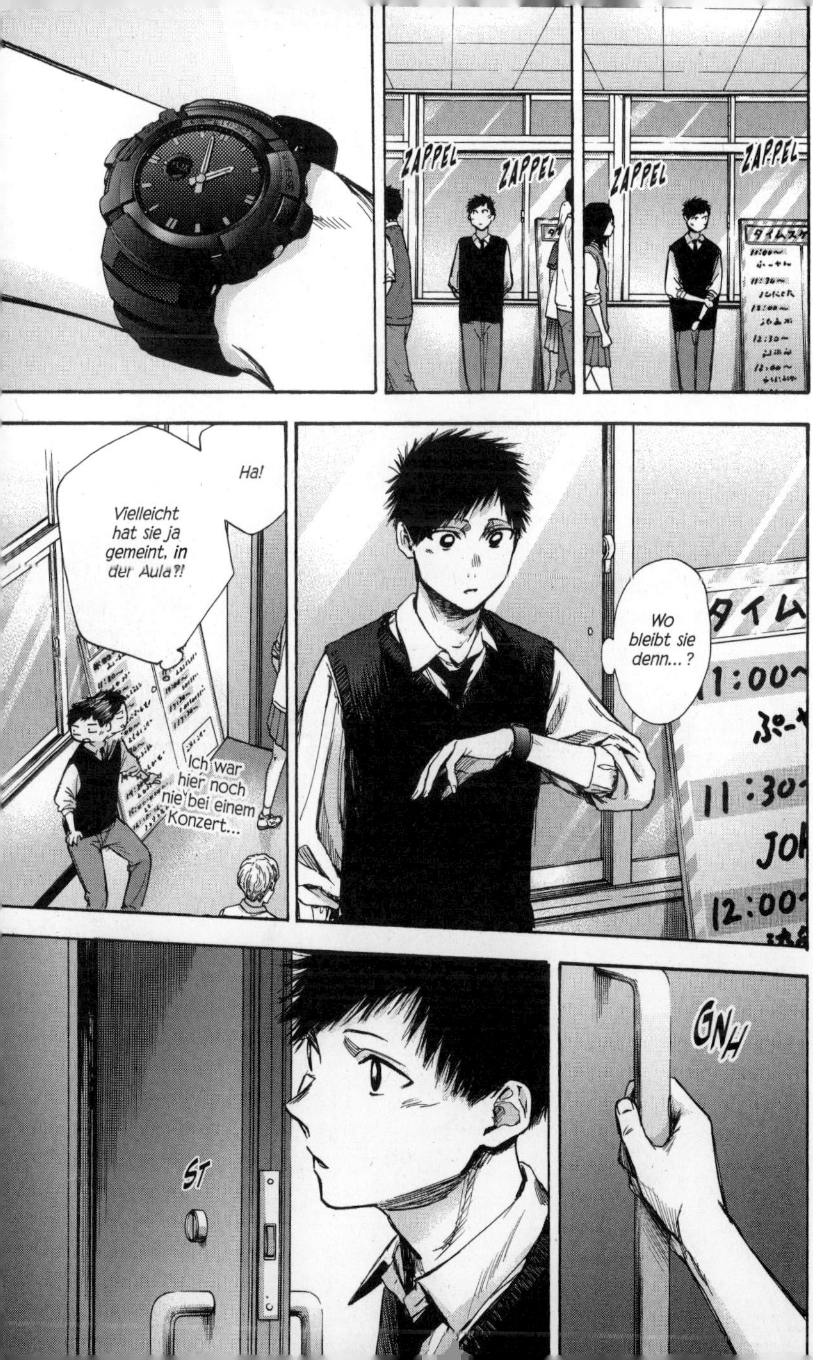
ZAPPEL
ZAPPEL
ZAPPEL
ZAPPEL
Wo bleibt sie denn…?
Ich war hier noch nie bei einem Konzert…
Ha!
Vielleicht hat sie ja gemeint, in der Aula?!
GNH
ST

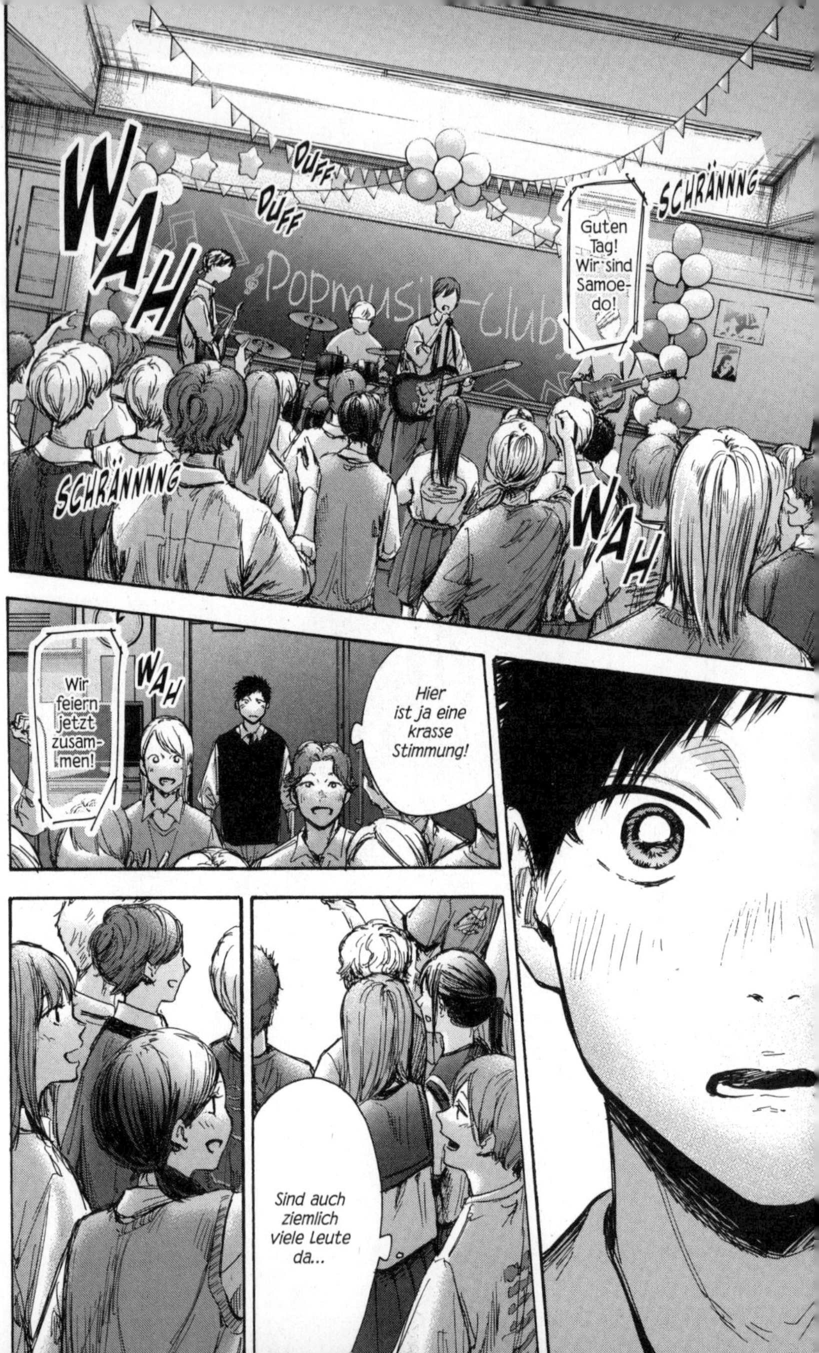

SCHRÄNNNG
Guten Tag! Wir sind Samoe-do!
OUFF
OUFF
WAH
WAH
SCHRÄNNNNG
Hier ist ja eine krasse Stimmung!
WAH
Wir feiern jetzt zusam-men!
Sind auch ziemlich viele Leute da...

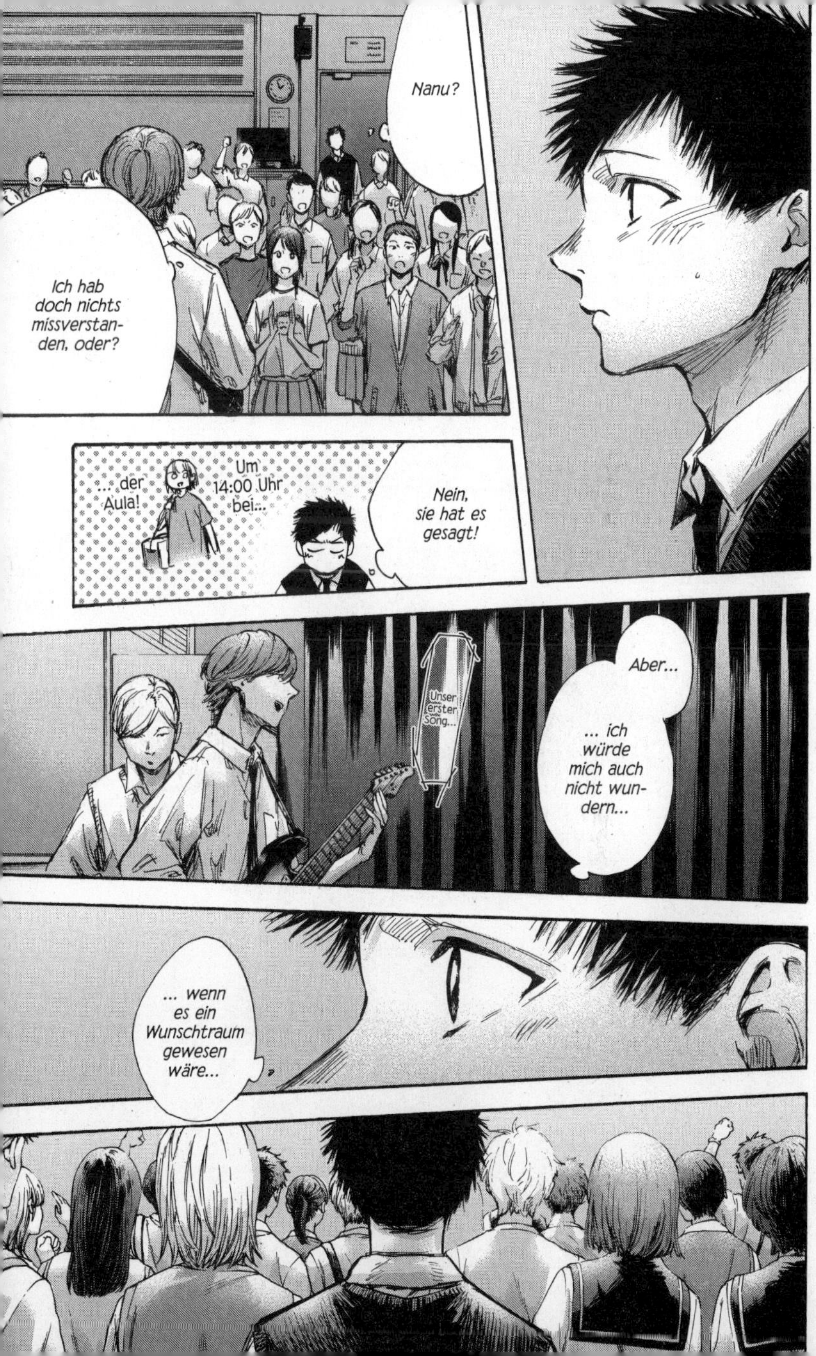
Nanu?
Ich hab doch nichts missverstanden, oder?
Nein, sie hat es gesagt!
Um 14:00 Uhr bei...
... der Aula!
Aber...
... ich würde mich auch nicht wundern...
Unser erster Song...
... wenn es ein Wunschtraum gewesen wäre...

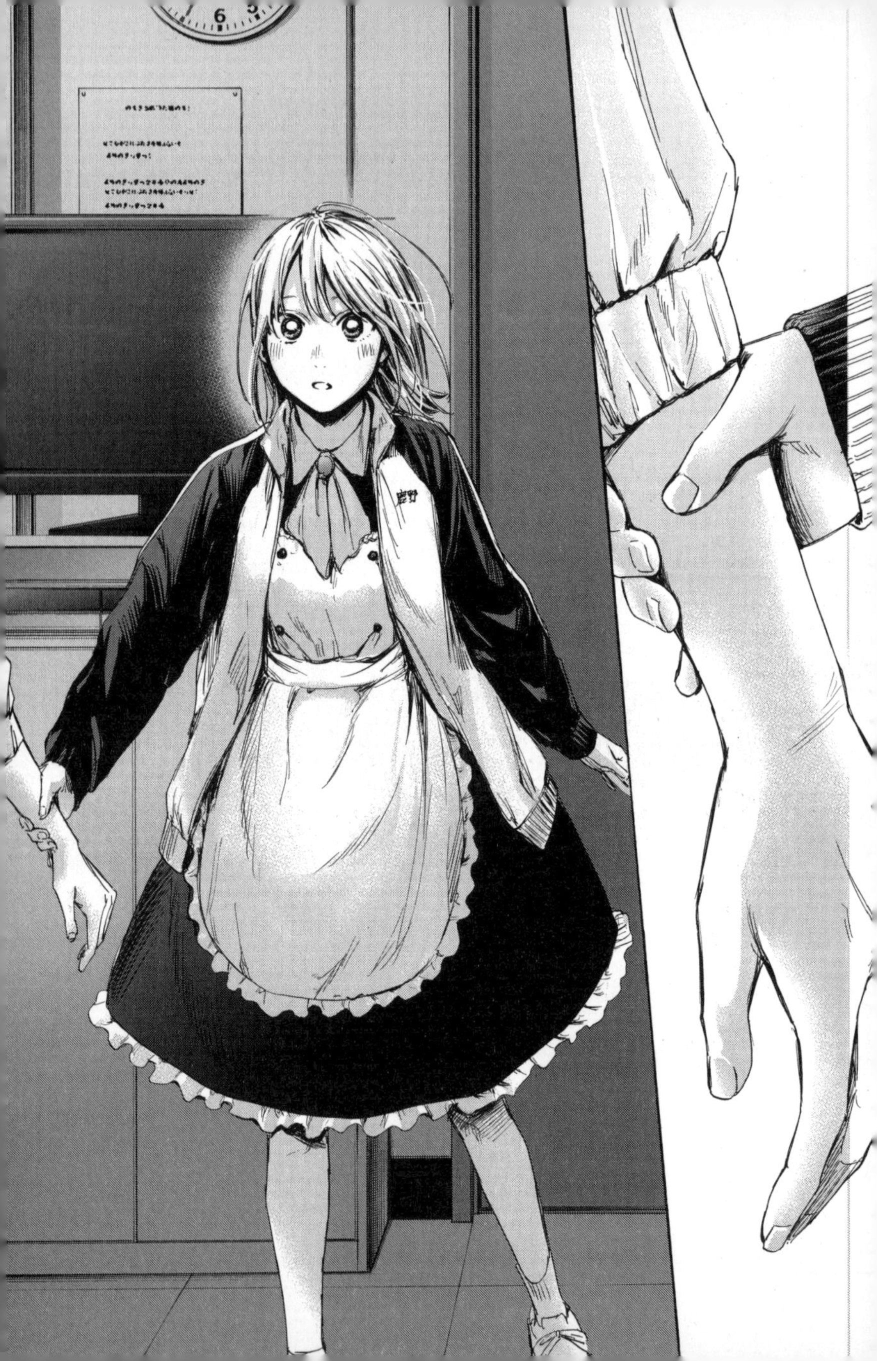

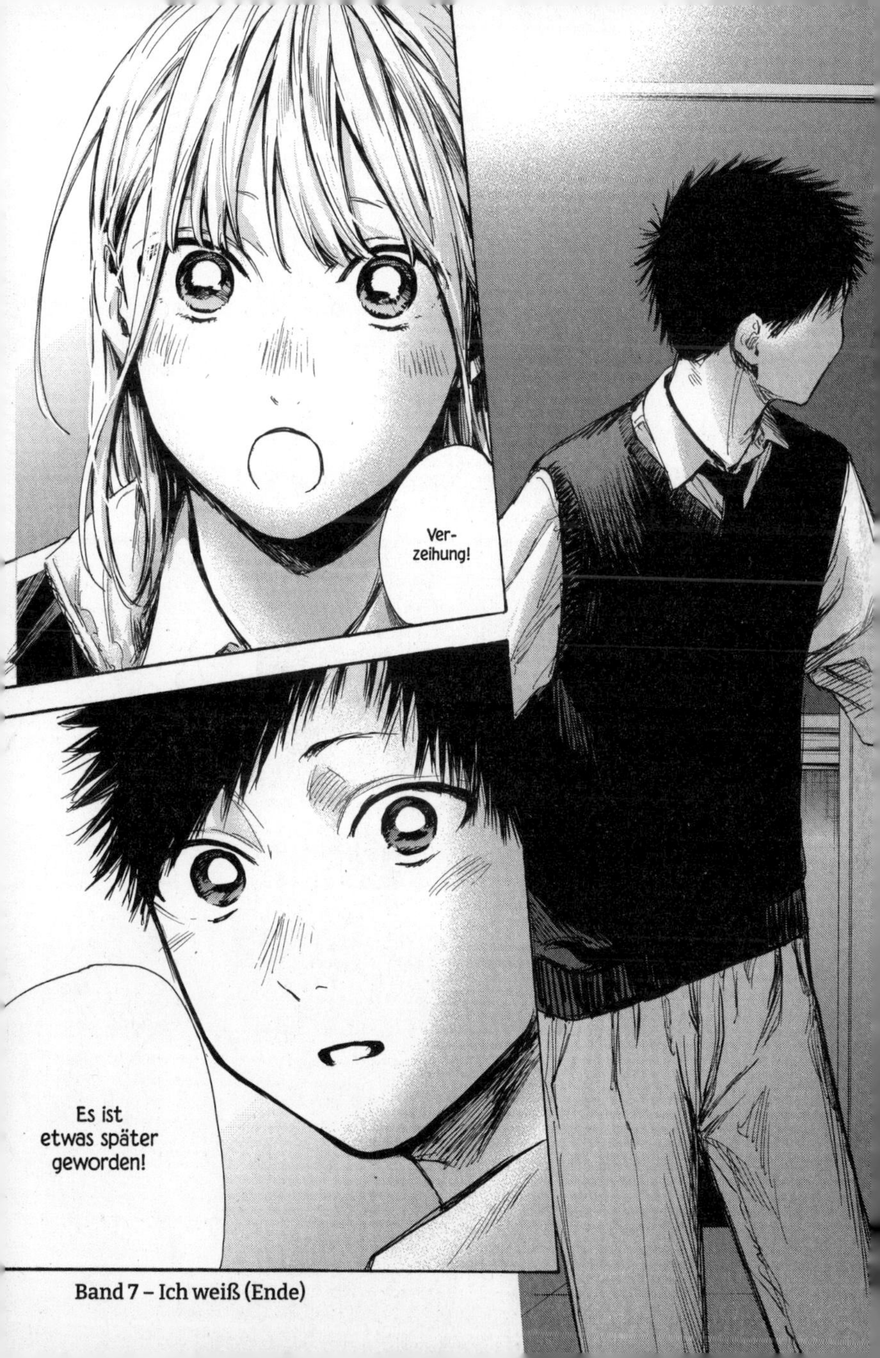

Band 7 – Ich weiß (Ende)

Bonus (29.7.2022 Twitter)

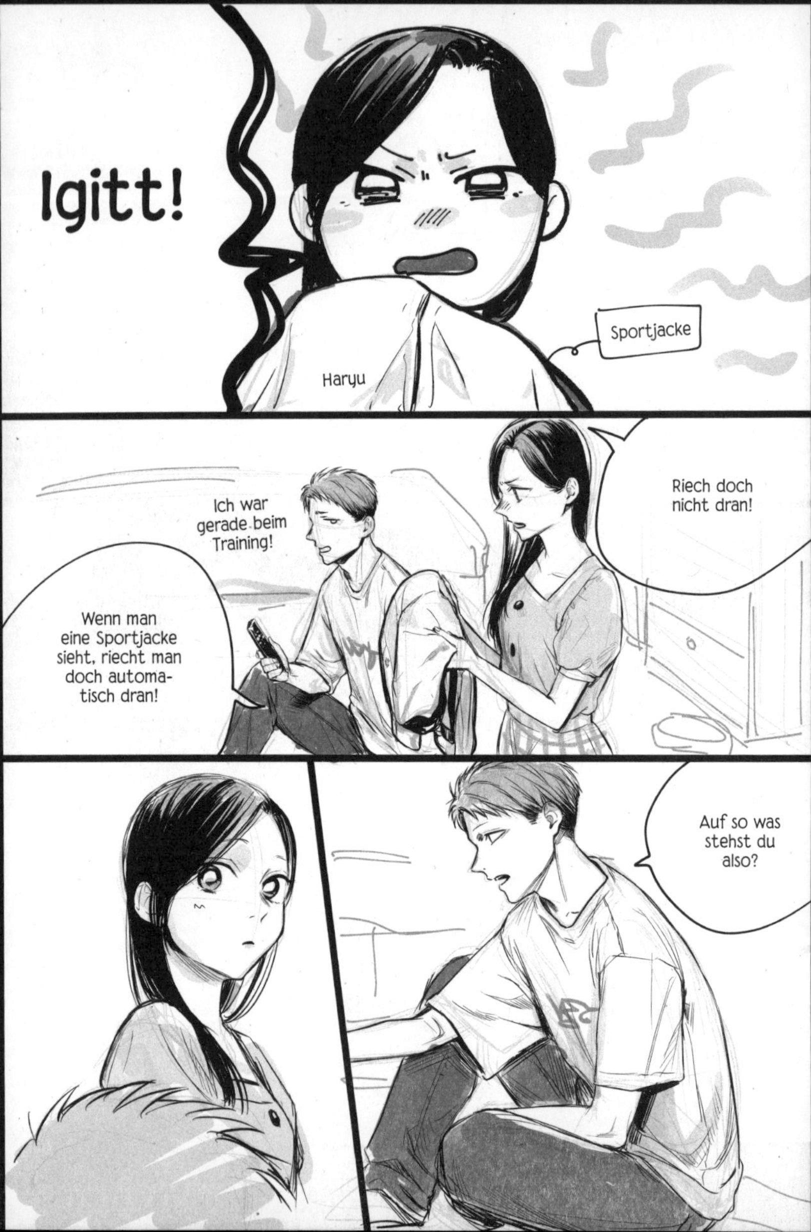

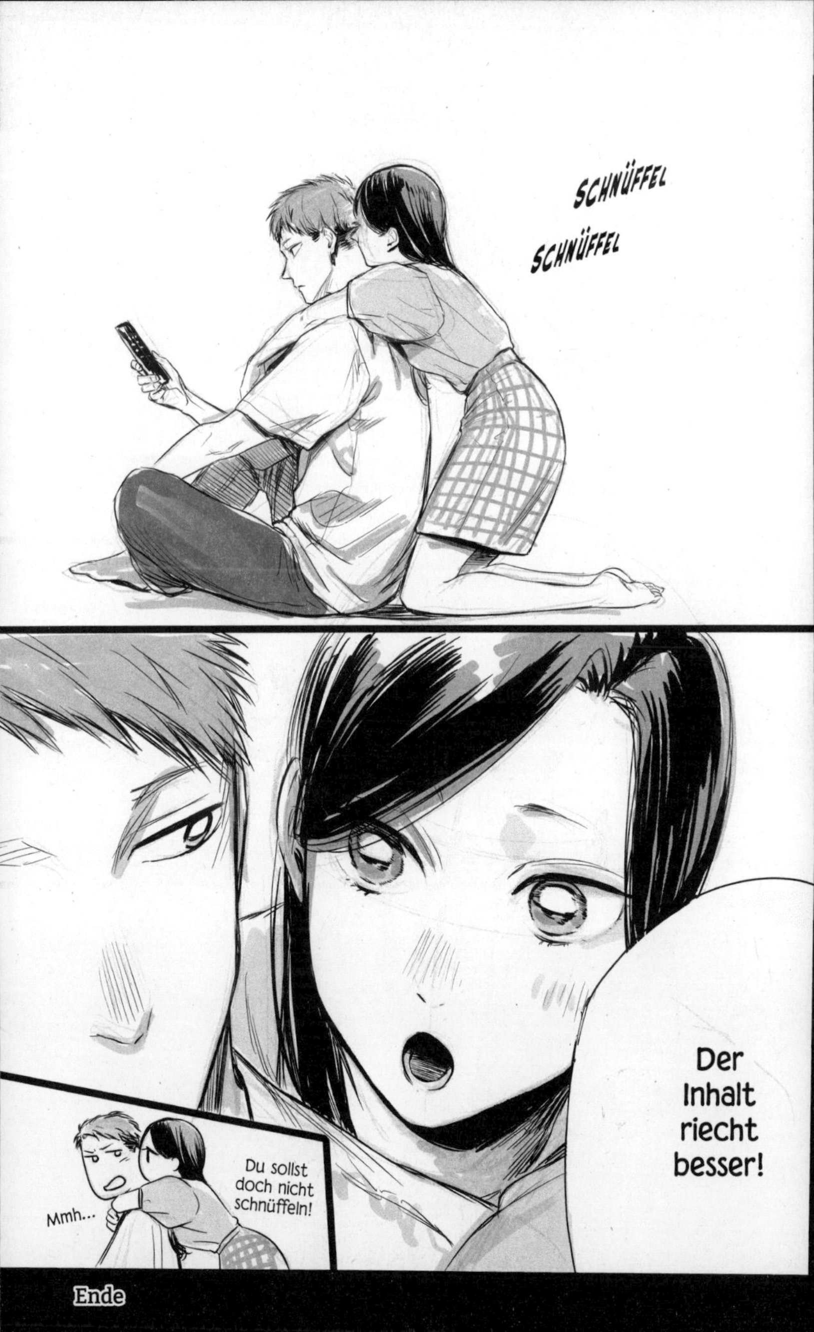
SCHNÜFFEL
SCHNÜFFEL
Der Inhalt riecht besser!
Du sollst doch nicht schnüffeln!
Mmh...
Ende

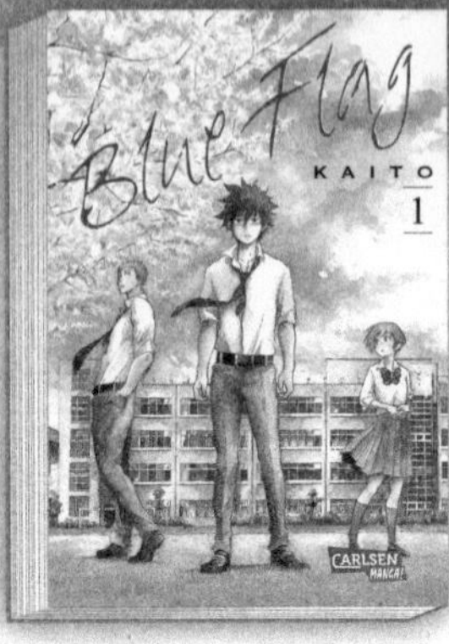

Blue Flag

KAITO

Der Frühling des letzten Schuljahres, ein Wendepunkt im Leben

Taichi Ichinose kommt im dritten Jahr der Highschool mit der tollpatschigen Futaba Kuze und dem Mädchenschwarm Thoma Mita in eine Klasse. Während er mit Thoma schon seit der Kindheit befreundet ist, kann er Futaba aus irgendeinem Grund nicht leiden.
Dann offenbart ihm Futaba eines Tages, dass sie in Thoma verliebt ist, und bittet ihn um Unterstützung…! Welches Gefühlschaos erwartet die drei Helden…?!
Eine Highschool-Romance der etwas anderen Art!

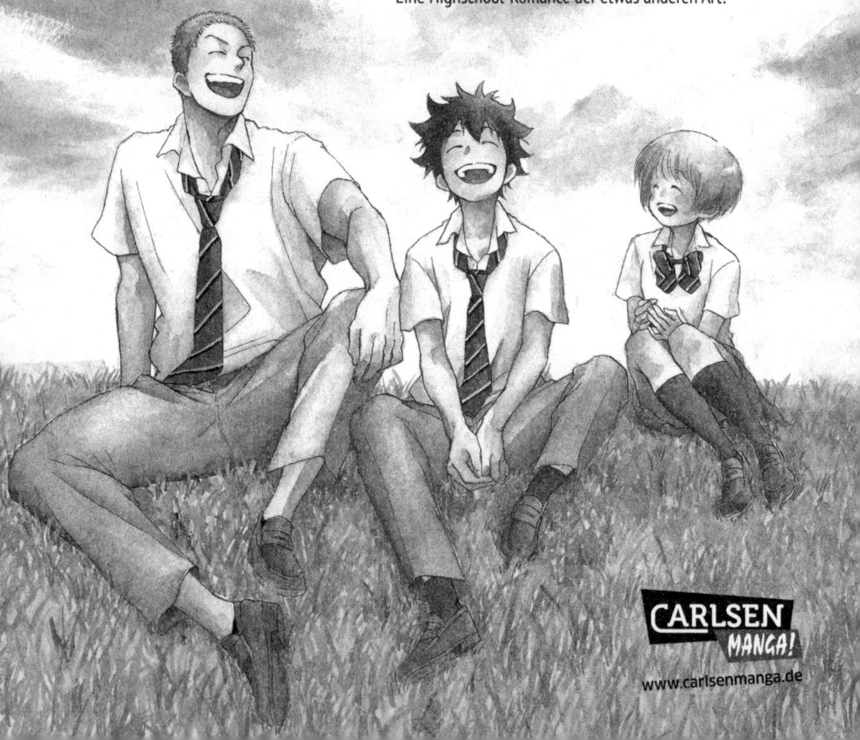

CARLSEN MANGA!

www.carlsenmanga.de

HALT!

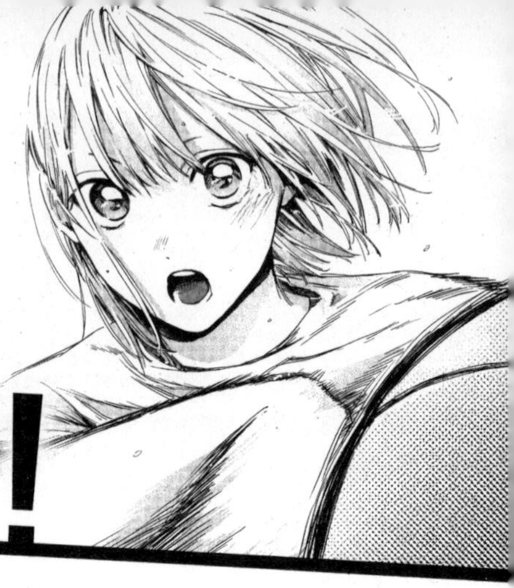

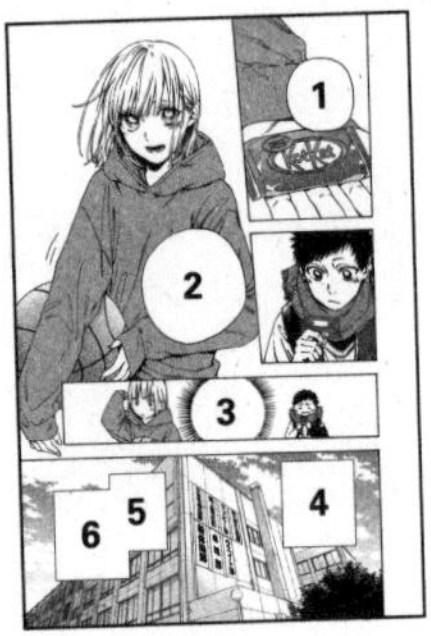

BLUE BOX ist ein japanischer Comic, und in Japan wird von »hinten« nach »vorn« und von rechts nach links gelesen. Man muss diesen Manga also »hinten« aufschlagen und Seite für Seite nach »vorn« weiterblättern. Auch die Bilder auf jeder Seite und die Sprechblasen innerhalb der Bilder werden von rechts oben nach links unten gelesen, so wie in der Grafik gezeigt.

Viel Spaß mit **BLUE BOX**!

Carlsen Manga! News – jeden Monat neu per E-Mail!
www.carlsenmanga.de
www.carlsen.de

CARLSEN MANGA
Deutsche Ausgabe/German Edition

Völckersstraße 14–20, 22765 Hamburg
Aus dem Japanischen von Antje Bockel

First published in Japan in 2021 by SHUEISHA Inc., Tokyo.
German translation rights in Germany, Austria, Luxembourg and German-speaking Switzerland arranged by SHUEISHA Inc. through VME PLB SAS, France.
Redaktion: Patricia Janzen
Textbearbeitung: Theresa Behle

ISBN: 978-3-551-01560-0

Wir produzieren nachhaltig

- Klimaneutrales Produkt
- Papiere aus nachhaltigen und kontrollierten Quellen
- Hergestellt in Europa

FSC www.fsc.org
MIX
Papier | Fördert gute Waldnutzung
FSC® C083411